DIGITAL SUPPLY NETWORKS

TRANSFORM YOUR SUPPLY CHAIN AND
GAIN COMPETITIVE ADVANTAGE WITH DISRUPTIVE
TECHNOLOGY AND REIMAGINED PROCESSES

数字化供应网络

技术突破和过程重构共同推动
供应链重塑、增强企业竞争力

［美］阿米特·辛哈　埃德尼尔森·伯纳德
　　　拉斐尔·卡尔德隆　托尔斯滕·伍斯特　◎著

王柏村　彭晨　彭涛◎译

电子工业出版社
Publishing House of Electronics Industry
北京·BEIJING

内容简介

当前,全世界各行各业都在经历数字化转型,供应链管理是受数字化转型影响最为深远的领域之一。本书不仅介绍了数字化转型及其对供应链管理的影响、数字化供应网络等内容,还面向数字化供应网络讨论了大数据分析、机器学习、人工智能、机器人与区块链等新兴技术,以及同步规划、数字化产品开发、智能供应、智能制造和智能资产管理、动态履约、互联客户、劳动力与技能变化等内容。最后,本书提供了数字化供应网络的转型手册与典型案例。

Amit Sinha, Ednilson Bernardes, Rafael Calderon, Thorsten Wuest
Digital Supply Networks: Transform Your Supply Chain and Gain Competitive Advantage with Disruptive Technology and Reimagined Processes
ISBN 978-1-260-45819-0
Copyright © 2020 by McGraw-Hill Education.

All Rights reserved. No part of this publication may be reproduced or transmitted in any form or by any means, electronic or mechanical, including without limitation photocopying, recording, taping, or any database, information or retrieval system, without the prior written permission of the publisher.

This authorized Chinese translation edition is published by Publishing House of Electronics Industry Co.,Ltd. in arrangement with McGraw-Hill Education (Singapore) Pte. Ltd. This edition is authorized for sale in the People's Republic of China only, excluding Hong Kong, Macao SAR and Taiwan.

Translation Copyright © 2023 by McGraw-Hill Education (Singapore) Pte. Ltd and Publishing House of Electronics Industry Co., Ltd.

版权所有。未经出版人事先书面许可,对本出版物的任何部分不得以任何方式或途径复制传播,包括但不限于复印、录制、录音,或通过任何数据库、信息或可检索的系统。

此中文简体翻译版本经授权仅限在中华人民共和国境内(不包括香港特别行政区、澳门特别行政区和台湾)销售。

翻译版权© 2023 由麦格劳-希尔教育(新加坡)有限公司与电子工业出版社有限公司所有。

本书封面贴有 McGraw-Hill Education 公司防伪标签,无标签者不得销售。

版权贸易合同登记号　图字:01-2021-1895

图书在版编目(CIP)数据

数字化供应网络:技术突破和过程重构共同推动供应链重塑、增强企业竞争力 /(美)阿米特·辛哈等著;王柏村,彭晨,彭涛译. —北京:电子工业出版社,2023.7
书名原文:Digital Supply Networks: Transform Your Supply Chain and Gain Competitive Advantage with Disruptive Technology and Reimagined Processes
ISBN 978-7-121-45020-4

Ⅰ.①数… Ⅱ.①阿… ②王… ③彭… ④彭… Ⅲ.①数字技术-应用-供应链管理 Ⅳ.①F252.1-39
中国国家版本馆 CIP 数据核字(2023)第 035711 号

责任编辑:刘家彤
印　　刷:天津画中画印刷有限公司
装　　订:天津画中画印刷有限公司
出版发行:电子工业出版社
　　　　　北京市海淀区万寿路 173 信箱　　邮编:100036
开　　本:720×1000　1/16　印张:17.5　字数:277 千字
版　　次:2023 年 7 月第 1 版
印　　次:2023 年 7 月第 1 次印刷
定　　价:68.00 元

凡所购买电子工业出版社图书有缺损问题,请向购买书店调换。若书店售缺,请与本社发行部联系,联系及邮购电话:(010)88254888,88258888。
质量投诉请发邮件至 zlts@phei.com.cn,盗版侵权举报请发邮件至 dbqq@phei.com.cn。
本书咨询联系方式:liujt@phei.com.cn,(010)88254504。

赞誉 | MORE PRAISE

在数字经济中,"云"通过无处不在的智能设备将泛在行为数据连接起来,而数字化供应网络的理解和应用是这个系统的命脉。本书作者阐述了如何以新的方式应用先进技术,以满足供应链管理的快速发展和实时需求。本书的见解既发人深省,又具有较强的可操作性,为读者提供了实施路线图。

——布拉德·D. 史密斯(Brad D. Smith)

财捷集团公司执行董事长

这(数字化供应网络)是大多数企业都在努力解决的一个重要且迫切的问题!

——尤西·谢菲(Yossi Sheffi)

麻省理工学院运输与物流中心主任

未来是激动人心的时代——数字化转型将带来新的机遇,它将成为核心战略主题。对于那些打算利用新兴技术推动数字化进程的人来说,这是一本引人入胜的书。

——戴安娜·沃尔克斯(Diana Volks)

拜耳公司供应链管理总监

经过了超过40年的全球化供应链工作,我已成为一名追求端到端数字化连接的狂热信徒。通常情况下,重构的一体化供应链将实现跨职能协作,并带来新的见解和惊喜,但也可能引起来自车间部门和跨职能部门的反对。对从车间到董事会的领导层来说,接受新的端到端智能并专注于加速取得成效是非常重要的。因此,在这方面付出努力是值得的。《数字化供应网络》一书会为企业的数字化进程提供宝贵的转型升级路线图。

——鲍勃·戈尔斯基(Bob Gorski)
卡夫食品公司前执行副总裁,宝洁公司前全球供应链副总裁

在日益复杂且快节奏的时代,通过透明、快速反应和预测,可以降低"完全全球化"供应链的脆弱性。数字化是获得所需透明度和预期水平的关键。本书通过易于理解的方式解释了很多技术细节,为读者提供了很多有益的见解。

——斯蒂芬·瓦斯科(Stefan Waskow)
大众汽车战略咨询部合伙人、采购和质量主管

参与供应链执行的每个人都清楚地意识到,数字化技术将彻底改变我们的工作方式。消费者和客户提出更快的交货、接收实时订单信息的需求,并要求提供卓越的客户体验,因此供应链从业者必须不断进行发展和变革。《数字化供应网络》提供了一份实用的实践手册,可以帮助组织在构建路线图时更好地改变系统和流程,并利用好现有和未来的新兴数字化技术。

——杰夫·弗莱克(Jeff Fleck)
乔治亚-太平洋公司首席供应链专家

对于制造商和任何进入工业4.0劳动力市场的人来说,这是一本必读书。如果你想知道未来的工作方向,《数字化供应网络》是一本专家指南,可以帮助你了解新的网络在物理现实中存在的基础设施、流程和行为。这是每个面临巨大挑战的部门决策者在掌舵并适应快速变化的市场的同时,保持竞争力的关键能力。

——托马斯·利希滕伯格(Thomas Lichtenberger)
费斯托顾问公司总裁兼首席执行官

预测未来可能很有挑战性，但有了这本全面的指南，我们对数字化供应网络背后的功能和技术能力将有更深入的了解，为未来做准备就变得容易了。让这本书帮助你积极地控制你的业务发展方向，并确保不可避免的供应链中断不会将你困住，而会让你变得更强大。这本书的整体性和其中易于遵循的方法使其可以吸引商业专家、高管和学生等广泛的读者群体。

——雅各布·蒙克·斯杰尔丹（Jacob Munch Sjeldan）
诺和诺德高级业务解决方案架构师

随着数字化技术改变供应链管理流程，《数字化供应网络》对于理解全球范围内发生的供应链中断是一种宝贵的资源。数字化转型已经改变了我们的生活和工作方式，并将继续推动社会和经济变革，重新定义工作的性质。作者给出了一个清晰的解释，说明了传统的流程序列是如何转变为相互连接的信息流和先进的能力的，即数字化供应网络。此外，作者给每家企业必须适应环境或被淘汰提供了非常有力的理由。这本书对于想创建一个成功的、完全整合的数字化供应网络的组织来说是重要的指南和路线图。对于想要通过新技术和流程来获得洞察力和竞争优势的朋友们，我强烈推荐这本书。

——吉姆·乌鲁姆（Jim Ullum）
国际采购（Sourcing International）执行合伙人

对领导者和物流学家们来说，在这个剧烈变革、具有颠覆性的时代，面临进步的浪潮和供应链的进化，了解物流和供应链市场的格局比以往任何时候都重要。本书作者分享了如何发现最有可能成功的节点、网络和创新的见解，以及我们必须避开的一些陷阱，以实现真正的层次化物流。

——迈克尔·J. 斯托拉齐克（Michael J. Stolarczyk）
CakeBoxx Technologies 高级副总裁

本书提供了关于数字化供应网络机遇和复杂性的独特见解及实用观点。

新冠疫情,以及由此造成的经济混乱将对全球供应链产生深远影响,突显人们对供应链韧性的需求,并推动供应网络的重组。这段旅程亟须本书所展示的数字化供应网络的深远洞察力。

——约翰·戴克(John Dyck)

清洁能源智能制造创新研究所(Cesmii)首席执行官

《数字化供应网络》为理解扩展型企业数字化转型所需组件和总体框架提供了很好的资料来源。新冠疫情加速推动了未来弹性供应链的设计和执行,而这本书能够提供实际指导。

——斯蒂芬·比勒(Stephan Biller)博士

IBM沃森物联网副总裁兼首席创新官

对那些从事供应链行业的人来说,驾驭这场数字化转型至关重要。本书对转型所涉及的相关内容进行了全面阐述,并就如何通过实施数字化供应网络创造机会提出了建议。

——莱因霍尔德·阿卡兹(Reinhold Achatz)博士

国际数据空间协会总裁兼董事长,蒂森克虏伯前首席技术官,

西门子公司前全球研究负责人

《数字化供应网络》阐述了智能制造成熟度的关键下一步,它建立在过去十年制造业务中引入数字化能力的基础上。作者对商业驱动因素和技术趋势提供了实用的见解和指导,这将有助于数字化供应网络的成功。对于所有正踏上这段关乎未来的关键旅程的企业来说,这是一本必读书。

——丹尼斯·斯温克(Denise Swink)

智能制造领导力联盟(SMLC)首席执行官

与米歇尔·帕斯特(Michelle Pastel)、兰斯·方丹(Lance Fountain)合写

序 言 | FOREWORD

凭借 20 多年来引导供应链转型的专业经验，我见证了供应链从一种业务支持功能到组织战略中心的转变。在过去 25 年的繁荣时期，随着全球生活水平的提高，供应链管理（Supply Chain Management，SCM）在优化效率、提高生产力和减少浪费等方面发挥了至关重要的作用。毫不夸张地说，正是供应链塑造了我们如今所生活的世界。

过去 30 年的技术进步使组织能够创建业务活动的供应链，实现流程与工作流的端到端的规划及执行。然而，随着技术和流程的发展，供应链管理的基本理念已经过时。传感器、机器学习、人工智能、区块链和机器人等先进技术的使用，促进了端到端的可视化、控制和自动化决策。在这种新的工作模式下，传统供应链将被不间断运行、实时、透明、动态的网络所取代，我们称之为数字化供应网络（Digital Supply Network，DSN）。

作为数字化供应网络的全球联合创始人，德勤咨询公司通过数字化供应网络支持的流程，帮助许多组织实现了巨大的价值。本书是一本应用指南，旨在全面提供有关数字化供应网络流程和相关技术的知识。我通过审阅内容和提供反馈来帮助作者团队并分享自己的想法。这本书的内容质量和覆盖面是令人满意的。祝贺包括阿米特·辛哈（Amit Sinha）、埃德尼尔森·伯纳德（Ednilson Bernardes）、拉斐尔·卡尔德隆（Rafael Calderon）和托尔斯滕·伍斯特（Thorsten Wuest）等人在内的作者团队完成了这本优秀著作。

如今，我们正处于一个错综复杂的时代、一个在转瞬之间就被一种无法预料的病毒所扰乱的时代。在撰写本文时，新冠疫情几乎使社会陷入停滞状态。许多主要经济体进入封闭状态以遏制病毒的传播，避免医疗系统负担过重。各经济体目前正面临着重新开放的艰难任务，需要在重启经济和遏制新冠疫情之间寻求平衡。我们也不能忘记，新冠疫情正在对支撑经济发展的各行各业的劳动力造成巨大损失。

新冠疫情突显了从医疗到零售、从工业制造到制药等诸多行业的传统供应链的脆弱性。大量原材料和零件的运输中断；由于航班取消和陆路运输能力不足，供给品无法到达目的地。这些最初只发生在少数地区的情况很快演变为多米诺骨牌式的供应中断，导致各个区域和部门的生产停滞不前。因此，弹性（Resilience）是当前环境下的关键词。

弹性的意义非常丰富，但它的核心要义是一个组织或有机体具有能从系统所遭受的冲击中恢复，并快速调整和适应新环境的能力。在受到这次大规模冲击前，许多企业一直在努力构建弹性供应链。他们使用了预测乃至人工智能等数字化技术，来帮助连接整个供应链上的活动，通过能提高可视性及规划能力的技术与流程，使需求和供应更紧密地同步。然而，尽管做出了这些努力，大多数供应链在许多方面仍远未达到最终的弹性状态。

构建弹性供应链是当务之急，这比过去任何时候都更显而易见，同时需要用一个反映所有企业业务流动性的"网络"来取代"链"及其线性的方法。未能做到这一点的企业很可能无法在当前的危机中生存。

当前的数字化转型浪潮正在改变世界各地的商业规则。我认为，数字化转型或其他任何业务转型中最关键的部分都是消费者及企业为其提供的解决方案。此外，数字化供应网络在为所有利益相关者提供安全、质量、价值和创新等方面都发挥着至关重要的作用。通过人工智能实现机器的智能化，使业务团队能够通过全面的可视性和基于事实的决策来运行智能自动化的企业。在这个复杂关联的世界中，动态决策需要考虑多个因素以达到所需的适应能力、反应能力和弹性。

本书由企业和学术机构合作而成，相关读者包括企业的管理人员、顾问，以及学生和学者等。本书对传统的供应链管理流程、从供应链管理到数字化供应网络的发展，以及重构的数字化供应网络流程都有很好的阐述。我向希望了解数据分析、机器学习、人工智能、机器人和区块链等先进技术基本概念的高级管理人员推荐这本书。本书阐明了这些技术的基础、管理应用，以及如何发挥这些技术的力量。本书在定义数字化供应网络的章节中分享了真实的案例，介绍了支持数字化供应网络的技术，并描述了可衡量的业务影响，这对各种类型和规模的企业都是有启发性的。通过作者团队的专业知识和深入研究，我所分享的上述观点在本书中都得到了很好的体现。

目前，我们已感受到正在运行的数字化供应网络带来的积极影响，它们帮助企业应对当前的危机，并显示出对企业生存至关重要的敏捷性。我希望，我们正在经历的危机能为商界领袖敲响警钟、为他们揭开供应链的面纱，并通过数字化供应网络来构建可持续的战略，让每一家企业都具备生存乃至发展繁荣所需的弹性。

现在请大家一同加入这场精彩的学习之旅吧，享受本书分享的关于数字化转型和数字化供应网络的智慧！

亚当·穆索米利

德勤咨询公司

供应链和供应网络运营负责人

目 录 | CONTENTS

Chapter 01 ▶ 数字化转型及其对供应链管理的影响 / 1

什么是数字化转型,为什么要关注它 / 2

数字化转型对企业和供应链的影响 / 7

颠覆性技术创新驱动的产业和经济变革浪潮 / 10

传统供应链管理的基础 / 16

供应链管理面临的重要挑战 / 18

数字化供应网络——传统供应链管理的智能化 / 19

小结 / 22

Chapter 02 ▶ 什么是数字化供应网络 / 23

线性供应链的瓦解 / 24

数字化供应网络模型 / 25

加速实现数字化供应网络的使能技术 / 34

数字化供应网络转型的优势和考量 / 43

小结 / 47

Chapter 03 ▶ 大数据和数据分析 / 48

数据的影响和价值 / 49

大数据 / 53

网络安全、数据治理和数据权限 / 60

可互操作性 / 62

大数据和数据分析的基础设施 / 63

小结 / 67

Chapter 04 ▶ 人工智能、机器学习和机器人 / 68

人工智能和机器学习 / 71

人工智能和机器学习算法 / 74

数字化供应网络中的机器人和自动化 / 77

人工智能、机器学习和机器人在数字化供应网络中的数据、应用、面临的挑战及价值 / 81

小结 / 86

Chapter 05 ▶ 区块链带来端到端的透明和信任 / 87

区块链在数字化供应网络中的应用 / 87

区块链技术剖析 / 90

区块链网络设计 / 92

代表性的供应链挑战和区块链能力 / 93

区块链在新兴数字化供应网络中的角色 / 97

智能合约 / 100

小结 / 102

Chapter 06 ▶ 同步规划 / 104

传统的 S&OP 和供应链规划 / 105

同步规划的必要性 / 107

同步规划的基本能力 / 108

数字化供应网络的设计和同步规划 / 110

端到端的规划模型 / 110

同步规划的好处 / 112

使能同步规划状态 / 113

同步规划组织考量 / 115

小结 / 119

Chapter 07 ▶ 数字化产品开发 / 120

供应链管理中的传统新产品开发 / 121

数字化新产品及服务开发过程 / 122

数字化供应网络中的数字化产品开发能力 / 123

协作工具和数字化设计团队 / 124

数字化智能互联产品 / 126

工业产品服务系统和服务化 / 130

数字化产品开发案例 / 133

小结 / 135

Chapter 08 ▶ 智能供应 / 136

数字化时代前的采购 / 136

智能供应：数字化时代的采购 / 139

智能供应能力 / 141

数字化技术与智能供应自动化 / 148

小结 / 151

Chapter 09 ▶ 智能制造和智能资产管理 / 152

智能制造和工业 4.0 / 153

智能制造的核心原则 / 160

智能制造能力 / 163

智能制造技术 / 164

智能资产管理 / 169

小结 / 174

Chapter 10 ▶ 动态履约 / 175

供应链和传统履约 / 175

数字化供应网络和动态履约 / 177

动态履约的属性 / 178

动态履约的使能技术及其属性 / 181

小结 / 193

Chapter 11 ▶ 互联客户 / 195

个性化时代下不断变化的客户 / 196

传统供应链管理中的客户管理流程 / 200

数字化供应网络管理中的客户连接过程 / 202

技术对互联客户的影响 / 205

互联客户的能力 / 206

小结 / 213

Chapter 12 ▶ 劳动力、技能变化和社会影响 / 215

好的、坏的和丑陋的 / 216

技能缺口 / 220

前进之路 / 225

Chapter 13 ▶ 数字化供应网络转型手册 / 228

商业战略和数字化供应网络战略 / 229

构建数字化供应网络的方法和技术考量 / 231

手册推荐使用步骤 / 234

影响数字化供应网络转型的因素 / 238

小结 / 242

Chapter 14

▶ 典型案例 / 244

亚马逊：由客户价值创造驱动的创业思维 / 244

乔治亚-太平洋：以一个成功的数字化核心开始数字化供应网络之旅 / 246

基于区块链的数字化供应网络：在加拿大沃尔玛和运输公司之间创造透明度 / 248

蓝多湖：重塑传统行业的价值创造和交付 / 250

德国电信公司：数字化供应网络 / 251

京东：数字化供应网络使能的无边界零售战略 / 253

联合利华：拥有数字孪生的工厂 / 255

卡特彼勒：活力工厂 / 256

Maven Machines：重塑车队调度和管理 / 258

DTA：推动主动感知 / 259

小结 / 261

▶ 译后记 / 263

Chapter 01
数字化转型及其对供应链管理的影响

新型颠覆性技术的发展和融合正以空前的速度改变着我们周围的世界。举一个我们日常生活中的简单例子——智能手机，它已经成为我们现代生活中不可或缺的一部分。这些小型设备的计算能力比 1969 年引导第一次阿波罗太空任务的大型计算机还要强。毋庸置疑，技术创新正在以指数级的速度发展。与过去 50 年相比，数字化技术在过去 5 年带来的影响更为巨大。而且根据行业预测，这一趋势将会持续下去。这种影响遍及各个行业、社会、国家和各大洲。简单地观察一下全球股票市场，我们就能发现数字化转型带来的影响。那些已经经营了一个世纪的公司正在被新兴的数字创业公司超越，甚至被淘汰。或者，如果我们关注新冠疫情，我们会注意到，那些在疫情爆发前发展得比较成熟的数字化转型企业会更有优势，那些在危机一开始就迅速启动数字化转型的企业也没有落后太多。尽管这些变化有些"令人生畏"，但数字化转型带来的商业机会无穷无尽，可以改善运营、增加收入、创建新的商业模式，并为客户、利益相关者和社会增加前所未有的价值。

供应链管理（Supply Chain Management，SCM）是受数字化转型影响最为深远的领域之一，并且正随着新技术的出现经历一场历史性的变革。根据供应链管理专业委员会（Council of Supply Chain Management Professionals，CSCMP）的定义，供应链管理包括计划和管理所有涉及采购、生产及所有物流管理的活动，其中包括与渠道合作伙伴的协调与协作，渠道合作伙伴可以是供应商、中介机构、第三方服务商或客户。CSCMP将供应链管理的概念概括为企业内部和跨企业的供应与需求管理的集成。在新技术支持下的工业和经济发展的浪潮，对传统供应链管理的假设、约束和思维模式提出了挑战。同时，它也蕴藏着巨大的机遇，可以为企业、客户、员工和社会创造价值。为了充分发挥企业创造更大价值的潜力，企业高管必须重新评估和改造现有流程，并从战略上结合新型数字化技术，以创造新的能力。价值和竞争力的前景将来自对价值链组织和运作的重新思考。通过从传统的供应链管理思维向数字化供应网络（Digital Supply Network，DSN）迁移，制定新业务模式的企业将获得巨大的先发优势，并获得不可估量的利益。

在本章，我们简要描述了数字化转型及其对组织的重要性和影响。我们还描述了技术进步、工业和经济飞跃的主要浪潮，并将供应链的最新发展归于最新的浪潮。最后，我们介绍了数字化供应网络的概念，并将其与目前流行的管理思想做了简要对比。

什么是数字化转型，为什么要关注它

数字化转型是指通过对端到端业务流程的重构来创造价值，而颠覆性的数字化技术使之成为可能。通过数字化转型，组织可以为客户提供高质量、低成本的创新产品和服务。资源的智能优化可以达到前所未有的效率,浪费几乎可以从流程中消除。

在过去的几十年里,供应链的数字化已经通过企业资源计划(Enterprise Resource Planning,ERP)系统的实施、制造机器人的使用、计算机绘图、订单计划系统和电子数据交换(Electronic Data Interchange,EDI)等方式进行。当前的数字化变革浪潮将带来全新的组织形式、更以人为中心的工作和更充足的劳动力、前所未有的客户价值,以及社会进步。与此同时,数字化变革也会对当前的世界秩序产生重大影响,因为它需要完全不同的能力重组,可能会使一些人失去工作,并可能加剧不平等。数字化变革还将推动和整合市场及行业,使当前的商业成功范式完全过时,而且无法与新型的数字化组织竞争。

你可能会问,数字化转型与改变组织及其供应链管理过程究竟有什么关系?供应链流程和活动看起来会和现在一样吗?还是随着颠覆性技术的出现,它们会变得完全不同?当前的供应链管理概念足够吗?是否需要对它进行新的理解?哪些突破性的技术能使企业实现彻底的转变?在数字世界里,谁是我的竞争对手?数字化转型将如何影响技能要求、个人的工作,以及劳动力?个人该如何开始呢?本书对于获得整个过程的成功有什么建议?

如果你曾经想过这些问题中的任何一个,那么这本书就是为你准备的。许多焦虑和不确定性围绕着当前的技术发展浪潮。我们解答这些伴随而生的困惑,并解决了让企业高管和供应链专业人员夜不能寐的紧迫问题。我们通过对数字化转型过程、使能技术、数字化转型对传统供应链管理过程的影响、数字化转型对劳动力和工作性质的影响,以及使组织能够在避免陷阱的同时实现愿景的方法的全面解释来回答这些问题。在整个过程中,我们用案例来启发、激励和描绘创新。我们还提供了一个实用的范式,大大减少了在组织内部进行数字化转型的最初障碍。对于那些没有关注过上述问题的人来说,他们更有必要学习和理解我们在本书中讨论的数字化转型带来的变化——没有后路!与以往的发展浪潮相比,在这次浪潮下毫无准备的人将付出更沉重的代价。

让我们回到一个基本问题上来:我为什么要关心这个问题?让我们回顾一下数字化转型在数字化供应网络下发挥作用的最关键的原因。简而言之,数字化转型就是供应网络在这个数字化时代与客户交流、管理内部流程,以及跨组织协作的筹码。

❖ 客户期望

商业的存在是为了服务客户,为利益相关者创造价值。如果一家企业不能满足客户的需求,它就无法在竞争激烈的全球市场中生存下去。客户的期望在不断变化,在当今甚至以更快的速度变化,因此一个成功的企业需要不断地自我改造。百视达(Blockbuster)、柯达(Kodak)、诺基亚(Nokia mobile phone)和施乐(Xerox)等公司都是在转型时期未能重塑自我的例子。如今,客户可以在家中通过智能设备订购食品杂货、远程调节家里的温度或远程查看家门外的状态,因此与他们接触比以往任何时候都要困难。过去的市场领导者要么被迫自我革新,要么面临灭亡。另外,那些利用数字化转型来创造客户价值的组织已经从市场中获得了丰厚的回报。综上所述,你应该关注的首要问题就是你的客户,没有客户就没有生意!

举一个某鞋业公司如何利用数字化能力来提高客户价值的案例。通过该公司的应用程序,客户可以给脚拍照,并提供年龄信息、活动程度和其他偏好。鞋业公司使用这些数据来确定最适合客户的产品,然后通过敏捷供应网络将客户定制的鞋子送到其家门口。"这款应用还可以跟踪鞋子的使用情况和鞋底磨损情况,提示客户确认更换鞋子,并回收旧鞋。"这个例子说明了数字化转型的影响:从产品设计到产品回收,提高客户满意度、增加收入,并通过集成网络创造更好的环境。

❖ 效率

正如前面提到的，企业的最终目标是交付客户价值，并为利益相关者创造价值。企业通过运作过程来实现这些目标，而企业高管要关注这些过程的效率——如何有效地利用投入来创造价值。因此，自19世纪第一波变革浪潮被掀起以来，规模和范围的概念一直很重要也就不足为奇了。企业高管追求的是规模经济和范围经济带来的好处，它们都被认为是效率和商业绩效的重要驱动力。而管理这些概念的一大挑战是规模和范围之间的权衡。传统上，要增加规模经济，就必须减小范围或可变性。很多技术已经被采用，以减少这一冲突，从而优化成本。然而，另一个问题是规模经济带来的利益的局限性，因为它们在某个给定的点之后开始出现边际效益递减。

数字化时代正在彻底改变企业高管处理这些管理概念的方式。新技术允许企业用比传统技术更快的速度、在更大的范围内扩展流程，因为企业高管可以将它们与其他数字化操作流程、业务连接起来。规模和经济之间的权衡变得不那么重要，因为规模回报可以继续攀升到前所未有的水平。数字驱动的运营模式和围绕数字化核心设计的企业可能会压倒传统的运营流程和组织。数字化转型带来了显著的节约成本和提高效率的潜力。在颠覆性技术的推动下，数字互联世界将进一步改变企业的成本结构，并将提高效率，为赢家带来利润。这些效率上的提高是你应该关注数字化技术的原因之一。你现在的和正在出现的竞争对手都在不惜代价地追求高效率，并将无情地超越你。

例如，一家汽车零部件供应商生产用于发动机和驱动总成的滚珠轴承。该企业在过去20年使用的"统计过程控制"方法帮助其提高了制造过程的质量和效率。在当前的环境中，在每小时生产的数千个产品中，质量测试的样品数量大约是30个。如果其中某个样品不合格，那么整个批次的产品都会被拒绝入库。即使合格率很高（如95%），浪费的数量也是相当大的。然而，利

用装配线上的计算机视觉传感器,现在该企业的生产单元可以在第一个有缺陷的产品通过的那一刻停止生产,并立即采取纠正措施,使浪费和时间损失接近于零。

❖ 收入

除了成本效率对组织利润有相当大的影响,当前的数字化技术浪潮对收入增长也有实质性的影响。收入增长由更多的客户、更多的产品、更多的服务,或者这些因素的组合来驱动,而所有这些都需要通过更高的产量和卓越的客户价值来实现。敏捷供应网络能够提供定制化产品和服务,能够触及更广泛的客户基础,从而使网络的价值倍增并扩大收入。在现实世界中,有很多通过数字化工具和在规模上创造"平台"效应来增加收入的例子。描述平台的影响的典型例子是亚马逊,其成功地把买家们聚集到一个平台上,最大化他们的集体价值,吸引了大量的卖家,使网络中的买家和卖家形成了一个良性循环。

一家定制化采矿设备的工业部件制造商创建了一个数字市场,以便与客户联系,并高效地了解其客户的独特项目要求。这个市场通过向现有客户提供新产品,以及向新客户销售新旧产品线,创造了新的收入流。通过使用连接客户现场产品的传感器数据,该制造商可以通过提示轮胎压力、发动机温度控制或建议更换机油等,帮助客户保持最佳的操作参数。这样,产品的使用在整个生命周期内得到优化,既提升了客户价值,又使替换部件的销售变得轻而易举。

❖ 协同网络和利益相关者的期望

值得注意的是,数字化转型如果使用得当,其将是一种贯穿组织"神经"和"血管"的"泛业务"活动,而不局限于特定的业务或业务功能。组织只有遵循一种整体的方法,才能最大限度地促进协作,以及促进可视性和效率的提高，而这种方法如今已转化为一个更大的协作生态系统的一部分。其中的协同网络除了以有意义的方式为客户服务，还为企业的利益相关者创造积极的影响。数字化转型为员工（提供了提高生产率的工具，并将员工从重复的任务中解放出来）、合作伙伴（使用互联的生态系统）和社会（允许最佳利用资源）增加了价值。

以一家销售某品牌数据存储服务器的企业为例。这家企业通过与一些伙伴合作来开展业务。合作伙伴制造内存驱动器、处理器、开关等，并将它们提供给该企业，然后由该企业组装并直接提供给客户。数字化转型的价值体现为该企业通过数字化技术与合作伙伴分享需求预测，使合作伙伴能够通过其供应规划来满足需求。当供应商供货遇到问题时，该企业可以通过协同网络共享需求预测和供应规划，因为生态系统里的其他合作伙伴也许可以迅速解决这一问题。对于每个组织来说，要想在这种环境中生存甚至获得成功，数字化成熟度是一个必须重视的核心问题。在理解数字化转型及其对企业的重要性之后，让我们了解一下它对供应链管理产生的影响。

数字化转型对企业和供应链的影响

尽管几百年来，技术已经重新定义了工业，但如今人工智能（Artificial Intelligence，AI）、云计算、机器人、物联网（Internet of Things，IoT）、增材制造和区块链等关键技术的融合，正以过去无法想象的方式，使商业功能自动化。我们将在本书的不同部分介绍关键的实现技术及其带来的影响，以及为什么说它们颠覆了传统方法。在当前的数字化时代，企业（组织）应该时刻待命，并始终与客户保持联系。让我们来看看数字化转型颠覆业务的三种重要途径：客户互动、内部组织化流程（包括合作伙伴协作），以及数据和技术。

❖ 对客户的影响

数字化转型应当以客户为中心，并为他们创造价值。在数字化时代，客户作为与企业紧密相连的伙伴，企业应与其保持良好的增值关系，而非停留在"间歇性"交易互动。在决定客户是一个响亮的品牌支持者、一次性中性买家还是一个不满的客户这方面，客户情感起着重要作用。数字化技术使组织能够积极转变客户体验，使流程自动化，利用非结构化数据（推文、电子邮件等）围绕客户体验迅速采取行动，把易变的客户转变成终身忠诚的支持者。

一家知名的航空公司曾因恶劣天气而不得不取消数次航班。与以往根据客户等级来重新安排航班的做法不同，该航空公司利用实时分析技术，通过社交媒体上的帖子来分析乘客的情绪。利用这一方法，该航空公司从其他地区召集员工来响应客户服务，并使用了虚拟客服。另外，该航空公司还与其他合作的航空公司联系，为受影响的乘客找出更快的替代航班。智能优化引擎在考虑组织及合作伙伴（传统竞争对手）资源的同时，生成最佳的个人航班调度计划。有了数字化技术的幕后努力，乘客们转发了数百条推文来表达满意和感谢，而不是失望，为该航空公司创造了许多新的品牌忠实客户。我们将在第 11 章更详细地讨论数字化时代的"互联客户"。

❖ 对流程的影响

数字化转型改写了企业的设计、采购、制造、物流、存储、运输和分销流程的规则。由于机器具有感知、解释、行动和改进的能力，传统供应链管理中的所有参数都会受到积极影响。随着时间的推移，企业可以成为一个数据驱动型组织——一个以数据为基础的洞察力驱动型组织。

数字环境中的采购正转向预测性战略采购和自动化交易采购。企业能够通过分析大量的采购数据来识别供应商、进行预算分析并对各个供应商进行有效管理,从而提升整个数字化供应网络的价值。区块链正在改变合同的处理方式,使合同智能化、自动化,同时降低相关的间接成本。数字化采购流程在第 8 章"智能供应"中有介绍。

对于组织中的生产操作和制造资产的处理,智能制造正在极大地提高制造效率、降低库存成本,并加速产品的流通,增材制造正在赋能产品定制,而数字孪生技术在提高敏捷性和安全性的同时,简化了制造设施的管理及设计。利用机器学习(Machine Learning,ML)算法,可以大幅提高资产的可用性。这些领域都是数字化供应网络的一部分,具体情况见第 9 章"智能制造和智能资产管理"。此外,第 10 章详细介绍了利用智能仓储和智能运输来实现物料和产品的自动流动的相关内容。

❖ 对数据和技术的影响

数据以前所未有的方式在数字化转型中扮演着关键角色。如今人们无法回避关于数据的典型说法,如"数据是运行数字经济的新石油""数据是黄金""数据是 21 世纪的电力"……尽管这些听起来有些夸张,但考虑到数据在数字化转型中的核心作用,这也不算夸大其词。大多数数字化创新,从自动驾驶汽车到仓库中的移动机器人,再到预测消费者行为的算法模型,都依赖于大量数据。人们通过高算力计算机支持的机器学习算法对这些多源数据进行分析,进而发现以前无法识别或采取行动的见解。

随着数字化转型的进行,一系列相关的支持技术也随之转型,其中一些已经在本章中提到了。通过这些技术,企业可以实现实时监控,促进影响企业和市场运作的实时决策的执行。技术支持的关键环节包括利用神经网络进行复杂机器学习的人工智能应用,以及模拟复杂的人的行为,并实现生产线的自动化。数据和技术主题在第 3 章和第 4 章中做了详细阐述。第 13 章介绍了利用数据和数字化技术的影响的建议、策略。我们的目标不是通过本节内容使你成为数据科学家，而是帮助你理解、欣赏并使用数据和技术，从而在组织中进行数字化转型。尽管当前的数字化转型对企业和社会产生了巨大的影响，但转型这种变革在过去也发生过多次，具体内容如下一节所述。

颠覆性技术创新驱动的产业和经济变革浪潮

近代史上，我们经历了四波深刻的技术变革，其社会经济和文化因素影响了我们的生活、工作和相互联系的方式。这些重大技术创新和工业飞跃的浪潮如图 1.1 所示。它还强调了领导者们如何将技术和创新结合起来，以新的不同的方式创造价值——从"机器取代劳力"到"机器取代并增强脑力"。每一波浪潮都代表着一次飞跃，不仅带来了生产系统的新发展，也带来了经济和社会变革的新发展。例如，更广泛的财富分配、反映经济权力转移的政治变革、与不断发展的社会需求相关的新的国家政策、城市人口不断扩大和包括工人阶级运动在内的社会变革，以及文化发展。在最新一波浪潮所带来的变化中，我们看到了一种全新的、变革性的用于组织和管理供应链及信息流的模式。为了更好地理解新模式的范围和影响，让我们简要回顾过去的浪潮的一些关键特征，随后将新模式置于最新阶段。

机械化。第一波变革浪潮从 18 世纪末持续到 19 世纪初，主要发生在英国。在这一时期，水和蒸汽动力使得生产机械化。煤炭和蒸汽机推动了社会的发展，并催生了铁路、锻造行业，以及第一批工厂和城市集群的出现。机械化取代了农业，成为社会经济结构的基础。城市开始成为连接其他城市、郊区和农村的制造业中心。此时的劳动力大多是没有技术含量的、廉价的、充足的。蒸汽印刷机第一次使大众教育成为可能。社会在生产力方面取得了巨大的进步，而旧经济体制中的许多工匠技能和工具被取代。

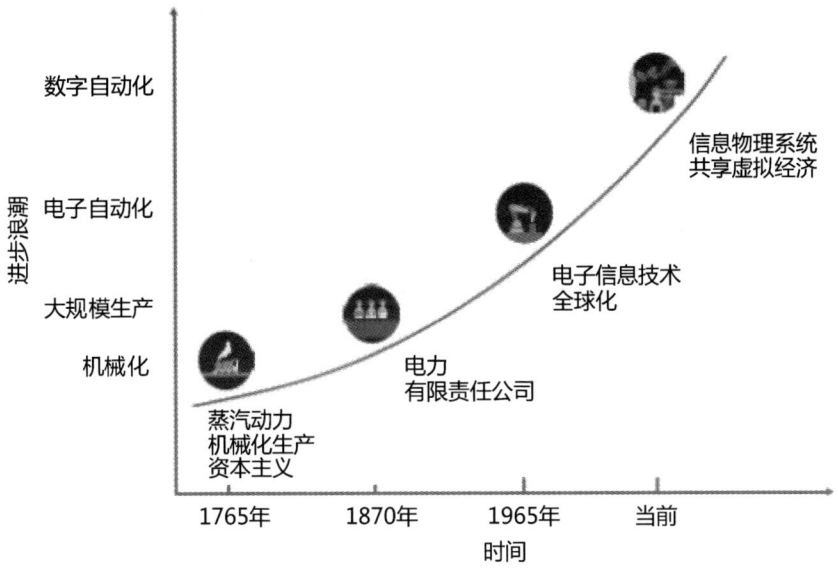

图 1.1　重大技术创新和工业飞跃的浪潮

大规模生产。19 世纪晚期，基于大规模生产的新组织模式将研究和资本整合到大型组织结构中。这门科学源于实验室，用科学原则指导着工厂的组织。在这个时期，电和石油成为主要的能源，大型企业使各种创新的出现和发展成为可能，包括内燃机、钢铁、化学合成、汽车、飞机、电报和电话。这一时期产生了由熟练工人组成的中产阶级。电气化走进了城市和家庭。有限责任公司减少了从事创业活动的个人的风险。通过个人和机构购买股权，生产资料的所有权从寡头转向了更广泛的分配。许多欧洲国家将主要经济部门社会化，以满足更复杂的工业社会的需要。

电子自动化。在 20 世纪下半叶，晶体管和微处理器的出现促进了小型元件的生产。数字化技术的兴起，让模拟电子设备和机械设备的地位被取代。太空研究、电信、计算机科学、自动化和机器人的发展，造就了高水平的工业自动化和简单数字化。这一时期的其他重要创新包括半导体、大型主机和个人计算机，以及互联网。核能似乎是传统能源的替代品。较低的劳动力成本使发展中国家成为机械化的首选，而且在这些发展中国家较容易获得其他生产要素，因此许多企业将其价值链的某些部分转移到这些生产要素成本更低的地方。电子和信息技术开始使生产自动化，并扩大全球供应链。正是在这个阶段，我们确定了目前所知道的传统供应链管理模式的组成模块。

数字自动化。这一新的浪潮自 20 世纪后期开始显现，并正在融合各种技术，以消除数字、物理和生物等领域之间的隔阂。与前几波主要涉及西欧及其分支机构的浪潮不同，技术正在以指数级的速度融合和发展，彻底颠覆了世界各地的多个行业，深刻地改变了生产体系和整个社会。据世界经济论坛称，这些创新以全新的方式定义了技术如何融入社会，甚至融入人类的身体。

与之前的技术和工业进步浪潮类似，这一波浪潮有可能提高世界各地人口的生活质量。由于移动设备拥有前所未有的处理能力、存储能力和获取知识的能力，我们实现了大规模的互联互通，这为人工智能技术的进步带来了无限的前景。数据正在成为生产的一个关键因素，而互联网驱动的创新（如众筹和对等融资）正在推动经济体系的民主化。多学科知识体系的共同进步，正在将数字化生产技术（如计算机设计技术和增材制造技术等）与材料工程、合成生物学相结合，使微生物与人体、产品及建筑之间形成一种共生关系。在经济需求侧，互联性增加了透明度、提高了消费者的参与度，并导致了全新的消费者行为模式。

经济合作与发展组织（简称经合组织）的预测表明，在这一阶段，世界的富裕程度将增加约 10 倍。正如施瓦布（Schwab）所言，如果能以负责任的态度积极应对，则当前这波浪潮"可能会催化一场新的文化复兴，使我们能够感受到比我们自身更强大的事物——真正的全球文明"。然而，当前的技术进步浪潮也有其阴暗的一面：它可能产生巨大的不平等，并且比前几个阶段更深刻地扰乱劳动力市场。正是在这种更广泛的转型背景下，我们讨论了一种新的供应链管理模式，这种模式可以创造前所未有的价值，开拓新的市场，以全新的方式服务客户，并推动经济增长。现在，让我们在这一背景下，回顾近年来供应链管理的衍变。

❖ 近年来供应链管理的衍变

现代供应链管理是融合技术、科技和管理发展的结果。这一进展的特点是自 20 世纪 60 年代开始的不同行为和职能的日益一体化，图 1.2 说明了其整合、衍变的历程。在 20 世纪 50 年代之前，组织词汇中常见的术语是"物流"，其功能主要在军事活动的背景下开展研究，包括军事设施、设备和人员的获取、维护及运输。当时各组织还没有认识到成本管理的重要性，以及在正确的时间把正确的商品送到正确的地点的好处。一些有代表性的企业以一种非常分散的形式组织与供应链管理相关的活动。

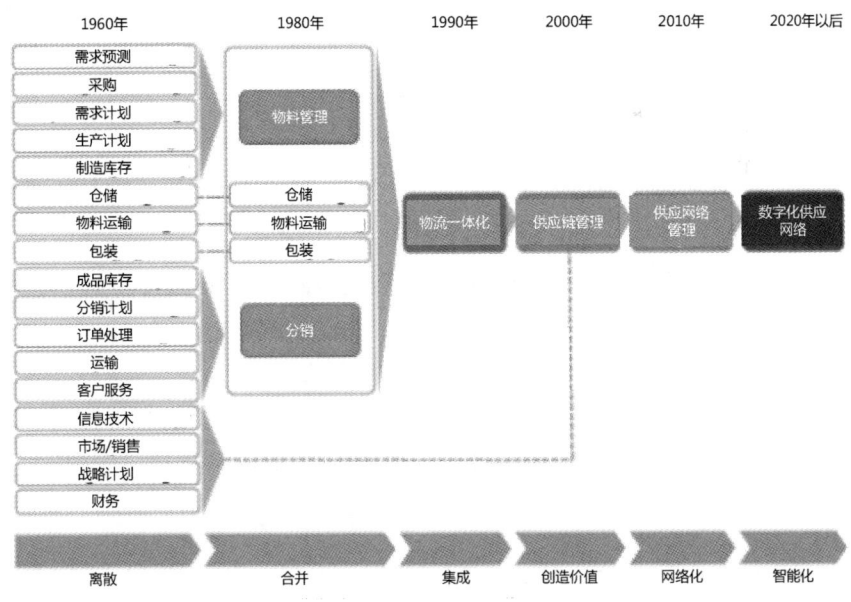

图 1.2　近年来供应链管理的衍变

在 20 世纪 60 年代，人们开始尝试设计独立的功能性集成。一方面，管理人员对物流职能的作用和重要性的态度开始发生重大变化。在贸易协会、商贸相关媒体出版社、政府和学术界的大力支持下，新的管理理念出现了，有远见的企业开始从更全面的角度接近这一领域。最初，这一范围仅限于一家企业的货物出口，但后来这一范围扩大到将实物供应包含在内。同时，从铁路时代开始发展起来的、最初专注于采购活动的采购行业也开始扩展其范围，包括与实物配送有关的职能，但这只是从入库的角度来考虑的。相对成熟的商业和生产活动在概念上仍然独立于采购，它们之间几乎没有协同。尽管生产和经营将物流活动视为产品功能的一部分，但企业并不完全关注整个过程。工程师设计了物料需求计划（Material Requirements Planning，MRP I 系统）来处理相关库存的采购和调度。

任务的碎片化和不协调导致的功能冲突，经常造成局部最优、效率低下、浪费等管理问题。在企业的分销过程中，来自对立阵营的采购和商业物流专业人员的扩张性努力实现了最初的功能整合。在 20 世纪七八十年代，MRP I 系统继续扩大该方面的范围和影响，组成分销活动的任务被合并为物资管理（更面向供应的流入）和实物配送（更面向货物的流出）。然而，管理部门仍然没有将所有与物料信息有关的活动概念化为一个综合任务，关注点仍然是协调每一个子职能内的活动。在生产方面，MRP I 系统扩展到包括更多的制造过程，包括资金预算、需求和商业计划，MRP I 系统变成了制造资源计划（Manufacturing Resource Planning，MRP II 系统）。

到了 20 世纪 80 年代，管理层开始关注物料流动的控制和平衡，这使得许多企业运营活动中库存的大幅减少。然而，这种方法主要用于制造企业物料的批量流入和流出。在 20 世纪 90 年代，企业功能整合方面的工作不断发展，引起了管理层对全面内部整合的关注，与物料流有关的活动在概念上被整合到"集成物流"的框架下。组织开始实施企业资源计划，这扩大了 MRP 系统的能力，包括后勤部门职能，如会计和人力资源。这些系统继续发展，并将各种功能集成为一个完整的系统，以简化整个组织的流程和信息。在电子自动化浪潮的末期，管理层开始针对物料流动使用现代信息和通信技术。关于控制和平衡物料流动的工作开始越来越多地集中在整个供应链上，超越了组织的边界。这些努力带来的最重要的好处是可以实现更好的客户服务、更少的库存和更低的运营成本。

在 21 世纪初，继续使用先进的信息和通信技术使更全面的一体化成为可能，这就是"供应链管理"的兴起。新技术不仅可以整合和协调物料的流动，还可以整合信息流和资金流。组织开始探索生产和分销系统的新领域，活动扩展到全球。供应链管理变成了一系列旨在创造和获取价值的复杂活动。

在那时，管理人员已经充分认识到系统性地优化供应链的重要性。企业开始投入越来越多的时间和资金，试图预测和控制自己正在扩展的供应商系统。供应链管理被认为是战略性的。对从业者来说，整合的战略重要性反映在流行的供应链运营参考（Supply Chain Operations Reference，SCOR）模型中，该模型假定所有业务包括计划、采购、制造和交付过程，战略性地将供应商、客户与制造商连接起来。然而，管理人员很快意识到，在第三级供应商（如第二层和第三层）发生的变化往往超出了他们的管理权限和控制范围，因此他们努力应对供应链的动态性和复杂性。为了更准确地反映供应链潜在的动态性和复杂性，早先的学者提出了一个概念模型，认为供应链是一个复杂的自适应系统。这一说法在当时引起了一系列在管理上有影响力的研究，而且随着分析数据的新方法的兴起，这一概念和见解也在不断发展。

在数字自动化浪潮的早期，我们开始目睹日益自动化的分销和物料管理。数字化开始以高级形式出现，并为初创企业提供巨大的价值和竞争力。例如，配送中心的存储、材料处理和包装已经向自动化迈进了令人难以置信的一步。然而，主流的管理思想仍继续主要以线性逻辑来概念化整个活动。计划、采购、生产、交付和回收的框架，在供应链管理兴起的过程中成功地帮助了管理者和行业，并成为当前管理思想的特点。然而，随着数字自动化浪潮的持续发展，创新和颠覆性技术开启了以全新的方式真正管理复杂的自适应数字化供应网络的可能性。开拓性的企业正追求这一可能性的边界，并取得了显著的成果。我们正在见证智能、始终在线、永久连接、实时和动态的自适应数字化供应网络的崛起。

那么，数字化供应网络与传统供应链管理有什么不同呢？我们将在本章接下来的部分展开介绍，然后在整本书中进行更深入的分析，提供走在浪潮前沿的实例，以及那些具有巨大前景的概念的可能性的证明。在介绍新的模式之前，让我们简单对比一下供应链管理和数字化供应网络。

传统供应链管理的基础

供应链管理指的是与产品和服务设计、供需计划、采购、供应商管理、制造、资产维护、物料储存、运输和客户补货相关的广泛活动。总的目标和统一这些活动的原则是以最有效的方式提供最好的客户服务。这个观点被简单地概括为七个"正确"：正确的时间、正确的条件、正确的数量、正确的地点、正确的成本、正确的产品、正确的客户。

让我们仔细看看一种更正式、更广泛使用的思考供应链流程的方法，如图1.3所示。最初，过程包含"计划""采购""生产""交付"等元素。这些过程后来被扩展为在开始时包含"开发"，在结束时包含"回收"。图1.3还显示了供应链实体和关键供应链物流的简化模型。一般来说，产品通常先通过中间商和分销商网络从供应商流向下游工厂，然后流向客户。产品的退回或回收是在相反的方向，从下游到上游。通常情况下，资金是向上游流动的，而信息是双向流动的。

一般来说，供应链的需求预测首先根据销售或运输的历史统计数据生成，

Chapter 01
数字化转型及其对供应链管理的影响

然后在销售和运营规划（Sales and Operations Planning，S&OP）期间由销售、市场、供应链和财务团队商议确定。事实证明，这一过程在应对不确定性、降低库存水平及成本方面非常有用。整个过程遵循各种顺序步骤，可能会很长、很复杂。然后，关于需求预测的共同制定逐渐深入更高的细节层次，触发一系列更具体的规划活动及其执行，包括采购、运输、存储、移动、处理，以及最终的交付。随着信息从一个节点传递到另一个节点（通常是分阶段的），每一个操作都会激活供应链上不同的实体，进而激活新的决策和操作。客户对产品设计的参与通常仅限于基于抽样的市场调研，以了解需求和趋势。到目前为止，与客户的沟通通常是为了影响需求，在大多数情况下，这一过程会存在很大程度的延迟。然而，供应链管理的最终目标主要是保障在客户下订单或走进商店时能立刻提供产品。

供应链管理过程

开发 → 计划 → 采购 → 生产 → 交付 → 回收

供应链管理流

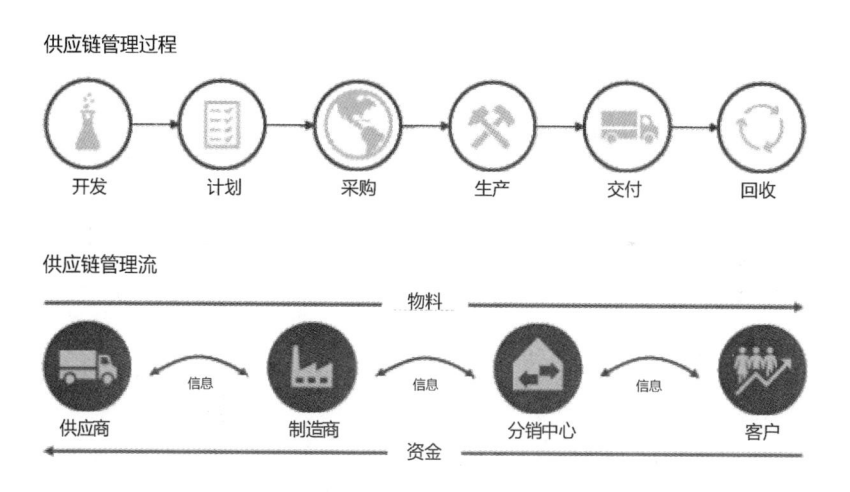

供应商 ←信息→ 制造商 ←信息→ 分销中心 ←信息→ 客户

物料 →
← 资金

图 1.3　供应链管理流程

每个供应链节点都必须应对不确定性，因此要求它们制定相应的规划并采取应对措施。库存通常用来缓冲不确定性，防止中断、缺货和销售损失。对于一个典型的全球组织来说，客户可以是数千个、供应商可以是数百个、分销商和工厂可以是几十个，再加上几千种原材料、半成品和成品的管理，以及数万种维修产品。除此之外，延迟和放大效应也增加了现代供应链的长

度，增加了组织和管理人员在管理供应链时面临的不可预测性和风险的复杂性及风险的程度。

供应链管理面临的重要挑战

自数字自动化浪潮被掀起以来，随着供应链管理作为一个公认的管理概念的兴起，各企业一直在努力连接企业内部和与跨企业的物理信息流相关的各种流程。这种努力也带来了许多将不同流程数字化的成功尝试，越来越多地让现代供应链为我们的现代生活方式发挥作用。例如，人们可以在任何一天的早些时候去美国西弗吉尼亚州摩根镇的杂货店，买一个产自数千英里（1英里≈1609.3千米）之外的南非的新鲜小菠萝，或者以合理的价格买一杯在英国瓶装的澳大利亚姜汁啤酒。然而，尽管在集成和早期数字化方面取得了巨大的成功和进展，但传统的供应链管理普遍是由顺序和线性逻辑引导的，许多活动和计划是分阶段进行的，这在许多方面给企业管理者带来了挑战，并限制了供应链管理的潜力。

在传统的供应链管理中，计划通常基于历史数据，并假设过去在某种程度上是预测未来的合适手段。计划是提前执行的，当中断或不可预见的事件发生时，团队常常会乱作一团。协作是在预定的基础上进行的，这对于改变传统供应链管理方式具有挑战性，而市场上的转变需要经历一个长期的甚至艰难的适应过程。执行主要基于预优化和基于场景的信息。如果出现了不可预见的变化或机会，则需要资金、资源和时间来修正正在执行的过程。即使是响应能力更强的供应链，也大多仅对需求变化做出反应。虽然人们普遍认为，速度是一个成功的供应链的关键因素之一，但活动的顺序和连接较弱的合作伙伴的数量限制了供应链的敏捷性。在这个过程中，客户大多极少参与服务或产品的设计和交付。

虽然已经取得了巨大的进步，但许多供应链活动仍然是人工密集型的，并以线性方式发生。从人工清理和调整数据，到在规划和执行过程中冗长的顺序操作及交互，这些过程在某种程度上来说都是"孤岛"。不管在哪个行业，交付过程的设计仍多是冗长且效率低下的。虽然供应商参与已经成为现代组织创新工作的关键因素，但其潜力仍然有限，并受到活动顺序的影响。而且，尽管供应链管理作为系统框架以来，集成工作已经取得了实质性的进展，但透明度仍然在整个网络中属于瓶颈，这限制了组织的发展并带来新的挑战。

数字化供应网络——传统供应链管理的智能化

技术的融合、新技术的发展、海量的数据，以及越来越小、越来越便宜、越来越多的移动设备的广泛使用，都为组织和管理供应链提供了颠覆性的动力及潜在的巨大机会。新兴的创新可以用于创建跨越端到端的数字化网络，使其具备实时可视性，并可以实现自动化和控制。

自数字自动化浪潮被掀起以来，特别是在管理思想中认识供应链管理概念期间，组织及其领导者在整合物料流方面进行了越来越多的尝试。在现代信息和通信技术的推动下，这些努力已初步实现了企业内部及跨企业流程的数字化和自动化。过去在几周内才能做出的管理决策，现在在几小时内就能完成。在推动该领域向前发展并取得成果的同时，这种原始的方法很好地与现有技术相结合，在现行分阶段线性的供应链管理视角下，实现自动化并产生竞争优势。毫无疑问，数字化技术的成功引入和部署可以产生效益及增值，但是，真正的效益和充分的潜力将积累到那些利用持续发展的技术来重构业务模型、产品和服务，以及端到端价值链，从而为客户、组织、员工、合作伙伴和社会创造最大价值的组织中。

因此，数字化供应网络是一种管理思想的体现，该思想的重点是重构供应链信息流的组织和管理模式，实现一个始终在线、永久连接、实时、适应性强和智能的数字化网络。"DSN"一词最初是由专业服务机构德勤（Deloitte）咨询公司提出的，并已在最具创新性的组织的管理词汇中流行。图 1.4 所示为数字化供应网络模型的简化版本，所有成员都属于同一个互联的网络，产品、资金和信息在网络中无缝、实时地流动，客户在网络中深度连接和整合，供应商也总是连接在一起，实时交换信息。该网络设计是自适应的，整个系统作为一个实体为客户服务，同时使整个网络的价值最大化。

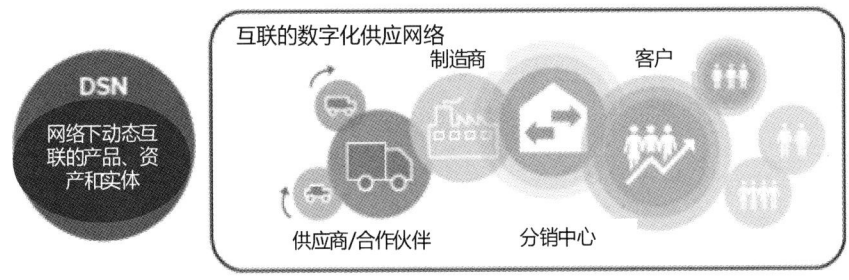

图 1.4 数字化供应网络模型的简化版本

传感器和物联网等先进技术提供了感知和响应能力，而区块链等技术提供了信任、安全性、可控性，以及端到端的可视性。但是，传统的供应链管理与新兴的数字化供应网络管理有何不同？我们在这里粗略地比较一下。本书后续也会深入地探讨这些问题。

我们可以把数字化供应网络看作一切皆有可能实现或改造的领域。曾经令人向往但难以实施的丰田的单件流（One-piece Flow）和零库存方案不仅在数字化供应网络中变得可行，在某些应用中甚至可能过时，因为数字化库存有可能取代实物库存。B2B 和 B2C 客户服务有可能达到前所未有的高度，客户在几个小时内就能收到产品，并高度参与这一新型的"随需应变"的商业模式。组织能以全新的方式了解客户。这一切都是通过分散在全球各地的组

Chapter 01
数字化转型及其对供应链管理的影响

织之间真正动态且实时的协作实现的。相关流程实现了最大化的透明度并变得更有效，进而创造新的客户价值。随着技术几乎消除了工作的重复性，员工的工作内容变得更加充实。计划从基于历史数据转变为实时调整，执行从指令控制的方法转变为动态的和自适应的方法。此外，一些管理决策可以在几秒内自动做出。数字化供应网络不仅可以更快地对实时事件做出反应，而且可以利用数据和分析在预期逻辑下运行。

数字化供应网络模型如图 1.5 所示，其中所有过程都是实时连接在一起的，信息在整个网络中始终是可用且透明的。在第 2 章中，我们将进一步讨论从当前的供应链模式向数字化供应网络的过渡，以及数字化供应网络的特征、优势和结构。

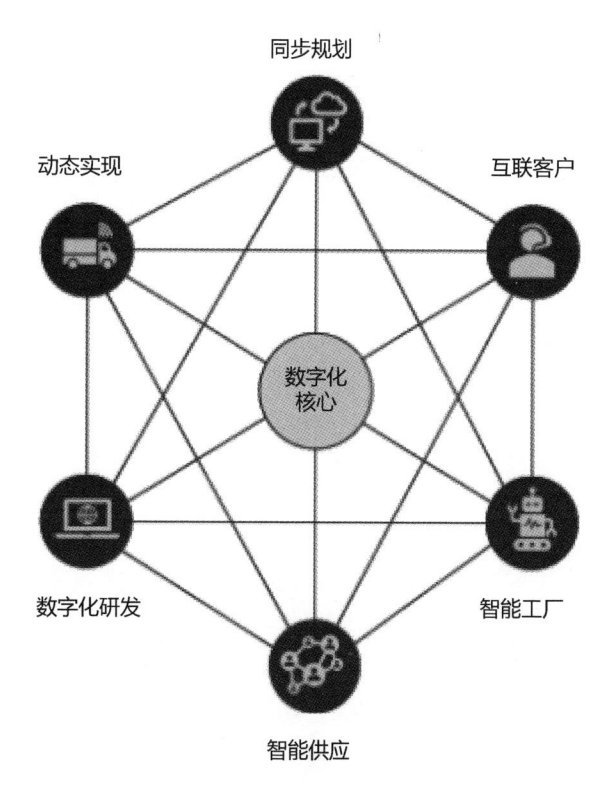

图 1.5　数字化供应网络模型

小结

数字化转型正影响着我们生活中的方方面面，并被全球视为企业最关键的战略主题之一。数字化有潜力创造更紧密、更高效、更透明的组织和社会。在上一波创新浪潮的末期，利用信息和通信技术建立的供应链极大地提高了企业竞争力，并提升了我们的现代生活水平。而当前的创新浪潮正在融合技术，为我们提供了重新审视和重塑供应流的机会。数字化供应网络就是在这种背景下产生的，它基于一种始终在线、永久连接的管理思维。虽然数字化转型之旅充满了危险和不确定性，但回报值得我们为之付出努力，而且这也是企业生存所必需的。

Chapter 02
什么是数字化供应网络

当今世界,由于技术推动了供应链基于事实决策能力的进步,传统的供应链正在变得更加灵活,以助力企业紧跟商业格局变化的脉搏。我们正处于数字化供应网络(DSN)这种新型互联供应链模式的风口浪尖上。数字化供应网络增强了连通性、具有更好的可视性、优化了资源、提高了响应速度,并能够帮助企业进行整体决策。随着传统线性供应链的瓦解,相互关联的数字化网络逐渐形成,企业正在将数字化供应网络作为一种相对于竞争对手的战略优势。本章将帮助读者了解从线性供应链向未来数字化供应网络转型的驱动因素。同时,读者也将了解数字化供应网络的主要特性和构成,数字颠覆者加速向数字化供应网络转型的过程,以及向数字化供应网络转型带来的好处。

线性供应链的瓦解

供应链管理（SCM）是任何业务中不可或缺的组成部分，因为它可以对产品或服务流程进行管理，以满足终端客户的需求。为了实现这一目标，供应链管理采用以下五个步骤：（1）获取原材料；（2）制造产品；（3）将产品移动到距客户更近的地方；（4）将最终产品交付给客户；（5）为产品提供服务。随着能够满足现代消费者需求的技术的发展，传统的供应链方法（如开发、计划、采购、生产、交付、回收）必须转换为互联的信息流和高级功能（见图 2.1）。新技术的进步使这种互联模式成为可能，并且可以作为一站式解决方案来服务于今天的动态业务环境。

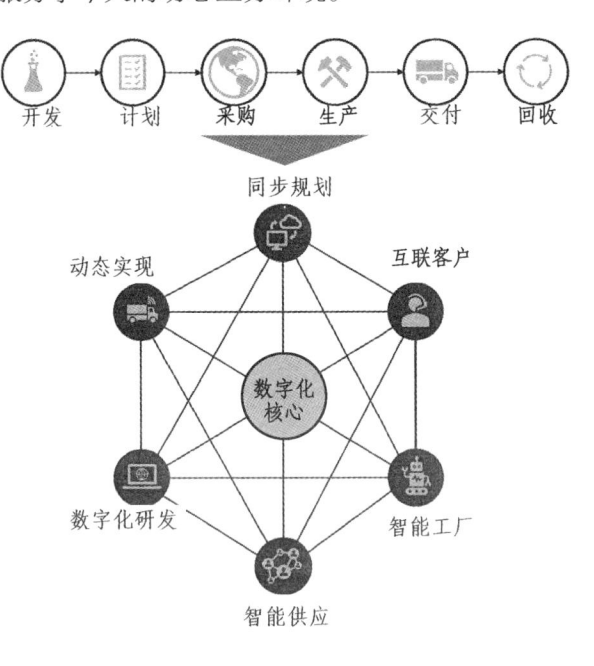

图 2.1 线性供应链转变为供应网络

图 2.1 所示的内容说明了传统供应链中的每一步是如何成为数字化供应网络中互联的节点的。这使得供应链变成了一个更加动态和完整的供应网络。最后，数字化供应网络的数字化核心将利用来自多个节点的输入进行自我强化，通过提供实时信息做出明智的决策、预测风险，以及提供更好的端到端的可视性，从而加快生产、分销和交付的过程。

数字化供应网络模型

广义上，数字化供应网络可定义为一种由互联的信息流提供动力的数字化供应链能力。数字化供应网络的中心是一个数字化核心，它同时协调了六种不同的数字化供应网络能力。

利用六种数字化供应网络能力收集数据，并将信息汇集到数字化核心中进行存储、分布和分析。新的颠覆性技术使数字化供应网络模式成为可能，它产生了以下结果，使数字化供应网络有别于传统的线性供应链：

- 端到端的透明性，支持整个供应网络的可视性；
- 高水平的敏捷性，驱动供应网络杠杆的灵活和主动响应；
- 连接环境，增强所有合作者和功能的跨功能协作；
- 资源优化，促进人与机器的凝聚环境的形成；
- 整体决策可优化网络效率、降低成本、增加收入。

这些特点使企业能够充分利用其数字化供应网络，减少资源、时间和空间等传统障碍，从而带来新的业绩水平、提高运营效率和效益，以及获得新的收入机会。

❖ 企业数字化供应网络的能力

使用成熟的数字化供应网络进行数字化提升的企业必须具备图 2.2 所示的六种基本能力。

数字化研发	同步规划	智能供应	智能工厂	动态实现	互联客户
利用先进的数字化战术优化生产周期管理	利用同步规划提升效率	通过新一代技术、模型和能力降低成本	通过一个更紧密、灵活、积极主动的工厂来实现更高的效率	提高客户服务的速度和灵活性	从灵感到服务，创建无缝的客户参与模式

图 2.2　企业数字化供应网络的基本能力

数字化研发。数字化研发是指利用技术来概念化和设计产品，并将产品投入生产，确保产品生命周期中的跨功能协作，从而提高设计效率并开发出高质量的产品。进行数字化研发可以减少研发费用和产品维护成本，提高制造灵活性；可以减少人工干预，提高流程自动化程度。减少人工干预可以减少错误、延迟和低效，这有助于企业快速响应不断变化的客户需求；自动化还可以加速产品的发布，同时通过流程效率和数字技术将开发过程中对环境的影响降到最低。

同步规划。同步规划是指将战略业务目标与业务中不同功能的财务目标、运营计划结合起来。这有助于企业有效地预测客户需求并优化整个网络中的库存。它利用跨企业协同技术、大数据和客户感知技术来预测客户的基本需求。这种能力有助于企业优化产品、服务和包装路线图的组合，并设计最佳的供应网络，平衡所需的响应水平与最低的运输、仓储、制造成本。同步规划能力使企业可以在整个供应网络中感知异常，从而实现需求的准时满足。

智能供应。智能供应通过采用先进的请购单和发票电子平台,帮助企业更有效地与战略伙伴合作,并帮助客户和供应商积累经验。它还有助于企业预测供应风险,主动优化端到端操作,利用机器学习、人工智能等技术,通过预测成本功能和选择采购策略来优化成本。

智能工厂。智能工厂通过人工智能和机器智能的计算平衡,基于生产和需求数据来推动业务绩效,并提高工人的安全性。传感器数据、图像识别和协同机器人可以优化智能工厂的整体生产效率,为员工提供安全且符合人体工程学的工作环境。智能工厂还采取主动的维护方式,以优化计划的停机时间,并预测潜在的停机时间。它有助于企业领导者做出明智的权衡决策,以确定改进性能标准的机会,并确保实时遵守,从而提高产品质量。

动态实现。这是一种相互关联的、跨企业的能力,它使企业能够在正确的时间向正确的客户交付正确的产品,增强客户体验。它利用物联网、机器人等技术为供应链提供可视性和灵活性,促进跨职能协作。它利用云平台提供实时可视性并提高供应链的响应能力。它降低了产品因假冒伪劣问题被召回的风险,维护了品牌声誉。它还有助于实现智能客户订单管理,增加客户经验和降低报废成本。同时,它还可以降低供应链的启动成本,提高供应链的风险抵御能力。

互联客户。该功能允许企业在整个客户生命周期中将传统的基于交易的关系转为无缝的客户参与。这样可以使企业更好地预测客户需求,丰富客户体验。它还支持更快地解决问题和识别客户的消费模式。先进的分析能力及机器学习、人工智能技术可以帮企业有效细分客户,并提供相关的促销建议。利用动态实现能力,企业可以跟踪和监控实体产品,并确保及时向客户交付高质量的产品。

❖ 数字化核心

位于数字化供应网络中心的数字化核心集成了数字化供应网络所有的基

本功能，并最终驱动数字化供应网络。我们接下来将学习数字化供应网络所需遵循的关键数字化原则、激发数字化核心的方法和数字化核心工具。

❖ 数字化原则

数字化原则包含四个关键的原则（见图2.3），这些是成功的数字化供应网络的指示性原则。只有当六种数字化供应网络能力相互连接且在同一个数字化供应网络里共同运行，并通过数字化核心进行协调时，这些原则才能实现。

感知：数字化供应网络不是从线性的观点来接近供应链的，而是通过读取网络的脉搏来识别和分析所有节点之间的联系的。过去，供应链的主要感知活动是需求分析。如今，感知是一门更广泛的学科，涵盖了供应商表现、客户情绪、工厂表现和员工满意度等关键方面。

协同：供应链的存在是为了促进贸易伙伴之间的可信交易。当客户和供应商频繁合作时，数字化供应网络可以提供跨网络的多个节点的并发和透明的参与机会。使用强大的、基于聊天的、解决问题的技术——新兴的供应链控制塔技术，可以集成多人、数据表单和通信方法，并提供新的协作能力的范例。

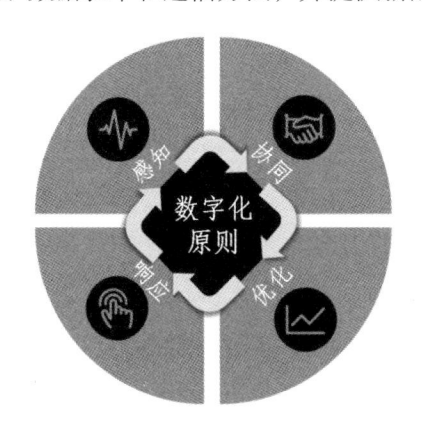

图 2.3　数字化原则

优化：收集及分析数字化供应网络节点提供的数据的目的是优化短期和

Chapter 02 什么是数字化供应网络

长期的供应网络。以前,运筹研究部门与实际运营尚有一步之遥,而如今,先进的优化功能已嵌入供应链专业人员每天使用的系统中,以协助他们履行日常职责。

响应:在感知到情况、与利益方协作并确定最佳解决方案之后,企业必须执行计划。这意味着将数字世界与物理世界连接起来。点击一个按钮,供应网络专业人员便可以把一个计划变成一系列的订单、工作指令或其他行动,这些行动可以触发物理产品、软件或服务的运行。

❖ 通过数字化堆栈激发数字化核心

要实现数字化供应网络,必须采用一套强大的技术,以实现新的数字化能力,从而战胜供应链管理面临的挑战。在规划数字化转型道路时,领导者必须对企业必要的核心业务保持清晰的理解能力,并对产生分析和决策支持机制的技术基础设施进行投资,以支持这些能力。数字化堆栈提供了一个核心框架,使分析驱动的决策制定成为可能,定义了数字化时代的供应网络。这个堆栈被分解为六个功能层(见图2.4)。

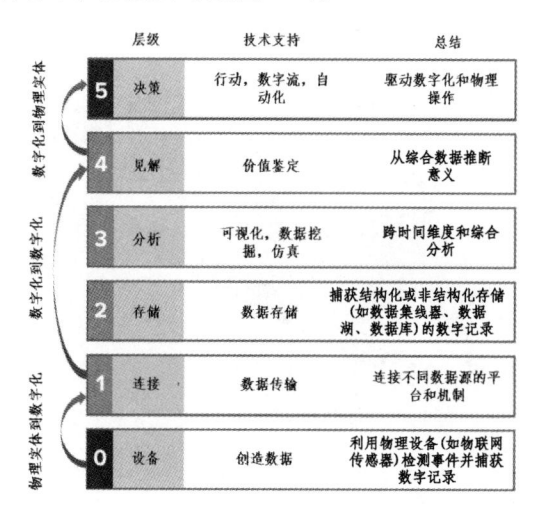

层级		技术支持	总结
数字化到物理实体	5 决策	行动,数字流,自动化	驱动数字化和物理操作
	4 见解	价值鉴定	从综合数据推断意义
数字化到数字化	3 分析	可视化,数据挖掘,仿真	跨时间维度和综合分析
	2 存储	数据存储	捕获结构化或非结构化存储(如数据集线器、数据湖、数据库)的数字记录
物理实体到数字化	1 连接	数据传输	连接不同数据源的平台和机制
	0 设备	创造数据	利用物理设备(如物联网传感器)检测事件并捕获数字记录

图2.4 数字化堆栈

所有数字化供应网络的数字化核心都包含这些基本的能力层,以领导供应网络从"设备到决策"。图 2.5 所示为一个实际的数字化堆栈示例。在这个框架的底部,工作是数据创建,即借助物理设备(如物联网传感器)生成供应链事件的数字记录。第一层为连接,这是一种技术,可以将网络中所有节点生成的数据传输到中央存储库(第二层,存储)。收集到的数据需要高效、安全地存储在数字化供应网络中,并且需要一个单点访问才能有效地访问和利用它(例如,云)。这三层中的技术主要负责以安全有效的方式生成、存储和访问数据。在这里,安全是最重要的。例如,新冠疫情使全球链条的脆弱性凸显。下一个黑天鹅事件可能是网络事件。

图 2.5 行动中的数字化堆栈

通过这个由第二层提供的单点连接,数据会传输到第三层,即分析。这一层提供了可视化、高级建模和实时场景模拟功能,使供应网络团队可以在日常工作的基础上做出高度知情的评估和业务决策。此外,全网络可视性支持主动事件管理、预测洞察力和跨功能协作,最终实现了资产效率(人工调度、库存诊断、工厂利用率、设备效率等)的提高。第四层为见解,这一层将企业数据向前推进一步,以确定整个供应链的业务价值。这不仅是日常操作,还涉及见解生成、主动感知、预测建模和人工智能,用以获取网络的真实脉搏。最后一层,即第五层是决策,负责将分析结果从数字世界带回物理世界。决策层中的操作最大限度地降低了管理出错的概率,并使用高级流程管理平台(如机器人流程自动化)提高了资源的总体利用率。

数字化供应网络数字化堆栈从多个系统、资源和位置收集数据。下一节"加速实现数字化供应网络的使能技术"将提供每一层技术的详细例子。数字化供应网络数字化堆栈能够提供更大的可视性和可操作的见解,并推动价值增长。另外,数字化核心是所有数字化供应网络能力之间的整体集成点,并提供了一种通过网络中心协调供应、运营的新方法。

❖ 控制塔——一个数字化核心工具的例子

控制塔或指挥中心就是一个数字化核心工具的例子,它允许企业管理者主动地实时管理企业的端到端供应网络,并通过连接可视性、主动异常管理和预测性洞察,利用数字化核心收集的数据,实现高效率运转。这种有针对性的数字化核心工具提供了一种识别异常值的方式,并应用正确的分类解决方案来创造最大的价值,而不需要大规模的技术实现。

控制塔还可以让供应链管理人员缩小他们的工作范围,把注意力集中在造成大部分问题的少数领域,而供应链的其余部分可以照常运作。控制塔收集和分析多种来源的数据,并为团队提供可视化、根本原因识别、预测及警报、响应敏捷性和性能管理功能，从而将重点从日常执行的被动管理转移到未来行动的响应计划上。控制塔的概念很广泛，因此准确地说明什么是控制塔是很重要的。图 2.6 所示为控制塔的显著特征。

控制塔的基本要素

✓ 端到端的解决方案
提供实时警报、战略洞察，并增强性能管理

✓ 支持新的企业能力
这是一种新的、更好的工作方式，并经常需要新的流程和组织结构

✓ 打破传统功能的筒仓
集成不同的数据源、流程和合作伙伴，以提供实时的连接、增强的可视性和规范的见解

✓ 使用先进的分析
通过认知反馈循环和科学驱动的算法不断改进

控制塔不是

✗ 有很多屏幕的物理房间
人们经常会问："我能去你们的控制塔看看吗？"控制塔不一定是一个物理位置

✗ 运输管理系统（TMS）
虽然TMS系统是一个重要的数据来源，但控制塔在没有TMS的情况下也能很好地工作

✗ 好看的仪表板
虽然仪表板可构成控制塔解决方案的重要组成部分，但仅连接仪表板并不能定义具有准确容量的控制塔

图 2.6 控制塔的显著特征

　　控制塔是可扩展和可适应的。它既可以通过计算机或移动设备访问数字化解决方案，也可以与远程区域的办公室进行物理上的混合，通过"传感器—执行器"集成实现多屏信息显示，从而影响来自控制塔的流程和工作流。它可以解决供应链内的许多问题，以提供切实的利益，包括增加收入、提高利润率、提高资产效率、增强风险缓解和提高响应的能力。此外，开发一个控制塔可以提供许多间接的好处，如帮助提高供应链组织的效率——帮助企业了解它们的数据源，并明确潜在的、可改进的流程。与仅仅谈论数字化或开始大规模转型不同，企业现在便可以采取行动，开发一个控制塔作为其供

Chapter 02
什么是数字化供应网络

应网络的数字化核心，利用数据的力量来获得清晰的可视性，并在此过程中推动真正的业务成果的获取。

❖ 数字孪生创造了一个"物理—数字—物理"循环

数字化供应网络引入了供应网络物理现实数字表示的概念，它被称为数字孪生。数字孪生可以被定义为反映物理对象或过程的特征、属性和行为的数字副本，最终允许企业在数字世界中模拟操作，而不必进行或投资于物理操作。为了使企业实现数字化转型从而融入数字化时代，传统的供应链需要创造一个"物理—数字—物理"循环（见图 2.7）。这个循环从数字孪生体生成的数据开始，并管理其从物理世界到数字世界的衍变，然后通过数字世界驱动物理世界。这个循环被分解为三个关键元素，当这些元素统一起来时，它们就成为数字化企业持续创造价值的来源。

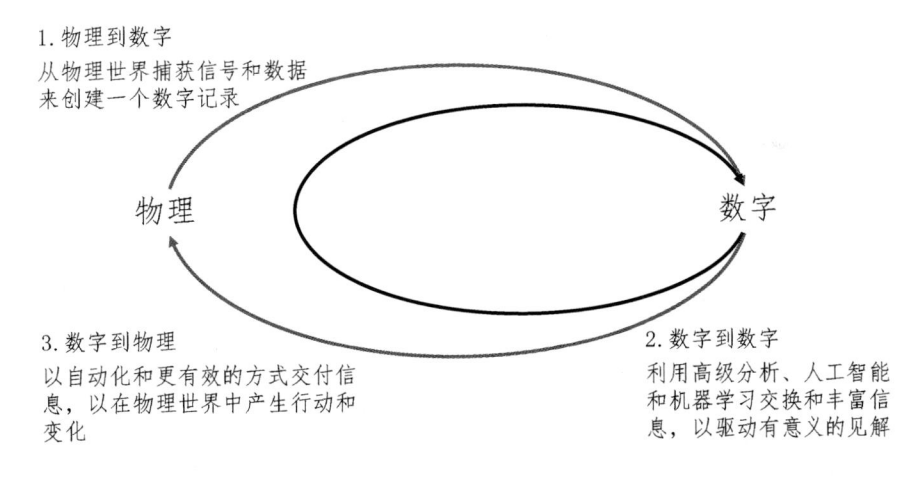

1. 物理到数字
从物理世界捕获信号和数据来创建一个数字记录

3. 数字到物理
以自动化和更有效的方式交付信息，以在物理世界中产生行动和变化

2. 数字到数字
利用高级分析、人工智能和机器学习交换和丰富信息，以驱动有意义的见解

图 2.7 "物理—数字—物理"循环

物理到数字。这个循环阶段的核心是创建日常供应链运作的数字记录。它以数字方式捕获发生在任何企业的基本交易：产品开发、销售、交付和端到端供应链过程中涉及的其他功能。例如，传感器可以监测来自物理过程的

关键输入数据。传感器可以监控和收集来自整个供应链、产品，甚至影响运营的环境或外部条件的各种资产的数据。然后，这些数据被收集并聚合到一个数据存储库中被处理，这实质上就是创建了物理环境的"数字"指纹，为分析做好准备。

数字到数字。数字到数字的内部循环是一个快速变化的空间，近年来被新的、创新的软件解决方案所颠覆，现在企业比以往任何时候都更容易获得这些解决方案。在此空间范围内，数字信息记录在人工智能、自然语言处理、机器学习和空间分析等新技术的支持下得到了丰富，从而提高了信息的可访问性并提供有意义的见解。

数字到物理。在之前的数字到数字循环中获得的见解为物理世界中的指导行动提供了机会。借助机器人、智能工作流程自动化和机器控制等自动化技术的力量，物理动作可以通过数字化方式触发，以达到预期的结果。因此，供应网络管理团队可以从"被动地部署仪表板和可视化"发展到由业务决策指导的主动操作。回到我们的制造实例中，通过数据分析得出的见解可以通过解码器进入设备上的执行器，执行器负责设备的移动或操作控制机制。这种交互完成了物理世界和数字孪生世界之间的闭环连接。

启用"物理—数字—物理"循环为企业提供数据和智能的实时访问。这种转变从根本上改变了企业的业务运作方式，为企业创造了新的收入来源、提高了敏捷性，并开发了数字化能力。

加速实现数字化供应网络的使能技术

有八种主要的使能技术支持供应链向数字化供应网络转变，如图 2.8 所示。

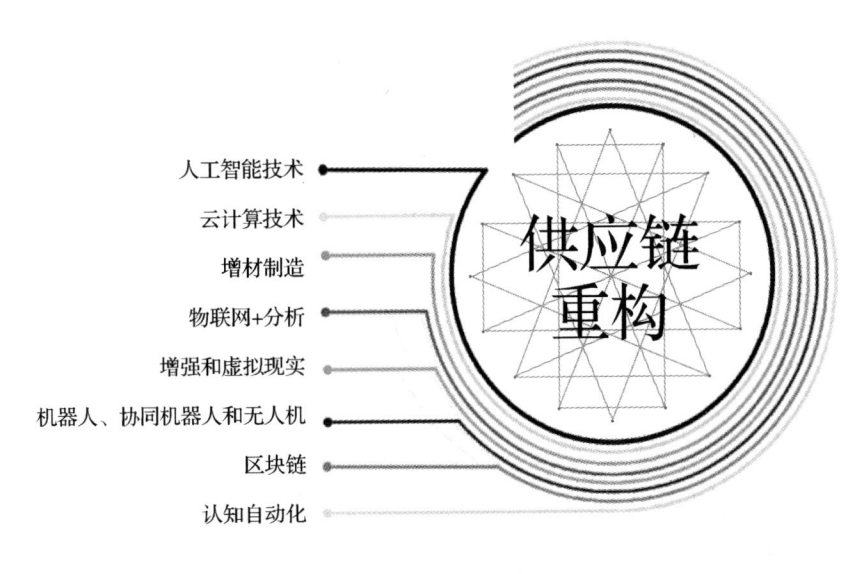

Chapter 02
什么是数字化供应网络

- 人工智能技术
- 云计算技术
- 增材制造
- 物联网+分析
- 增强和虚拟现实
- 机器人、协同机器人和无人机
- 区块链
- 认知自动化

供应链重构

图 2.8 使能技术

通过利用每种技术的独特优势和能力，数字化供应网络可以更快地适应围绕数字化核心的动态基础设施。下面几节将探讨每一种使能技术。

❖ 人工智能技术

人工智能技术是关于为过程和机器提供认知智能的技术。利用人工智能技术可以使用机器学习、模式识别等算法来解释数据，并将其转化为实时见解，从而简化策略规划和自动化决策过程。例如，利用机器学习算法不仅可以通过研究历史和实时数据来提高企业的采购洞察力和采购支付流程效率，还可以通过自动化来提高资源利用率和过程有效性。一个人工智能系统（见图 2.9）结合并利用了机器学习算法和其他类型的数据分析方法来实现数据智能。

通过部署机器人流程自动化（Robotic Process Automation，RPA）功能，可以逐步实现人工智能和机器学习。此外，通过扩展 RPA 功能，还有可能通过机器学习来改善受机器人影响的上下游流程，从而为实现完全智能的数字化供应网络奠定基础。

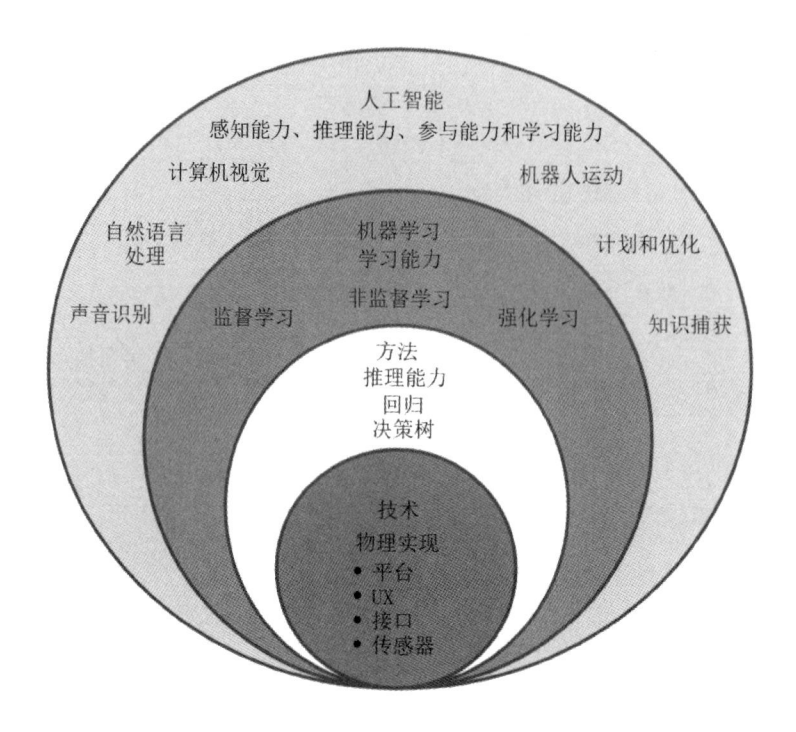

图2.9 人工智能系统

❖ 云计算技术

云计算技术是一种基于网络的技术，它允许人们访问可配置系统资源和服务的共享池，这些资源和服务可以以最低的成本快速供应。换句话说，云计算技术利用数字基础设施为访问在线数据提供灵活性和更快的速度。整个数字化供应网络中集成的庞大的数据库需要一种有效的方法来聚合和分析信息。

图2.10所示为云计算技术的关键能力和优势。随着复杂性的增加，数字化供应网络有必要拥有能够从多个节点实时收集数据并集中存储数据的系统。随着规划变得更加动态，云计算技术通过提供对性能的实时可视性，实现了快速和准确的决策制定。它还为ERP系统提供了一个平台，实现了数字化供应网络的无缝集成。

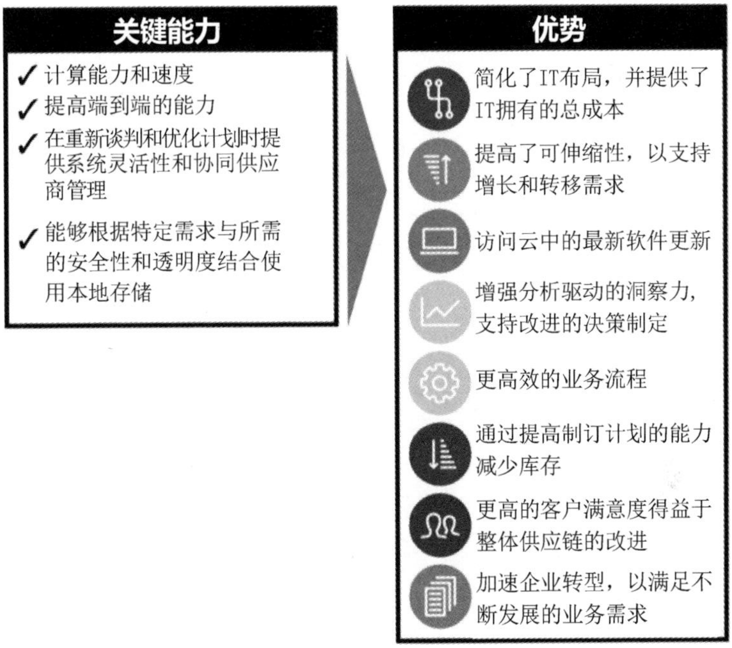

Chapter 02
什么是数字化供应网络

关键能力
- ✓ 计算能力和速度
- ✓ 提高端到端的能力
- ✓ 在重新谈判和优化计划时提供系统灵活性和协同供应商管理
- ✓ 能够根据特定需求与所需的安全性和透明度结合使用本地存储

优势
- 简化了IT布局,并提供了IT拥有的总成本
- 提高了可伸缩性,以支持增长和转移需求
- 访问云中的最新软件更新
- 增强分析驱动的洞察力,支持改进的决策制定
- 更高效的业务流程
- 通过提高制订计划的能力减少库存
- 更高的客户满意度得益于整体供应链的改进
- 加速企业转型,以满足不断发展的业务需求

图 2.10　云计算技术的关键能力和优势

❖ 增材制造

增材制造,通常被称为 3D 打印,可以将最初由计算机设计的 3D 对象复制到现实中。这项技术利用数字化,在设计、制造过程和供应链中释放新的价值来源。这种基于模型的设计极大地提高了制造的可能性,因为信息的数字线程可以与协作者即时共享,而无须考虑位置。此外,增材制造通过在实际原型被制造出来之前对设计进行虚拟测试,提高了产品的首次成材率,降低了总体成本,提高了原型成功的可能性。通过利用增材制造技术,企业可以打破供应链中僵硬和不灵活的制造环境。图 2.11 进一步说明了增材制造技术对产品和供应链的影响。

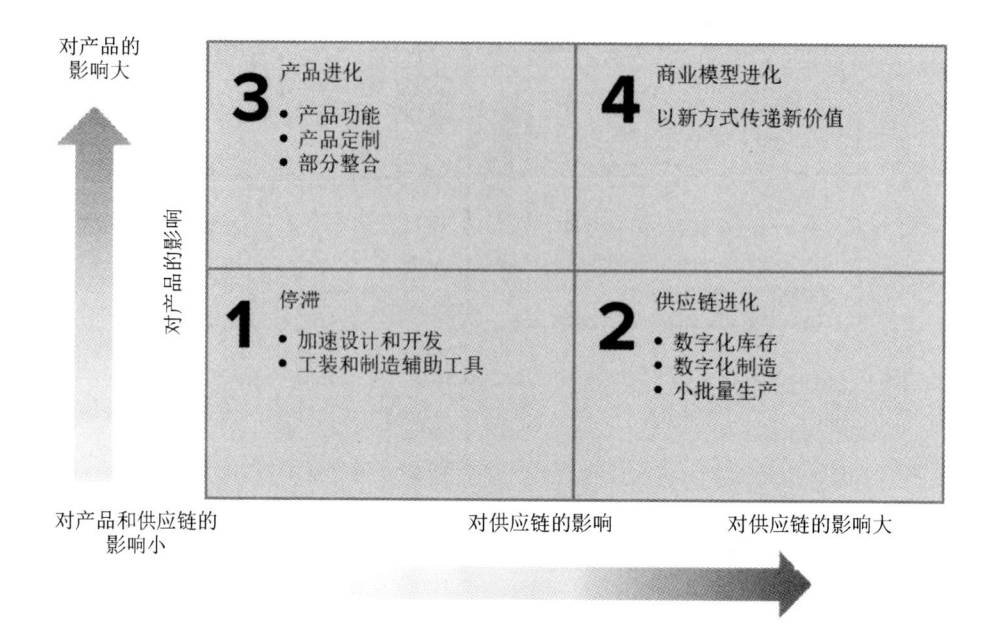

```
                    对产品的
                    影响大
                    ▲
                    │    ┌─────────────────────┬─────────────────────┐
                    │    │  3  产品进化         │  4  商业模型进化      │
                    │    │    • 产品功能        │    以新方式传递新价值  │
                    │    │    • 产品定制        │                      │
                    │    │    • 部分整合        │                      │
              对    │    │                     │                      │
              产    │    ├─────────────────────┼─────────────────────┤
              品    │    │  1  停滞            │  2  供应链进化        │
              的    │    │    • 加速设计和开发   │    • 数字化库存       │
              影    │    │    • 工装和制造辅助工具│    • 数字化制造       │
              响    │    │                     │    • 小批量生产       │
                    │    └─────────────────────┴─────────────────────┘
  对产品和供应链的         对供应链的影响            对供应链的影响大  ▶
       影响小
```

图 2.11　增材制造技术对产品和供应链的影响

❖ 物联网+分析

物联网是一个智能、连接设备的世界，在这个世界中生成的数据可以被制造商和零售商用来产生独特的见解，并改变他们的业务。如图 2.12 所示，端到端的物联网解决方案由三个主要组件组成：传感器、数据平台和分析工具。传感器捕捉流入数据平台的数据，并实时存储。分析工具从数据平台中提取数据，对其进行分析，并得出结论。然后，这些见解被用于在物理世界中执行"知情的"行动。这就是物联网中数字到物理的循环。一个健壮的物联网平台有助于创建一个具有"物理—数字—物理"闭环的"始终在线"的供应链。

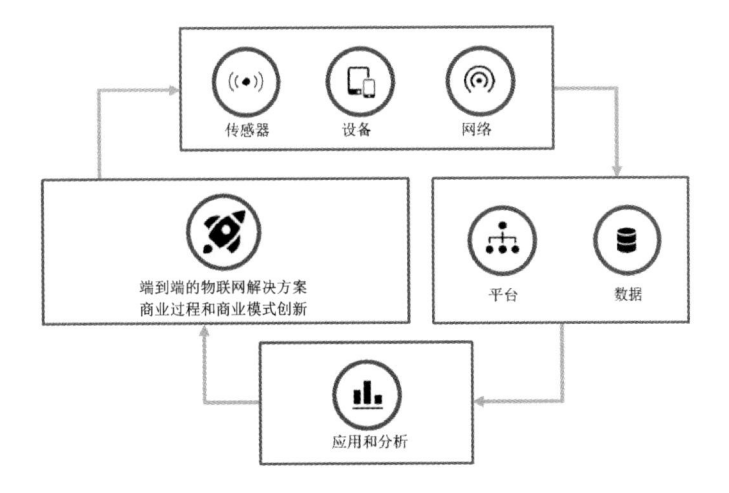

Chapter 02
什么是数字化供应网络

图 2.12　物联网框架

❖ 增强和虚拟现实

增强和虚拟现实作为一种实现技术，是增强现实（Augmented Reality，AR）技术、虚拟现实（Virtual Reality，VR）技术、360°视频技术和沉浸式技术的融合；而增强现实技术和虚拟现实技术合在一起称为混合现实（Mixed Reality，MR）技术（见图 2.13）。利用增强和虚拟现实技术可以采集一个数据（来自传感器、摄像机等），并基于传入的数据创建一个虚拟环境。用户可以通过手势、语音指令及凝视数字体验与新现实互动。虽然所有这些数字现实技术都在同一个主题上发挥作用，但它们都有各自的特点，因此又各具特色。

技术	描述
增强现实技术	将数字创建的内容覆盖到用户的现实环境中
虚拟现实技术	创建一个完全不同的环境，替代用户的真实环境
混合现实技术	将数字内容融入现实世界，创造一个两者共存并相互反应的环境
360°视频技术	提供了一个新的视角，允许用户看向各个方向
沉浸式技术	创造了一种多感官的数字体验，并通过这些技术中的任何一种来传递

图 2.13　数字现实类型

❖ 机器人、协同机器人和无人机

图 2.14 所示为机器人技术提供的各种技能和潜在的好处，这些技能可以为企业节省大量的时间和资金。目前，应用于商业的主要有三种机器人技术。第一种是机器人。它被设计用来自主或半自主地完成一项任务的机器（例如，装配线上密封瓶子的机器，也被称为"挑选和放置机器人"）。第二种是协同机器人（Collaborative Robots，Cobots）。协同机器人在工作环境中与人类进行肢体上的互动。例如，质量保证机器使用先进的机器人技术结合人类运动，以快速、有效地完成装配车间的部件质量检查工作。第三种是无人机，其应用于相对较新的供应链行业。在亚马逊宣布推出 Prime Air 服务后，这一概念变得流行起来。这些无人驾驶的飞行器可以进行不同程度的自主操作。

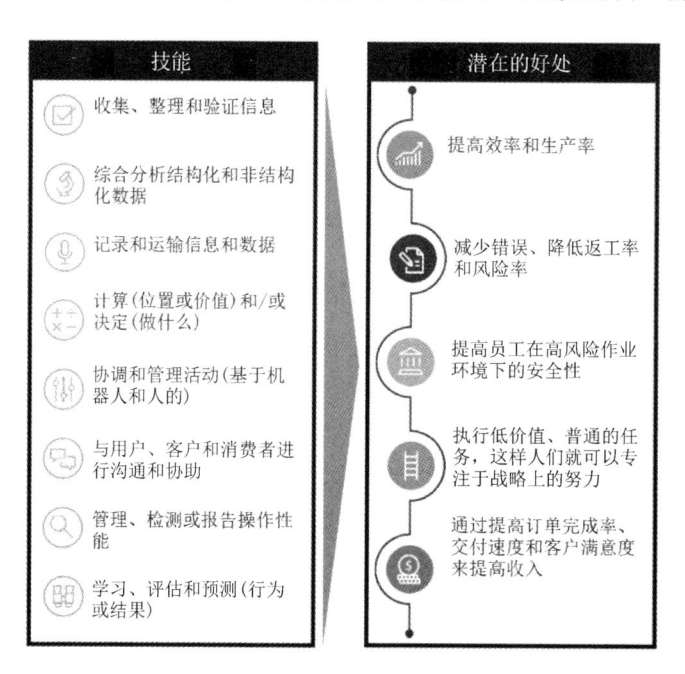

技能	潜在的好处
收集、整理和验证信息	提高效率和生产率
综合分析结构化和非结构化数据	减少错误、降低返工率和风险率
记录和运输信息和数据	提高员工在高风险作业环境下的安全性
计算（位置或价值）和/或决定（做什么）	执行低价值、普通的任务，这样人们就可以专注于战略上的努力
协调和管理活动（基于机器人和人的）	通过提高订单完成率、交付速度和客户满意度来提高收入
与用户、客户和消费者进行沟通和协助	
管理、检测或报告操作性能	
学习、评估和预测（行为或结果）	

图 2.14 机器人技术提供的技能和潜在的好处

❖ 区块链

区块链是一种开放的、分布式的账本，可以有效地、可验证地和永久性地记录双方之间的交易（见图 2.15）。它使竞争和不受信任的供应链参与者能够协作，以提高供应链的集体工作效率。事实上，通过智能区块链合约，交易可以在去中心化的系统上开发和自动执行，从而创建一个不可更改的、具有时间戳的和永久的记录方式。

图 2.15　基于区块链的连接网络

区块链将成为把线性和竖井式供应链转变为互联的数字化供应网络的主要驱动力。由于传感器和物联网技术的出现，区块链将充当一个组织，使供应网络的各个节点能够相互连接（见图 2.16）。区块链主要提供一种资产跟踪机制，由于供应链主要关注商品的移动，区块链在资产管理应用程序（如跟踪、追踪和发现）中发挥了很大的作用。这种能力可以进一步被更广泛地应用，包括通过安全共享的实时数据可视性和数据保护，将供应链、金融、人力资本和信息技术等各种元素结合在一起，帮助组织实现更广泛的战略目标。

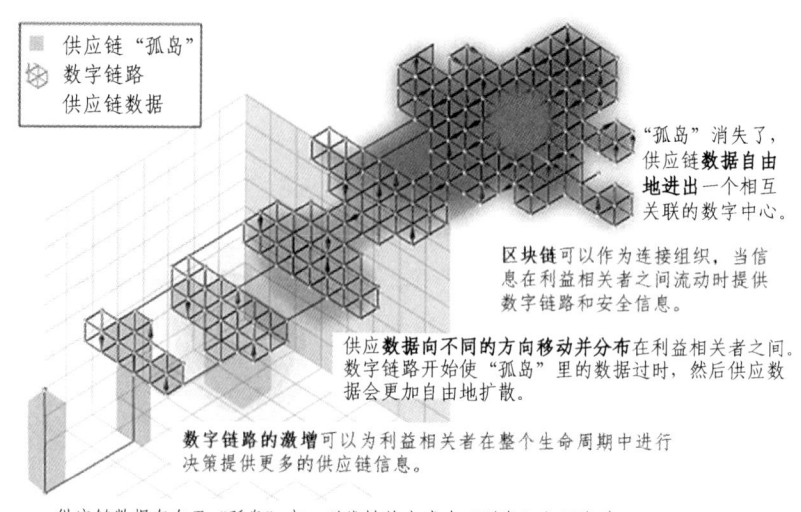

图例：
- 供应链"孤岛"
- 数字链路
- 供应链数据

"孤岛"消失了，供应链数据自由地进出一个相互关联的数字中心。

区块链可以作为连接组织，当信息在利益相关者之间流动时提供数字链路和安全信息。

供应数据向不同的方向移动并分布在利益相关者之间。数字链路开始使"孤岛"里的数据过时，然后供应数据会更加自由地扩散。

数字链路的激增可以为利益相关者在整个生命周期中进行决策提供更多的供应链信息。

供应链数据存在于"孤岛"中，以线性的方式在"孤岛"之间流动。

图 2.16　充当连接组织的区块链

❖ 认知自动化

认知自动化可用于实现来自多个来源的实时数据传输，从而为人类和机器提供智能洞察力。简言之，认知自动化的基础是使信息密集的过程智能化，使其可以处理自然语言、进行推理和判断，并提供见解。认知自动化有一个范围，从基本的预测智能（如简单的自动填充）到独立的人工智能。图 2.17 对这一范围进行了细分，并提供了认知自动化的四个主要类别的详细信息：认知与人工智能、智能自动化和分析、自动化，以及机器人过程自动化。

总之，数字化供应网络依赖于系统的数字节点来创建、贡献和加强组织的数字化核心。为了达到数字化供应网络的峰值能力，必须实现多种网络（供应商和分销商）、利益相关者（销售和物流）及格式（结构化和非结构化）的无缝集成，以产生可执行的见解。启用技术通过建立相互连接的系统来促进这种集成，而非将彼此孤立的应用程序和技术包进行简单的封装。本书后面的相关章节将对所有的这些技术进行详细阐述。

Chapter 02
什么是数字化供应网络

解决方案图谱

认知与人工智能
- 决策
- 人工语言解释
- 动态自适应

智能自动化与分析
- 预测质量
- 提高过程控制

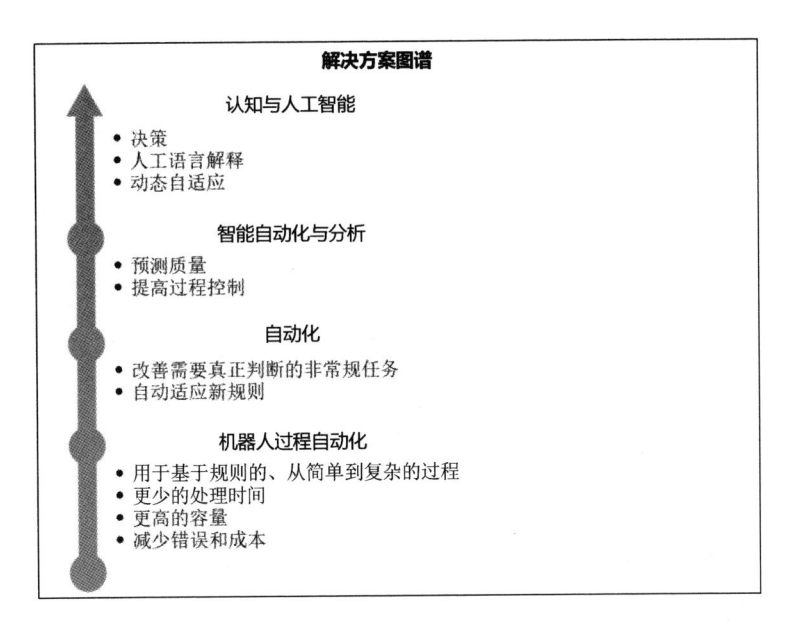

自动化
- 改善需要真正判断的非常规任务
- 自动适应新规则

机器人过程自动化
- 用于基于规则的、从简单到复杂的过程
- 更少的处理时间
- 更高的容量
- 减少错误和成本

图 2.17　认知自动化分类

数字化供应网络转型的优势和考量

随着行业逐渐摆脱传统的线性供应链模式，我们看到了数字化供应网络模式带来的价值和益处。数字化供应网络为组织中提供了不同的性能和价值，下面介绍数字化供应网络转型的一些主要优势。

❖ 数字化供应网络转型的优势

图 2.18 所示为数字化供应网络转型的五个关键优势，这些优势有助于改进组织决策和信息交流的模式，从而为组织提供差异化的价值，并增强组织的竞争优势。

始终在线	互联社区	智能优化	端到端透明	整体决策
数字化供应网络安全地将传统数据集与新数据集组合在一起，例如： • 基于传感器的 • 基于位置的 • "正确的时间"和"实时"的	实时、无缝、多模式通信和跨价值网络的协作： • 供应商 • 合作伙伴 • 客户	一个封闭的学习循环是通过结合创造的： • 人类 • 机器 • 数据驱动的分析 • 预测洞察力 • 主动的行动	使用传感器和基于位置的服务提供： • 物流跟踪 • 进度同步 • 供需平衡 • 财务效益	基于上下文相关的信息，功能竖井现在是透明的，并提供并行可见性，例如： • 绩效优化 • 财务目标 • 贸易权衡
结果：无延迟响应的、快速变化的网络条件和不可预见的情况	结果：来自集中、标准化、同步数据的全网络洞察	结果：优化人机决策，找到解决方案	结果：改善了对供应网络关键方面的可视性	结果：为整个网络做出更好的决策

图 2.18　数字化供应网络转型的优势

"始终在线"的敏捷性代表了在供应网络中灵活响应、主动操作和实时交换数据的能力。供应网络的每个节点都被连接起来，并实时传递信息。例如，通过使用传感器或基于位置的服务来持续传递数据，从而消除系统中的任何延迟。"始终在线"敏捷思维是指，即使考虑到快速变化的网络条件，响应也不会延迟。

"互联社区"代表了将协作扩展到供应商和客户的能力。这是供应商、合作伙伴、客户和其他成员组成的巨大网络自由地直接交换和共享信息的结果，最终促进了"更大的数据同步性"。这一特性的重要增值是能够利用第三方数据集并在中央系统内集成。最后，互联社区增强了传统上在竖井中运作的各个节点之间的跨职能沟通和协作能力。

"智能优化"，也称资源优化，代表了识别和利用正确资源（人力或机器）的能力，以实现最优工作。这种能力促使人类和机器一起工作，以实现预期的结果。随着更高效的自动化系统的推进，机器人和人类的协同工作将是数字化时代的发展方式。

"端到端透明"代表了在整个供应网络中获得完全可视性的能力。为了在竞争中保持领先，组织需要对关键系统问题有基本的了解，并有能力识别产生这些问题的根本原因，以提供见解和解决方案。组织必须迅速采取行动来控制从而遏制影响的扩大。数字化供应网络利用传感器、新数据集、现有数据集及可视化来跟踪和创建映射结构，以实现对各种供应网络杠杆的可视性。

"整体决策"是指不断学习并做出最优网络决策的能力。它涉及功能之间的透明性，以实现并行可视性，从而在整个组织中推动更好的决策制定。这不仅需要持续性学习，还需要战略决策的共同参与。如果没有高层次的整体方法来解决复杂的供应链问题，数字化供应网络就无法实现驱动价值和提高绩效的最终利益。

❖ 数字化供应网络转型的考量

虽然数字化供应网络转型的大部分重点是数字化供应网络所支持的先进技术和新功能，但如果不考虑组织如何通过数字化供应网络发生变化，那么任何此类转型都将失败。数字化供应网络的未来工作是什么样子的？为了回答这个问题，我们将探讨数字化供应网络对人才、组织、技术采用和转型过程的影响。图 2.19 说明了一个组织在采用智能技术并对数字化供应网络中的角色类型进行分类时，可能遵循的演进路径的各个阶段。

第四层涉及连接性和"始终在线"的敏捷方法，这一层采用新技术并适应变化。这需要灵活性和行为转变，将技术集成到熟练工人当前的日常职责要求中。例如，机械维修人员必须习惯使用增强现实技术来改进维修过程。又如，规划人员必须习惯利用人工智能技术来进行更好的规划和预测。

随着技术的应用，第三层包含了组织如何适应该技术。在许多情况下，员工的工作职责可能会转变为对生产过程的更全面的考虑，如要求员工理解一个领域或网络节点的变化如何影响另一个领域的性能。例如，如果一家企业计划在其实物库存上安装传感器，那么它必须准备好处理将要产生的大量数据，这些数据通常存储在"数据池"中。这些数据池在组织内部创造了新的角色，如数据科学家、机器人科学家、数据工程师、计算和分析专家等，这些角色负责通过数据创建可行的见解。

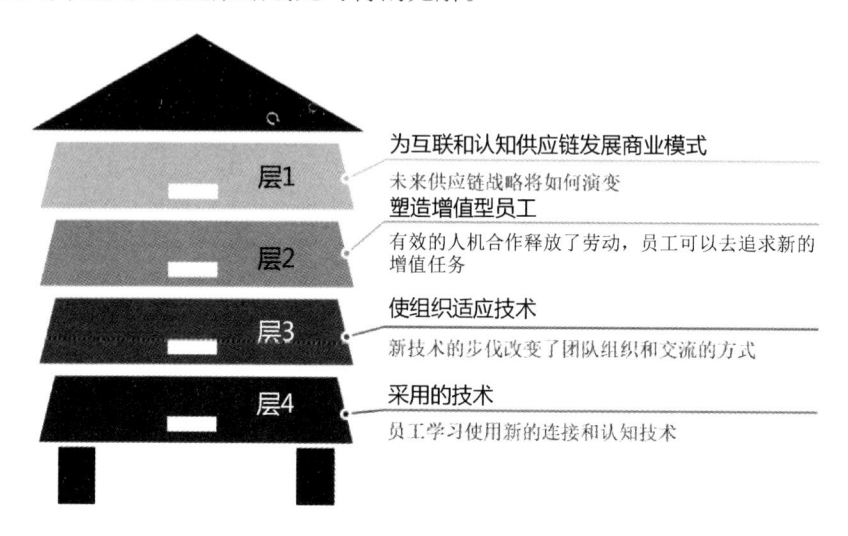

层1　为互联和认知供应链发展商业模式
未来供应链战略将如何演变

层2　塑造增值型员工
有效的人机合作释放了劳动，员工可以去追求新的增值任务

层3　使组织适应技术
新技术的步伐改变了团队组织和交流的方式

层4　采用的技术
员工学习使用新的连接和认知技术

图 2.19　数字化供应网络对人才、组织和技术的影响

在第二层，也就是未来的工作，我们可能会看到人类和机器团队一起工作，来完成一项没有延迟或限制、无法单独完成的任务。例如，在人类介入之前，可能必须处理某些流程，此时机器人可以作为补充，使人类能够执行其他增值活动，以支持供应网络和维持利益相关者的关系。通过将供应链转化为战略性的、相互关联的供应网络，实现优化、增长、增值和降低风险，数字化供应网络可以使任何拥有复杂、困难供应链的组织受益。

最终，一个组织运作和做出战略决策的方式，决定了它将如何在新的数字环境中蓬勃发展。第 13 章 "数字化供应网络转型手册"对人才、组织、过程、技术和数据进行了详细介绍。

Chapter 02
什么是数字化供应网络

小结

如今,我们正处在一个传统供应链正在向数字化供应网络过渡的关键时刻。这一转变将有助于组织利用数字化供应网络互联的数据流及网络,提高运营和财务效率。此外,组织已经开始使用使能技术来优化供应链战略及其执行,从而扩展可能的领域。数字化供应网络已经开始展示并将继续展示更灵活和高效的运作手段,从而更快地做出决策、节省更多的成本,并增加与本组织战略业务目标相关的收入。

Chapter 03
大数据和数据分析

数据和数据交换是传统供应链成功的关键因素。这些更具有层次结构的传统供应链影响了数据的产生、交换和分析方式,以及数据对所有利益相关者的潜在增值。相比之下,在数字化供应网络中,利益相关者正在更加敏捷和更具协作性的层面上合作。这为所有业务领域利用网络级别数据的真正价值创造了巨大的机会。然而,当谈及数据、数据交换,以及如何从网络上海量共享数据中获得行业洞察力时,数字化供应网络的动态性和复杂性带来了一些明显的挑战。

在本章中,我们讨论了数据作为数字化转型和数字化供应网络的生命线的重要性。我们强调了大量数据(大数据)日益增长的可用性对运营和商业模式的影响,并讨论了对数据本身价值的看法的变化。我们介绍了大数据和数据管理的"5V",特别强调了数据质量和数据生命周期的影响。数据的数量及相关价值的增加使得数据安全性和权威性的话题变得非常重要,特别是

Chapter 03 大数据和数据分析

在数字化供应网络环境中。我们首先阐述了数据安全和权威的关键方面,然后讨论了选定的技术发展、立法及基础设施。这些技术发展使这场数据革命成为可能,并为我们提供前所未有的、及时甚至实时访问大量数据的方式。本章的最后两节将讨论交互操作、接口和标准,以及云平台,并为下一章埋下伏笔。下一章将关注机器学习、人工智能和机器人应用,这些都是为企业和数字化供应网络提供有价值的行业洞察力的关键。

数据的影响和价值

目前,所有商业领域的数据都处于预期的顶峰,我们生活在一个数据处于前所未有的可用水平的时代。与此同时,我们分析这些大量数据、得出见解的能力也在不断成熟。然而,数据本身是无用的,除非它能增加价值并对组织或系统产生影响。表 3.1 说明了直接或间接受益于不断增长的数据量、数据访问,以及可以通过数据分析提供洞察力的数字化供应网络领域和任务。虽然表 3.1 标出了重点,但这并不是全面的,因为新的、创新的和增值的、数据驱动的应用每天都在出现。此外,这些领域和任务也需要数字化供应网络内部的协作。因此,与单个组织的数据相比,数字化供应网络的数据的影响显著增加。事实上,在数字化供应网络中,如果没有访问和分析相关数据的能力,许多任务是无法成功完成的。

表 3.1 数据影响和价值最大的数字化供应网络领域(非全部且无特定排序)

数据影响最大的数字化供应网络	数据价值最高的数字化供应网络任务
需求预测&采购	运营效率(如减少库存,减少交付时间,数字看板)

续表

数据影响最大的数字化供应网络	数据价值最高的数字化供应网络任务
运营管理	实时需求预测和基于大量非结构化客户数据的预测（如社交媒体）
仓储运营和物流	通过将客户数字化地包含在产品的设计过程中，从而锁定客户，直至产品生命周期结束
运输和路线规划	在面临环境破坏时，操作的自动化适应性
制造和维护	生产瓶颈的预测和潜在解决方案的提出
战略与协同	在数字化供应网络内部开发和谈判收入及风险分担合同/协议
市场、财务及其他支持功能	产品、过程和服务的透明度和可追溯性

接下来，我们将探索数据如何以其自身的能力发展成有价值的资源，并讨论数据对组织或网络的运营，以及整体商业模式的影响。

❖ 数据访问和数据采集

数字化供应网络具有数字化、可连接，以及可进行电子交换和实时分析数据等特质。支持数字化供应网络的一个关键因素是其能够收集、处理、交流和存储不同来源的数据。这些数据来源包括但不限于信息技术（Information Technology，IT）系统（如 ERP、CRM）、传感器（如温度传感器、GPS）、操作技术（Operational Technology，OT）系统（如机床）、公开可用数据（如来自社交媒体的数据），以及金融数据（如交易数据、股票市场中的数据）。这些数据源可以处于任何地方——组织内部、数字化供应网络内部或外部，这使系统变得更加复杂。

数据源的类型是数据访问的一个关键因素。从技术角度看，数字化供应网络可被视为信息物理系统（Cyber-Physical Systems，CPS）或信息物理生产系统（Cyber-Physical Production Systems，CPPS）。在 CPS 中，物理世界

（机器、卡车、工人）和虚拟世界的传感器、软件、算法正在融合，形成一个联合系统。传感器将物理资产与网络连接，通过物联网或工业物联网（Industrial Internet of Things，IIoT）收集数据，并通过互联网或云共享数据。

另一个关键因素是数据采集，这涉及不同的复杂程度。数字化供应网络是协作网络，由内部的各种组织和参与者组成，它们与数字化供应网络外的各种组织和参与者交互。虽然数字化供应网络有一个共同目标，但内部的参与者的个人目标可能略微不同，这些目标影响他们共享数据的能力和/或意愿。数字化供应网络以外的参与者更有可能有自己的规划，并且在数据共享方面更加有限制，特别是在数据日益被视为一种竞争性资产的情况下，而这对数据访问和技术基础设施都会产生很大的影响。在下面的章节中，我们将深入探讨数据价值的飞速增长、数字化供应网络中的（大）数据的性质，并提供关键政策和技术架构的综述。

❖ 数据本身就是有价值的资源

每个人都认同（高质量）数据对企业来说是有价值的资源，无论是对于分析师、组织还是复杂的供应网络层面。然而，目前的数据仍主要与特定的业务案例联系在一起，其真实价值或被感知到的价值与不同的分析目标、产品、产品系列或资本设备等相关。在数字化供应网络时代，我们开始认为数据是一种有价值的资源。虽然数据的价值仍存在于其潜藏的行业洞察力，但与某个明确定义的案例的直接关联性不再像以前那样明显了。

数据本身及挖掘隐藏在其中的价值的能力（见第4章"机器学习，人工智能和机器人"），能够催生颠覆性创新，包括新的商业模式，甚至是全新的行业。数据是行业创新的命脉，为企业提供正确的战略和力量，以发展持续的竞争优势。

❖ 数据对业务的影响

商业运作总是由数据驱动的。物流和供应链管理已经成为仿真、数学建模和运筹研究的沃土。人们普遍认为，可用数据越好、越全面，优化的潜力就越大。过去十年的技术进步在操作效率优化相关的数据的数量、粒度和及时性方面提供了前所未有的增长动力。IT/OT 系统、数据交换和信息流，以及数据分析的深入集成，使数字化供应网络成为主动的，而不是被动的，从而避免了牛鞭效应或其他传统供应链中常见的协同问题。总而言之，数据对数字化供应网络的运营至关重要，这是管理数字化供应网络复杂性和动态性的核心要素。

❖ 数据对商业模式的影响

相对始终由数据驱动的运营模式而言，数据驱动的商业模式在某种程度上是一种较新的发展。有人可能会认为，要想在竞争激烈的市场中成功地定位一个组织，需要了解市场，因此，需要对某种形式的（市场）数据进行解释。这可能是对的。然而，当我们在数字化供应网络环境下讨论数据驱动的商业模型时，我们对数据驱动的理解远远超出了传统的概念。在数字化供应网络的设置中，每个组织成员及整个数字化供应网络的商业模型一开始就依赖于数据。数据共享协议目前在数字化供应网络内部很常见，数据越来越多地决定着不同利益相关者的收入和风险份额。数字化供应网络中的协作企业中很可能有专注于数据分析的合作伙伴，其结果会影响数字化供应网络的活动和战略。

总的来说，我们看到了新的和创新的商业模式的出现，这些模式完全建立在数据之上。非所有权的商业模式，如按使用付费或按件付费，既需要复杂的技术基础设施，也需要具有不同能力的利益相关者的组织设置，包括设计人员、制造商、服务提供商和运营商，以获得成功。数字化供应网络提供了一种可能的工具来管理这种复杂的协作设置。这种数据驱动的商业模式带来的好处涉及多方面，包括降低开销和运营成本、增加客户忠诚度及固定客户的锁定、提高产品质量、获得可持续的收入，以及详细了解客户与产品的交互。数据对未来商业模式的影响是巨大的，并将为成功创新的数字化供应网络提供巨大的回报。

大数据

在前一节中，我们讨论了数据及其在数字化供应网络中的影响和价值。在本节中，我们将研究在新兴的数字化供应网络中，当前的数据是什么样子的，以及未来的数据是什么样子的。

❖ 大数据的"5V"特征

如今，几乎所有企业都将其数据管理和分析称为"大数据"。然而，大数据中的"大"不只是指"大量"，而是由多个维度定义的，每个维度都对数据管理、基础设施、分析工具和系统提出了不同的挑战。大数据的定义有很多，最常见和最被接受的是通过数量、速度、种类、准确性和价值这"5V"来定义大数据（见图 3.1）。这个流行定义的常见变体包括"3V"——集中在三个核心维度（数量、速度和种类），以及"7V"——增加了可变性和可视化两个维度（见表 3.2）。

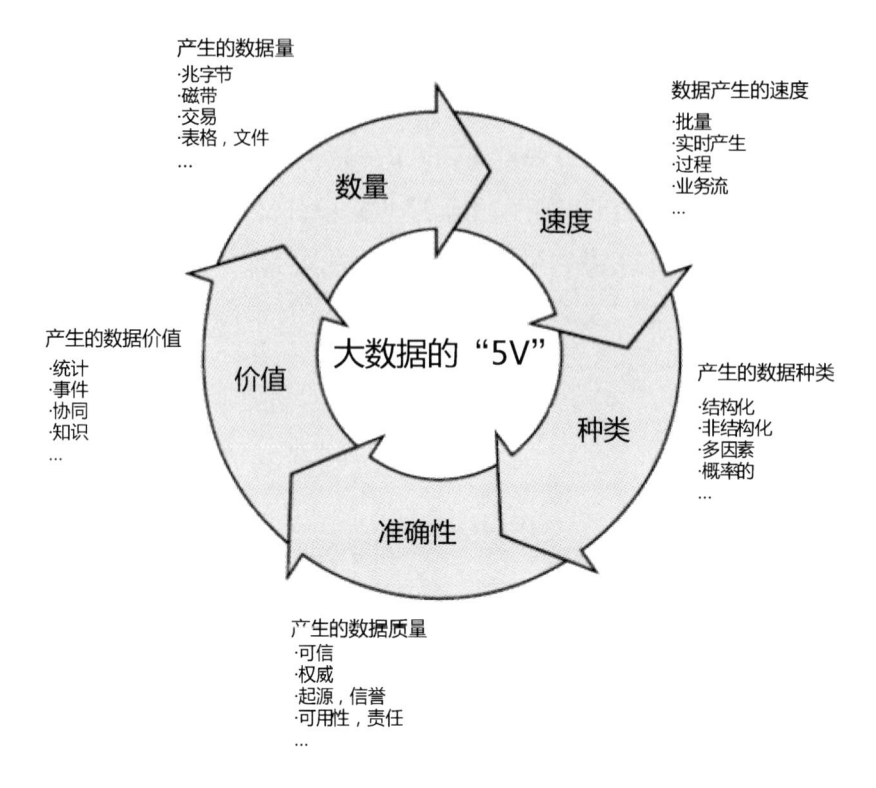

图 3.1 大数据的"5V":数量、速度、种类、准确性及价值

图中标注:
- 数量:产生的数据量 ·兆字节 ·磁带 ·交易 ·表格,文件 …
- 速度:数据产生的速度 ·批量 ·实时产生 ·过程 ·业务流 …
- 种类:产生的数据种类 ·结构化 ·非结构化 ·多因素 ·概率的 …
- 准确性:产生的数据质量 ·可信 ·权威 ·起源,信誉 ·可用性,责任 …
- 价值:产生的数据价值 ·统计 ·事件 ·协同 ·知识 …

表 3.2 大数据的 "3V" "5V" "7V"

3V	5V	7V
•／数量	•／数量	•／数量
•／速度	•／速度	•／速度
•／种类	•／种类	•／种类
	•／准确性	•／准确性
	•／价值	•／价值
		•／可变性
		•／可视化

数量。"数量"这一维度描述了"大数据"这个术语所需要的数据量。与大数据相关的"数量"随着行业和应用案例的不同而不同。社交媒体经常被用作分析海量数据的典型例子。每天都有数亿信息、图片、视频被上传到社

交媒体网站，形成了海量的数据，明显满足了大数据的需求。在数字化供应网络这样的工业环境中，尽管总数据量可能会更小，但是在工业物联网环境下，数以万计互联的设备正持续不断地收集数据，数据量的增长速度飞快。某些流程在单个应用程序中创建大量数据，激光焊接就是这样一个例子。其通过使用高分辨率图像对熔池进行控制和优化，为每一个被制造的部件创建了千兆字节的数据。

速度。这个维度指的是生成新数据的速度。由于庞大的用户基础，社交媒体以令人难以置信的速度产生数据。同样，技术进步使我们能够以更高的频率对传感器数据进行采样，因此新数据以极高的速率传入。新的通信协议，如 5G 和传感器，进一步减少了数据延迟。因此，不断增加的数据源和每个节点产生新数据的速度的提高都提高了新数据的产生速度。

种类。大数据的第三个核心维度——种类，涵盖了构成大数据的各种数据的多样性。图像数据、音频和视频文件、传感器数据、标准化订单数据、位置数据、加密文件、推文、文本文件及其他多种变体，包括所有这些组合，对数据分析和大数据处理构成了明显的挑战。

准确性。随着数据生成速度的提高，以及数据量、数据源的不断增加，大数据维度之一的准确性成为一种必然。准确性的重点在于数据的质量，即数据源的可信度。在大数据环境中，我们无法手动控制所有的数据源，并保证每个节点和数据点的可信度。越来越多的算法被赋予了可信性检查和其他先进方法的任务，以确保输入分析系统的数据的质量，使我们能够信任从中得出的推断。俗话说："进来的是垃圾，出去的也是垃圾。"这同样适用于大数据分析，因此，管理涌入的大量数据迎来了新的挑战。

价值。对于大数据和数据分析来说，这是一个关键的维度。如果不能通过决策支持或数据中其他有用和可应用的结论提供价值，则很难证明所投入的分析工作和资源的合理性。本质上，"价值"指的是将大数据的财富转化为商业的能力。价值必须被广泛理解，因为我们需要知道在数字化供应网络中什么构成了好的、数据驱动的业务决策。新的价值主张正在出现，因此，数字化供应网络大数据的价值观点正在不断发展——那些具有创新性的，并将大数据转化为价值的组织和联盟将在竞争环境中获得优势。

"数量""速度""种类""准确性""价值"构成了大数据的"5V"。接下来，我们简要介绍另外两个"V"（与前五个"V"合称为"7V"）。在数字化供应网络环境中，当涉及数据和数据分析策略时，另外两个"V"（可变性和可视化）是需要考虑的重要方面。

可变性。可变性突出了一个大数据应用的难题：数据含义和/或情境随着时间推移的变化。可变性不同于多样性，因为它不是指数据的种类随着时间的推移而变化，而是指数据的意义随着时间的推移而变化。更糟糕的是，这种通常是不容易（或很难）预测的。可变性是数据同质化和数据分析的关键问题。对数据可变性的认识对于组织进行风险管理和信任来自大数据分析的结论至关重要。

可视化。这是我们将要讨论的大数据的最后一个关键维度。它基于人类利益相关者的认知能力和个人偏好。我们知道，大数据是指大量复杂的数据，一般来说，没有先进算法的帮助，人类大脑是无法掌握这些数据的。然而，为了真正释放价值、从大数据集获得的见解，需要以一种与人类决策者的能力、角色和理想偏好相适应的方式传达给他们。例如，在大多数情况下，机器操作人员会更喜欢一个详细的结果图表，而CEO则需要更高层次的数据统计表盘。

❖ 结构化与非结构化数据

数字化供应网络自然而然地处于大数据环境中。在扩展"种类"这一核心维度时，更好地理解结构化、半结构化和非结构化数据的差异及差异带来的挑战是很重要的。图 3.2 表示了结构化、半结构化和非结构化数据之间的差异。不同的形状代表不同类型的数据（如音频、图片、传感器读数）。表 3.3 介绍了数字化供应网络运作过程中出现不同类型数据的典型例子。

虽然结构化和非结构化数据都可以由人类和自动化系统生成，但它们在可搜索性、所需的存储基础设施，以及数据分析和机器学习算法的易用性方面存在明显差异。目前，已经有成熟的分析工具可以从结构化数据中发现价值，而针对非结构化数据的算法虽然还没有那么成熟，但发展迅速。后者呈现了一个巨大的机会，因为可从非结构化数据中挖掘的隐藏价值是巨大的。在数字化供应网络这样一个复杂和动态的系统中，非结构化数据占据庞大且不断增长的比例。对于所有利益相关者来说，理解这一含义是至关重要的，以便制定合理的期望，并制定创新战略，从而探索未被开发的资源中隐藏的信息。

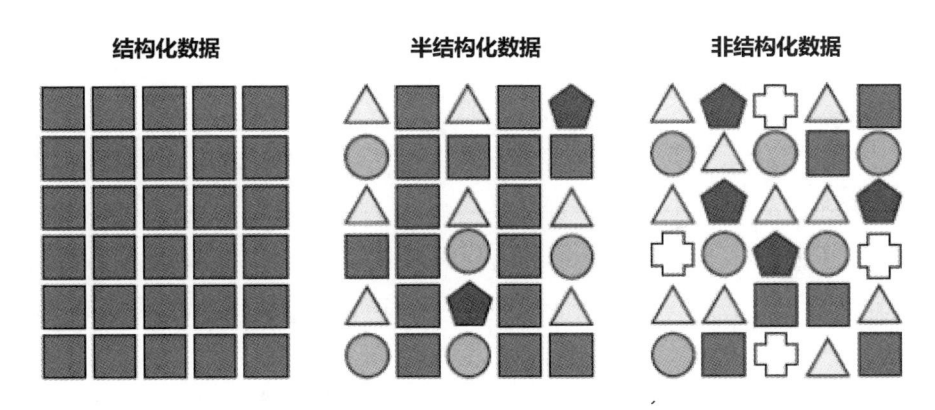

图 3.2　结构化、半结构化和非结构化数据差异示意图

结构化数据通常存储在关系数据库管理系统（RDBMS）中，该系统支持使用结构化查询语言（SQL）进行搜索查询。结构化数据遵循一种预定义的、通常是标准化的数据模型，该模型支持人工和自动算法有效的搜索操作。在数字化供应网络环境中，一些核心数据流被认为是结构化数据，如需求预测、ERP 事务和 EDI 发票等数据。然而，我们越来越需要处理更多样化的数据集，而这种变化预计会加速并持续下去。

半结构化数据是一种结构化数据的组合，它没有遵循与 RDBMS 或其他标准模式相关的标准数据模型。然而，它提供了额外的语义描述符、标签或关键字形式的元数据，支持搜索功能和其他分析功能。

非结构化数据基本上不属于上面描述的结构化数据。非结构化数据通常不能存储在经典的 RDBMS 中，而是存储在非关系数据库中，如 "non SQL"，有时也称 "not only SQL"（NoSQL）。非结构化数据并不完全符合 "非结构化" 这个词的真正含义，因为其数据项确实具有某种（内部）结构，但没有遵循预定义和/或标准化的数据模型或模式的通用结构。

表 3.3　结构化、半结构化、非结构化数据的例子

结构化数据	半结构化数据	非结构化数据
• / ERP 交易 • / CRM 交易 • / 电话号码/日志 • / 邮政编码 • / 销售交易 • / EPCIS/RFID 数据	• / CRM 数据备忘录 • / 索赔数据	• / 社交媒体数据 • / 图像/视频 • / 音频 • / 邮件/信息/推文 • / 卫星图 • / 气候数据

一个数据集是结构化的、半结构化的或非结构化的，对感知的数据质量有影响；然而，它并不一定会影响技术数据质量。在接下来的部分，我们将探讨在数字化供应网络中的数据质量问题。

❖ 数据质量

基于利益相关者的分析目标，数据质量是一个多维的概念。这些都与数据处理和分析工具、应用程序、服务对数据质量提出的技术要求密切相关。从运营到战略，低质量的数据都可能会导致组织出现重大问题。一旦问题发生并追溯到数据质量问题，即使有效和高效地解决它们也为时已晚。为了避免出现问题，组织在数据质量方面应该做出持续的努力，早在进行收集或采

集、通信和存储、数据管理流程、系统、基础设施，以及数据分析工具与目标的设计时就应重视数据质量问题。

如前所述，数据质量是一个多维概念，包括技术、组织或环境等问题。技术数据质量问题包括错误、缺失值、损坏文件、完整性和及时性等。而组织数据质量问题包括可解释性、代表性、注释和其他几个方面的相关性。

❖ 数据生命周期

当谈到数据时，对话几乎总是围绕着如何访问和收集更多数据来强化分析并得出更准确的预测这一问题展开的，与此相关的成本问题经常常被忽略，而这种成本需要用数据实际提供的价值来衡量。如今，许多组织和数字化供应网络都在努力解决数据何时可以删除的问题。随着存储成本的下降，很多人提到的解决方案是"不要删除任何存储的数据，我们将来可能会需要它"。这看上去减轻了压力，但无法解决问题。存储超过其使用寿命的数据的成本是高昂的，还可能阻碍高效和有效的数据分析。虽然前者应该加以防止，但后者才是真正造成成本高昂的问题所在。

遗憾的是，对于如何回答这个问题并没有简单的指导方针。在每个案例中，组织和数字化供应网络都是不同的，数据的生命周期也是不同的。没有一种万能的解决方案来指导何时删除过期的数据（例如，2年、4个月、7天、3小时之后）。在最坏的情况下，每个数据项都有一个需要确定的失效日期。许多企业趋向于不完全删除数据，而是减少存储数据的粒度。例如，在一个单独确定的时间窗口 t_1 之后，企业在一个聚合数据集中以每秒6个数据点的分辨率转换每毫秒50个数据点的分辨率的数据。在更晚的时间窗口 t_2 之后，转换为每小时1个数据点的分辨率，以此类推。这种妥协使得该企业仍然保留和记录其数据，但减少了其管理成本及相关的处理工作。尽管有这些中间解决方案，但何时安全删除数字化供应网络中的数据这一问题仍有待解决。

网络安全、数据治理和数据权限

网络安全对于数字化供应网络内的每一个企业都至关重要。简而言之，它包含了所有防止对计算机、数据库、服务器、网络及任何其他连接系统或数据源的恶意攻击的程序和实践。随着工业物联网的快速发展，以及与之相关的网络连接设备和系统的增长，网络安全已成为数字化供应网络决策者最关心的问题之一。

从业务的角度来看，除了恶意攻击，还需要在数字化供应网络中解决有关数据所有权、治理和权限的问题，才能使其正常运行。数字化供应网络通常是跨国结构，因此在数据隐私和网络安全方面必须遵守不同的法律、政策、实践和思维模式，这增加了管理的复杂性。

❖ **所有权**

在数字化供应网络中，网络的每个节点都会生成数据——无论是与制造、物流或财务流程相关的数据，还是使用数据进行分析、计划或协同时生成的数据。正如我们前面所说的，数据被认为是一种竞争优势，数据所有权问题在数字化供应网络中是非常重要的。个别成员组织常常不愿与他人分享详细数据，有时有充分的理由。因此，从一开始就要解决这一问题，并在网络之间建立透明的数据所有权和共享协议，这对数字化供应网络整体的成功至关重要。创新的方法将价值（美元或虚拟数据货币）与共享的数据联系起来，以确保愿意在数字化供应网络内共享数据的组织的责任和奖励。

国际数据空间协会（International Data Space Association）是一个创新组织，负责处理和解决组织间所有权、数据主权及数据共享问题。

❖ 网络安全和数据安全

网络安全是一个广泛的、多学科的领域。它既有一个技术维度（不在本书的讨论范围内），也有一个组织/业务维度。在组织/业务维度，网络安全可以进一步分为几个子维度，我们将简要介绍与数字化供应网络相关的两种变体。第一种是单向网络安全或数据安全威胁，这意味着攻击者获得了对数据和信息的访问权（又称数据泄漏）。我们可以进一步区分对单个文档和其他信息项的访问，或者更严格地直接访问数据库、CAD 文件和/或带有实时工艺数据的机床。第二种是双向网络安全威胁，即入侵者不仅能够访问数据和信息，而且能够删除或操纵数据。双向网络安全威胁分为不同的层次，一级威胁是指历史数据可以被恶意删除或改写；二级威胁是指攻击者可以操作工艺参数、未来产品的 CAD 文件等。双向网络安全威胁不仅会使运营商和用户遭受经济损失，还涉及安全问题。

❖ 法律、政策和地区差异

上一节我们简要介绍了数字化供应网络中涉及大数据和数据分析的所有权及网络安全相关问题。在本节中，我们将探讨每一个数字化供应网络（特别是在开展国际业务时）都需要密切关注的一个问题：法律、政策和地区差异。

几乎每个国家，有时甚至是州和地区，都有不同的法律及政策。在表 3.4 中，我们列举了数字化供应网络的三个主要市场——美国、欧盟和中国的例子。数据主权的概念试图弥合差异，并确保数据受收集国或地区的法律和政策的约束。

表 3.4 美国、欧盟和中国在数据相关方面的政策和法律

美国	欧盟	中国
• / 出口控制：限制和规范与外国或国民共享技术、数据等 • / 加利福尼亚州消费者隐私法（CCPA）：关于收集和使用消费者私人数据的透明度的规定 • / 电子记录设备（ELD）授权：自动跟踪管理和同步卡车行业的车辆信息	• / 通用数据保护规范（GDPR）：资料处理等须经当事人同意 • / 美欧隐私保护框架（替换欧美安全港协议）：美国企业必须合法地将个人数据从欧盟转移和存储到美国	• / 数据保护监管体系（目前在制定中）：旨在管理私人企业收集及处理个人资料的事宜 • / 中国社会信用评估（在早期阶段）：政府部门采集个人信用数据，以构建公民的社会信用档案

除了不同地区的政策和法律，我们还建议考虑在数据和数据共享方面存在的认知差异。不同地区和国家之间存在着明显的差异。例如，斯堪的纳维亚国家非常开放和透明，而德国在数据隐私方面非常严格。认识和透明度对于避免数字化供应网络内部误解至关重要，这种误解代价高昂，将影响数字化供应网络的运作和协同。

可互操作性

在数字化供应网络中，不同的利益相关者相互合作并交换商品、数据和信息。与此同时，数字化供应网络中的不同组织使用各种不同的软/硬件系统、工具和服务。统一不同成员的既用系统既不现实也不经济。因此，可互操作性在实现数字化供应网络中有效和高效的数据交换方面扮演着重要的角色。

可互操作性恰恰描述了这一点——数字化系统跨平台交互、交换、处理和分析数据及信息的能力。可互操作性的关键方面包括接口和标准。接口使两个应用程序、系统或网络能够通信。标准定义了数据模型、模式、消息格式及其他参数，这些参数使系统能够解释和处理从其他系统接收到的数据及信息。当前有很多可用的标准，从开放标准到特定行业的标准，再到用于特定目的的专有标准，与数字化供应网络相关的知名标准包括但不限于以下标准。

- ISO 10303 的官方标题是"自动化系统和集成——产品数据表示和交换"，它使 CAD 模型能够跨平台交换。

- MTCONNECT 是一个相对较新的标准，它使制造商能够直接在车间的机床上检索工艺数据。

- 开放应用程序组集成规范（Open Applications Group Integration Specification，OAGIS）通过为应用程序（A2A）和业务（B2B）之间的有效通信定义公共内容模型及消息，为信息集成提供了规范的业务语言。

- 电子产品代码信息服务（Electronic Product Code Information Services，EPCIS）是一个全球性的 GS1 标准，它用于创建和共享射频识别（RFID）技术相关的活动（不是要求）。

- 电子数据交换（Electronic Data Interchange，EDI）可能是目前最常用的数字化供应网络数据交换技术，它可以在组织之间直接交换（业务）数据，如采购订单或发票。

大数据和数据分析的基础设施

数字化供应网络中的大数据和数据分析对基础设施的支持提出了挑战。

考虑到网络安全问题、专有平台和可互操作性,我们就会明白为什么许多组织在建立适当的支持技术和基础设施方面存在困难。本节的目的是从托管和商业的角度对大数据基础设施的一些要素进行基本概述。深入挖掘技术需求(如特定类型的 NoSOL 数据库和协议)超出了本书的范围。

在哪里进行数据存储或托管、处理和分析取决于许多因素,包括业务案例、位置、行业等。从数字化供应网络控制的角度来看,要考虑是集中控制系统,还是分布式控制,或者某种形式的混合控制模型最符合我们的目的。下面简要阐述了大数据基础设施在数据托管和处理方面的要素:雾和边缘、本地、云、混合云(见图3.3)。

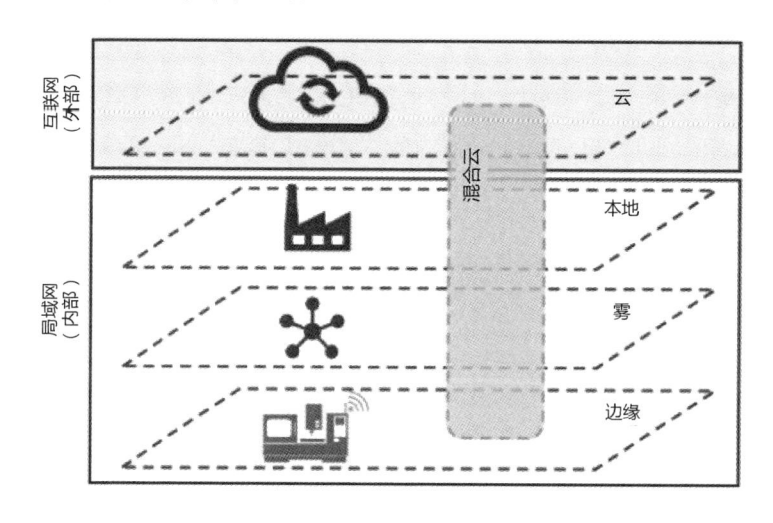

图 3.3 大数据基础设施的四个要素

❖ 雾和边缘

雾和边缘计算使数据处理及分析在某种程度上更接近原始数据源,如物联网传感器系统或联网机床。术语"雾"和"边缘"通常可以互换使用,它们的总体目标是相似的,但有时它们是不同的。在雾计算中,"智能"和信息处理位于本地网络架构中，而在边缘计算中，"智能"直接处于或非常接近传感器、机床或产生数据的服务端。从历史上看，数据通信的成本、速度和可用性是选择边缘架构的主要考量因素。从本质上讲，"雾计算通过在大量设备附近的网络节点上实现计算、存储、网络和数据管理，弥补了云和终端设备（如物联网节点）之间的差距。因此，计算、存储、网络、决策和数据管理不仅发生在云中，还发生在数据传输到云的路径上（最好靠近物联网设备）"。另外，"边缘（技术上）是来自物联网设备（不是物联网节点本身）的直接第一站，如 Wi-Fi 接入点或网关"。

如今，在数字化供应网络的大数据基础设施中启用雾和/或边缘计算能力有多种原因，包括但不限于延迟要求、加密、有限的连接、速度或数据通信服务的可靠性。此外，小型化、能源效率和计算能力方面的进展进一步推动了雾/边缘计算能力的发展，如内置实时处理功能的增强现实系统。

❖ 本地（内部网）

数据的本地存储和处理是一个广泛的领域，它的范围从个人计算机系统、DVDs/CD，到硬盘驱动器上的物理数据存储，再到本地网络。前者不适用于数字化供应网络和大数据，因此，当提到本地计算时，我们关注的是本地网络或内部网基础设施。近年来，在云基础设施成熟之前，本地托管、处理和分析数据被广泛使用。它的优势在于对隐藏在其中的数据和知识有更严格的控制；然而，与现代基于云的基础设施相比，它存在许多缺点，为了实现与云平台类似的可拓展性，运营、维护必要的物理服务器和软件的成本是很难衡量的。此外，在数字化供应网络环境中，本地设置不支持必要的数据交换，从而在这样的协作网络中无法支持许多服务和操作。在某些情况下，网络安全或其他需求要求使用受到严格控制的本地主机，所以我们看到了一种混合系统，它结合了本地主机和基于云的拓展性及访问优势。

❖ 云（工业互联网平台）

云计算被广泛定义为通过网络远程访问及交付的服务和应用程序。云服务和应用程序包括但不限于托管服务、数据处理和软件即服务（Software as a Service，SaaS）。能够访问及交付云服务和应用程序的网络就是互联网。云计算本质上分解了大数据及数据分析的物理和虚拟方面，并彻底改变了21世纪我们与数据交互、衡量和感知数据的方式。在基于云的环境中，所有数据和服务（如软件、分析）理论上都可以通过基于Web的服务随时访问。云计算通常被称为云或工业互联网/工业物联网平台，提供各种内置功能、标准/协议和接口。云减少了初始投资，并通过联合访问数据、服务和分析的知识来实现协作，这是具有竞争力的、数据驱动的数字化供应网络的关键需求。因此，云是大多数数字化供应网络中大数据分析基础设施的关键组件。

云计算及其支持技术的基础设施已经得到了显著的发展，因此，许多最初的争议和问题现在都得到了解决，其中包括阻止某些商店应用的云服务的延迟及网络安全问题。但随着基于云的服务的快速增长，其他问题也会随之出现，如相关的大量能源消耗。

❖ 混合云

混合架构结合了所有或选定的元素，以满足某些不能由单个个体单独处理的特殊需要。这对需要本地处理的实时车间控制、需要边缘处理以减少传输数据量的通信问题或需要将选定数据托管在本地的网络安全问题都提出了挑战。通常，建立混合云要比建立单纯的云或本地基础设施复杂得多。然而，越来越多的领先的服务提供商提供无缝集成的混合解决方案。

Chapter 03
大数据和数据分析

小结

综上所述，数据是数字化供应网络的命脉。当数据的数量和可用性呈指数级增长时，关于数据质量、权威性和安全性的新挑战成为判断企业是否成功实施数字化转型的依据。至关重要的是，企业要明白高质量的数据是使用人工智能和机器学习来提高行业洞察力的数字化转型及创新的基础。

Chapter 04
人工智能、机器学习和机器人

当下,"人工智能""机器学习""机器人"是许多人经常听到的术语。以前,人工智能大多被认为是科幻小说。例如,1984年的经典电影《终结者》中就描绘了人工智能。但今天,我们在家里(如亚马逊)、工作(自动助手)或公共场所(公共交通网络)就能与人工智能、机器人应用进行互动。毫无疑问,人工智能、机器学习和机器人技术对当今的数字化供应网络产生了强大的影响,而这些影响在未来会不断增长。

在本章中,我们将介绍先进的人工智能、机器学习算法及机器人应用对当今和未来的数字化供应网络的影响。首先,我们将概述人工智能、机器学习和机器人技术。然后,我们将把这些术语放到上下文中,解释关键术语,并就它们在数字化供应网络中的应用提出建议。在我们更深入地了解人工智能/机器学习在数字化供应网络中的应用过程之前,第一节重点介绍人工智能和机器学习的背景和相关术语。第二节重点介绍人工智能和机器学习算法。第三节重点介绍数字化供应网络中的机器人和自动化。在最后一节中,我们将讨论几个示

Chapter 04
人工智能、机器学习和机器人

例,以具体说明其在数字化供应网络中的应用、挑战及潜在价值。最后,我们总结了在数字化供应网络中成功运用人工智能的"5 + 1"规则。

在深入这个话题之前,让我们先回顾一下是什么推动了这一技术的发展。虽然人工智能、机器学习和机器人技术并不是一个新话题,但直到最近几年,我们才看到在军事、工厂或大学中专用的特殊解决方案之外,它们在我们日常生活的各个领域都有增值应用。其中两个关键的推动因素是随着可用数据的丰富而增加的连接性,以及在可用计算性能方面取得的进展。两个被广泛引用的定律——梅特卡夫定律和摩尔定律,例证了这一发展(见图 4.1)。梅特卡夫定律描述了通信网络中越来越多的节点对网络影响的指数效应。摩尔定律的重点在于计算能力的高速增长,即密集集成电路中晶体管的数量每 18 个月就会翻一番。

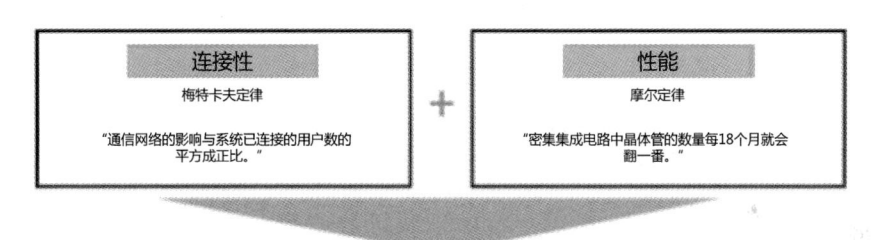

连接性		性能
梅特卡夫定律	+	摩尔定律
"通信网络的影响与系统已连接的用户数的平方成正比。"		"密集集成电路中晶体管的数量每18个月就会翻一番。"

- 数字化供应网络中的所有参与者都是CP(P)S连接的用户
- 数据传输有效且高效
- 高效地执行人工智能模型(本地或云)

改进的连接性和性能有利于人工智能解决方案的生成

图 4.1 人工智能解决方案得益于技术的快速发展

数据的可用性对于任何人工智能和机器学习解决方案,以及扩展机器人应用程序都是至关重要的。技术进步直接影响利用人工智能、机器学习或机器人技术的成本,从而降低了实现的障碍,并提高了在数字化供应网络业务环境中应用程序的竞争力(见图 4.2)。此外,人工智能、机器学习和机器人技术使平台的建立成为可能,从而使解决方案遍布整个数字化供应网络及其之外的领域。

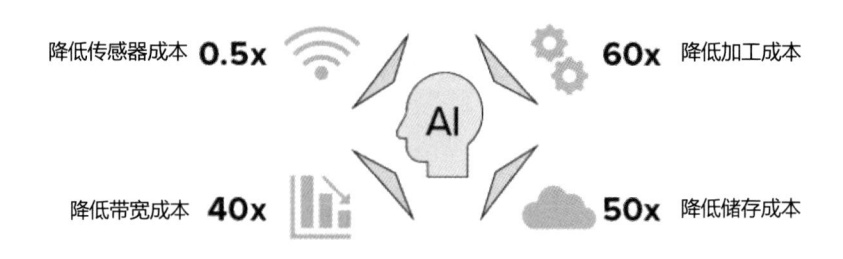

降低传感器成本 0.5x　　　　　60x 降低加工成本

AI

降低带宽成本 40x　　　　　　50x 降低储存成本

图 4.2　改进人工智能应用的技术基础

人工智能、机器学习和机器人技术都试图将某些过程自动化。就机器人而言，这些过程至少部分涉及物理部件，如自动化装配线上的焊接机器人。对于人工智能和机器学习来说，自动化主要集中在认知层面。因此，我们可以认为人工智能和机器学习是认知自动化，而机器人是物理自动化。这些自动化的尝试是非常重要的：通常我们尝试使重复性、紧张性/费力的、危险性任务自动化（见表 4.1）。重复性任务自动化有极高的技术精度需求。例如，在复合材料制造的自动化纤维放置（Automated Fiber Placement，AFP）过程中精确地放置纤维带，以避免起皱和其他问题。尽管物理自动化的描述、定义更清晰，但认知自动化能间接地将各方联系起来。物理自动化和认知自动化的目的都是将人类解放出来，去做人类最擅长的事情：解决问题、创造和创新。

表 4.1　认知和物理自动化任务的例子

任务	认知自动化 （人工智能和机器学习）	物理自动化 （机器人）
重复性任务	为在线零售商回答问题（如带有人工智能引擎的客服机器人）	将工件放入加工中心（如铰接工业机器人）
紧张性/费力的任务	支持人工多任务处理（如自动完成/检查文档的数学公式）	起重/移动重工件（如龙门式机器人）
危险性任务	由于精神过载而导致的倦怠（如自动记录会议记录等任务）	化学品泄漏后危险地形的探索（如带传感器的无人机）

Chapter 04
人工智能、机器学习和机器人

在大多数情况下，三个特征（重复性、紧张性/费力的和危险性）并不是相互排斥的。这种多维问题的一个典型数字化供应网络应案例子是自动驾驶卡车。例如，在一个 LTL（小于卡车装载容量）场景下，货物从 A 运输到 B，A 和 B 都位于繁忙的大都市区域，由于需要在密集的城市环境中（靠近 A 和 B）导航、装卸货物，以及需要与 A 和 B 的人员互动，卡车自动规划整个路线颇具挑战性。然而，一旦卡车进入高速公路，司机的任务将变得简单，可分为重复性（以一定的速度行驶数小时）、紧张性/费力的（司机必须长时间警觉和集中注意力）和潜在的危险性（事故）任务。因此，在这种情况下，在该路线的高速公路部分利用自动驾驶卡车功能可以解决多个问题，同时解决卡车行业面临的一个紧迫问题：找到愿意大部分时间不在家的合格司机。

这个例子在强调这三个特征的同时，还考虑到人工智能、机器学习和机器人技术时的一个重要方面：自动化程度。在大多数情况下，实现认知或物理自动化并不是一个非黑即白的问题，但是对于特定的应用程序和环境来说，自动化的最佳程度是存在的。我们在为企业或数字化供应网络制定人工智能或机器人战略时，应牢记这至关重要的一点。

人工智能和机器学习

尽管近年来媒体对人工智能和机器学习的报道不断增加，但它们早已不是新技术。20 世纪 50 年代，机器学习的第一个定义将其描述为"允许计算机（人工系统）解决问题，而不需要专门编程"，这个定义目前仍然有效。从那以后，人工智能和机器学习发展迅速，经历了几个增长和衰退周期，最显著的是 20 世纪 60 年代末到 80 年代中期所谓的人工智能严冬。当时人工智能被宣布结束，资金投入几乎完全停止。从那时起，特别是随着神经网络的出现，我们看到了人工智能算法和应用的持续增长。图 4.3 说明了从 20 世纪中期至今人工智能领域的关键发展。

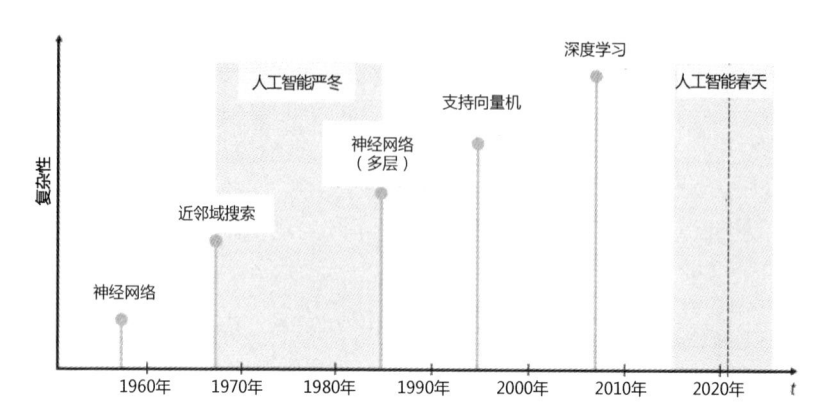

图 4.3　人工智能的发展历史

人工智能和机器学习这两个术语经常互换使用。然而，在管理预期和理解如何在数字化供应网络中通过人工智能/机器学习增加价值方面，有明显、关键的区别，这基本上可以归结为一般人工智能和特定人工智能的概念。

一般人工智能是指一种真正智能的自动化系统，它能够适应很大范围内的不同情况。在它的极端形式中，它能够发展并衍化出新的系统。特定人工智能则专注于某个领域、过程或问题，并应用机器学习算法来处理数据、学习和获得见解，而无须持续监督。图 4.4 给出了人工智能和机器学习的对比，突出了两者关键的区别。在数字化供应网络和大多数工业应用中，我们主要关注特定人工智能和机器学习，而不是一般人工智能。

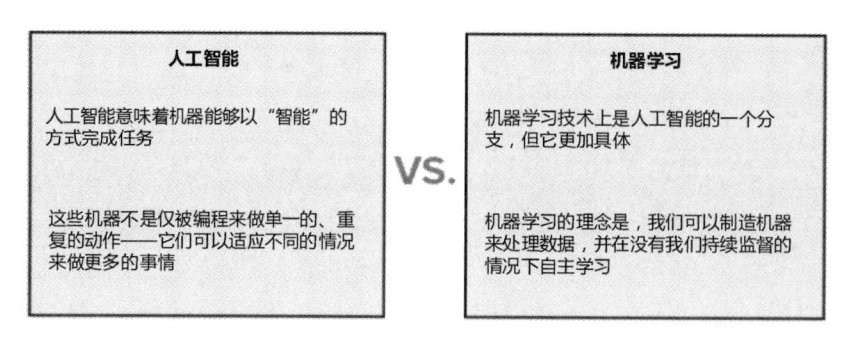

人工智能	机器学习
人工智能意味着机器能够以"智能"的方式完成任务	机器学习技术上是人工智能的一个分支，但它更加具体
这些机器不是仅被编程来做单一的、重复的动作——它们可以适应不同的情况来做更多的事情	机器学习的理念是，我们可以制造机器来处理数据，并在没有我们持续监督的情况下自主学习

图 4.4　人工智能与机器学习

Chapter 04
人工智能、机器学习和机器人

从技术上讲，机器学习是基于统计、数学和可视化的人工智能的一个分支。在机器学习中，我们使用各种不同的算法从大数据中得出"见解"。图 4.5 描述了人工智能、机器学习和数据分析，以及不同特定算法之间的关系。

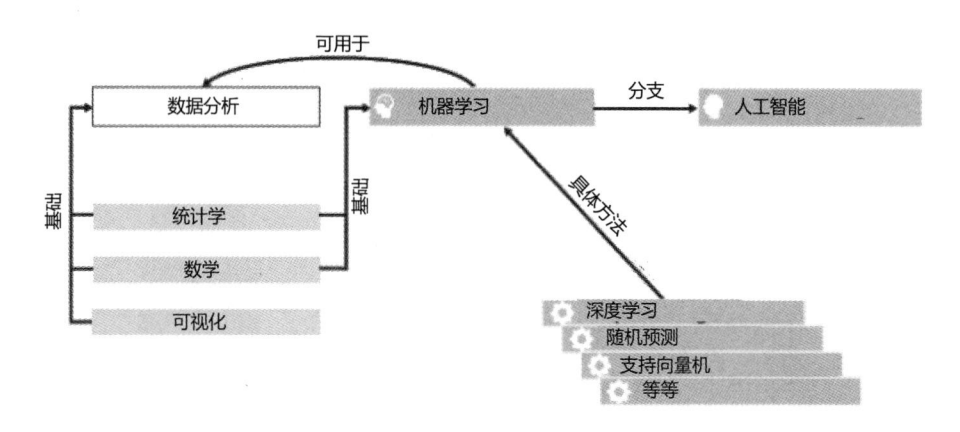

图 4.5　关键人工智能术语之间的关系

以目前热门的机器学习算法之一——深度学习为例，来说明不同术语的关联层次（见图 4.6）。我们可以想象人工智能是头、机器学习是大脑，以及特定的机器学习算法（在这里是指深度学习）是大脑中的神经元，用来处理数据并提供可行的方案。

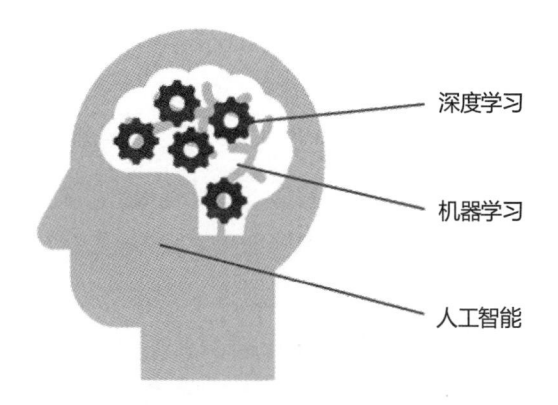

图 4.6　人工智能、机器学习和特定的机器学习算法（深度学习）的关联层次

人工智能和机器学习的总体目标是发现大数据中的模式，并基于已识别的、通常较复杂的模式，提供对系统或过程未来行为的预测。这些预测可以针对各种不同的问题，包括检测问题或过程效率低下、市场趋势、客户行为、环境影响、财务指标或质量问题。人工智能和机器学习是许多新概念的基础，如预测性维护（见第 9 章）、数字化供应网络规划（见第 6 章）和动态实现（见第 10 章）。人工智能和机器学习拥有分析大型数据集、识别隐藏的模式，并从预测中得出有意义的、可操作的见解的能力，是两种强大的工具，几乎应用于数字化供应网络业务的各个方面。

人工智能和机器学习算法

本节的目的是为读者提供相关的基础知识，以及对人工智能和机器学习的理解，使其能够做出与数字化供应网络战略相关的明智决策。我们仅简要介绍不同的算法和应用机器学习的过程。为了做到这一点，在介绍机器学习应用的主要过程之前，我们先看看不同类别的机器学习算法。

- 无监督机器学习算法：无可用标签。
- 有监督机器学习算法：标签可用。
- 强化机器学习算法：提供反馈。

无监督机器学习算法与有监督机器学习算法的区别在于，它用于分析未标记的数据。标记在这里意味着没有对为机器学习算法提供见解的示例进行评估。在机器学习术语中，没有通过训练数据为算法提供可利用的上下文和见解。无监督机器学习算法试图识别大数据中的集群，从而提供可操作的见解。而有监督机器学习算法的建立前提是正确的标签（也就是洞察力）是由一个专家提供的。一个常见的例子是与某个产品实例相关联的质量标签，用以增加其参数、状态和过程数据。强化机器学习算法不依赖于标记数据；相反，其依赖于通过采取行动所获得的反馈累积奖励。因此，与有监督机器学习算法相比，强化机器学习算法给出的反馈更少，因为专家给出的不是正确的动作（标签），而是对所选动作的评估结果。图 4.7 说明了不同的机器学习算法的选择及其与有监督或无监督原则的关联。我们可以观察到，根据应用情况和可用数据，有几种算法可以同时以无监督和有监督的方式使用。

在数字化供应网络中有监督机器学习算法和无监督机器学习算法均有应用。当我们深入研究时，某些数字化供应网络子域更倾向于有监督机器学习算法或无监督机器学习算法，这主要取决于问题的性质和可用的数据、图像。例如，在制造业中，大多数应用都属于有监督机器学习算法领域，而在客户细分领域中，我们看到的大多是无监督机器学习算法。因此，在本节的其余部分，我们主要关注有监督机器学习的过程和应用。图 4.7 介绍了一些机器学习算法，可以看到，图 4.7 中的大多数机器学习算法都可以应用于有监督和无监督的机器学习问题。类似地，强化机器学习也可以利用其中几种机器学习算法。

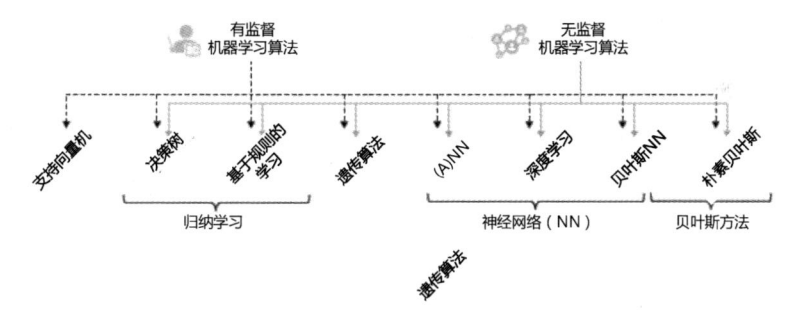

图 4.7　有监督和无监督机器学习算法概述

另一种构造机器学习算法的方法是根据我们想要实现的预测类型构造机器学习算法。一般来说，我们可以区分分类、回归及聚类。"分类"试图以离散的方式预测特定实例的类别。例如，将一个部件与"可接受"或"报废"相关联就属于这个类别。"回归"可以预测一个特定的数值作为输出。一个典型的例子是，一家企业在特定时间的股票价格。"聚类"类似于分类，关键区别在于它是以无监督的方式应用的。聚类算法在数据中寻找模式，并对相似的例子进行分组，这适用于根据选定的特性细分客户应用定向营销工具的情况。

机器学习算法的应用从一个合适的数据集开始。不同的算法对数据集本身有不同的要求，包括但不限于数据集的大小（大数据）、数据质量、平衡的标签。根据涵盖所有方面的可用数据集的性质来选择合适的机器学习算法的问题不在本节的讨论范围内。影响在数字化供应网络中选择合适的机器学习算法的常见因素包括：（1）数据集在标签方面的平衡；（2）示例和特征的比例。

简而言之，大多数机器学习算法在标签均衡分布的数据集中表现得更好（如高质量标签与低质量标签）。在一个数字化供应网络中的一个普通应用领域——生产车间，我们经常不能提供一个平衡的标签，原因很简单——我们试图减少报废或质量问题。因此，从制造设置中产生的结果数据集经常出现"好"质量标签显著过多，而只有很少的"不好"和"坏"标签。这本身是没有问题的，实际上是可取的，因为我们不希望生产大量低质量的零部件。然而，它对许多机器学习算法的训练数据集提出了一个问题。例如，在某个场景中，我们有一个数据集，有 99 个"好"的例子和 1 个"不好"的例子，分类算法可以很容易地达到 99% 的准确率，把所有零件归结为"好的"。99%的准确率在大多数情况下被认为是优秀的。然而，由此产生的预测在提供有价值的、可操作的见解以改进我们的过程方面是完全无用的。另一个问题是实例（如生产的产品/部件）和特征（如工艺参数、质量指标）的差异。这两个问题都可以在预处理阶段得到处理和解决（见图 4.8）。

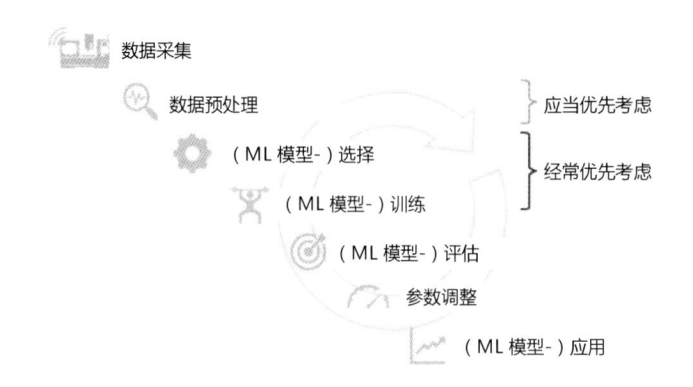

图 4.8　通用的机器学习算法应用过程

Chapter 04
人工智能、机器学习和机器人

我们想要明确的是，可用的数据和预处理阶段对于人工智能/机器学习算法在数字化供应网络中的增值应用至关重要。许多机器学习专家一致认为，数据预处理是机器学习算法应用过程中最重要的步骤。一个具有由基本算法明确定义的特征的良好数据集通常会比一个不经过仔细预处理和使用复杂算法的低质量数据集产生更好的结果。

基本的机器学习算法应用流程从数据集和数据集的预处理开始。下一步，根据数据集、应用目标和其他约束条件，如计算资源和可用的专业知识，选择合适的机器学习算法。一旦机器学习算法被选择，我们便可以使用一个训练数据集来训练机器学习模型。训练数据集通常是通过将可用数据集分割成 70%/20%/10%的部分来创建的。其中，训练数据集部分是最大的，约占可用数据的 70%。剩余数据被分割成一个用于优化参数的评估数据集（20%）和一个用于测试模型性能的测试数据集（10%）。然而，在实践中，我们经常看到训练数据集约占可用数据的 80%、测试数据集约占可用数据的 20%。机器学习模型的训练、评估和优化是一个连续的过程，在机器学习模型准备部署之前需要经过几次循环。

数字化供应网络中的机器人和自动化

当想到机器人时，我们大多数人都会想到工业自动化解决方案，如汽车或半导体行业的自动化移动装配线，或者想到先进的（类人）机器人，如终结者（Terminator）或波士顿动力公司（Boston Dynamics）发布的病毒视频。但是，自动驾驶汽车、无人机、自动真空吸尘器和许多车间系统也是机器人。在本节中，我们将使用韦氏词典对机器人的定义：“一种能够自动完成复杂、经常是重复任务的设备。”

由于数字化供应网络的广度及其所包含的任务和利益相关者的多样性，我们遇到了各种自动化系统和机器人增值应用的机会。与认知自动化（人工智能和机器学习）的应用类似，物理自动化和机器人应用根据不同的层次而不同（见图4.9）。

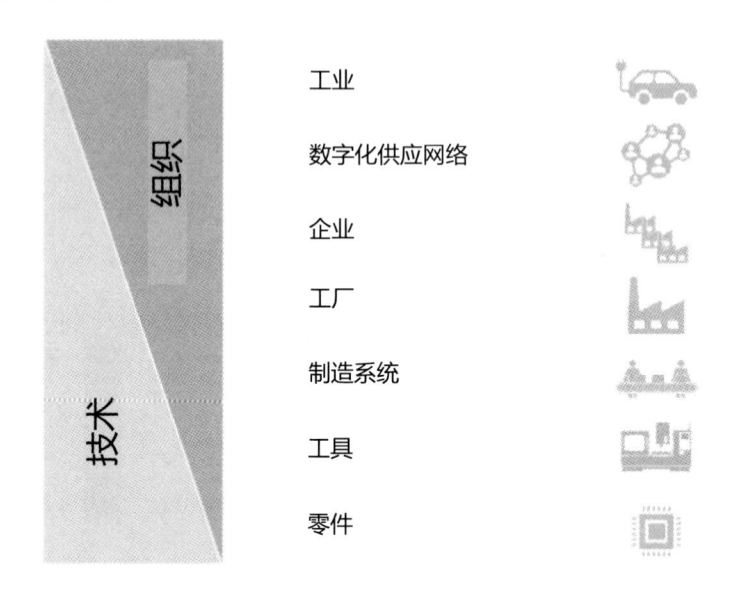

组织　技术

- 工业
- 数字化供应网络
- 企业
- 工厂
- 制造系统
- 工具
- 零件

图 4.9　人工智能、机器学习和机器人在数字化供应网络中不同层次的应用

在制造车间、仓库和物流中心，我们倾向于看到更多的机器人系统。尽管如此，使用中的机器人的形状和形式差异很大。它们的范围从包含整个房间的自动化系统，如用于车身生产装配线的焊接机器人，到支持单个加工中心操作工的小型协同机器人。

在考虑数字化供应网络中的机器人和自动化时，建议首先考虑可能从自动化中受益的任务。此外，机器人和自动化的主要增值应用领域有一些共同的特征：任务是重复的、繁重的、危险的。配置和编程一个机器人系统并非易事，需要运用专业知识。因此，引入机器人来使某些任务自动化需要进行仔细的计划和严格的评估。在数字化供应网络中，有些特定领域往往比其他领域更能从自动化中受益。图4.10描述了机器人技术最有可能为操作增值的

Chapter 04
人工智能、机器学习和机器人

领域。物流本身就是一个很大的领域,这一领域每天都在取得重大进展。这个清单并不全面,而且随着机器人领域的快速拓展,新的应用会经常出现。

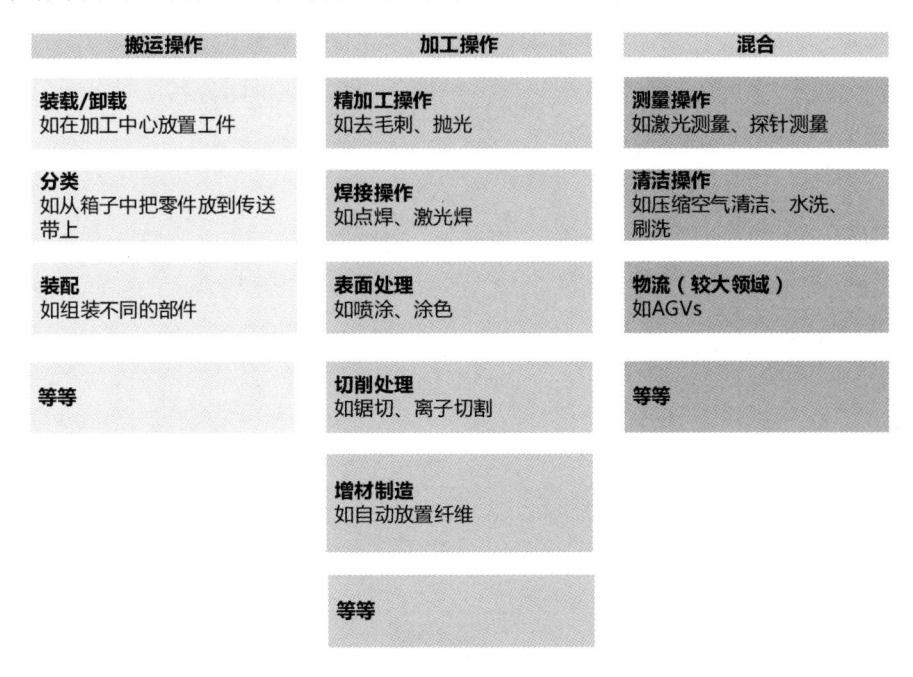

搬运操作	加工操作	混合
装载/卸载 如在加工中心放置工件	**精加工操作** 如去毛刺、抛光	**测量操作** 如激光测量、探针测量
分类 如从箱子中把零件放到传送带上	**焊接操作** 如点焊、激光焊	**清洁操作** 如压缩空气清洁、水洗、刷洗
装配 如组装不同的部件	**表面处理** 如喷涂、涂色	**物流(较大领域)** 如AGVs
等等	**切削处理** 如锯切、离子切割	等等
	增材制造 如自动放置纤维	
	等等	

图 4.10 数字化供应网络中机器人系统的一般应用领域

对于真正自主的机器人应用,这是一个人工智能和机器人技术深入交叉的领域,在数字化供应网络中这样的应用仍然很少。然而,一些值得注意的应用最近出现了,如用于能效监测和/或泄漏监测的自动无人机。自动化机器人系统将对数字化供应网络产生重大影响的下一个领域是物流,包括仓储和运输。自动驾驶卡车、"黑暗"仓库系统(完全无人驾驶)和"最后一英里"送货系统(如通过无人机)已经问世,它们正在使数字化供应网络产生变革。

然而,目前在规划机器人应用时,我们需要考虑的一个关键方面是自动化的最佳程度。如果自动化操作得当,往往会降低每个零件的直接成本;然而,随着自动化程度的提高,间接成本显著增加(见图4.11)。这种间接成本的增加可能与昂贵的维护、控制和机器人系统的编程有关。本质上,管理引入的复杂性(通过机器人系统)消耗了大部分节省的直接成本。因此,对于提供最佳性能的部件和/或生产线，有一个最佳的自动化程度。对于数字化供应网络来说，重要的是（1）注意到这一现象；（2）不要总是假设自动化"越多越好"。在许多情况下，半自动化的生产系统优于完全自动化的生产系统。例如，在处理小批量任务时，每个数字化供应网络的目标必须是尽可能地实现灵活、高质量和低成本的生产。

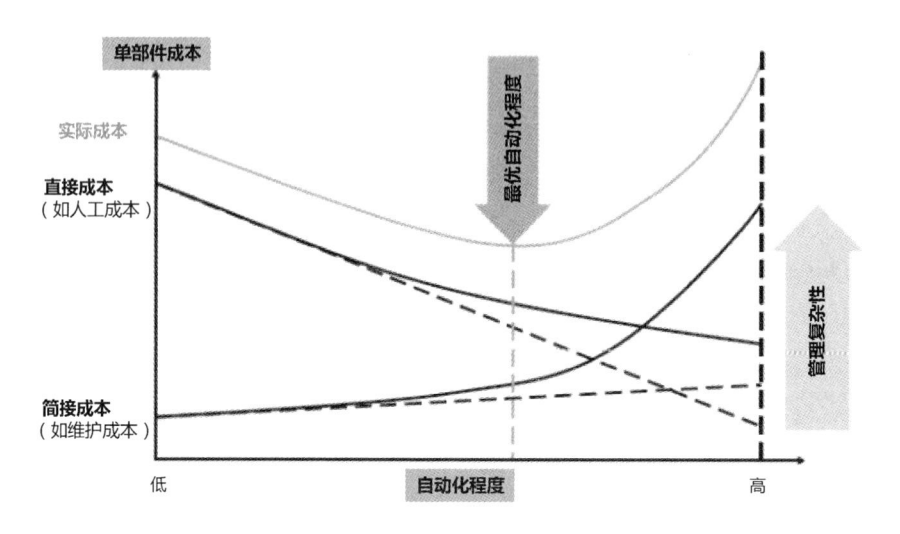

图 4.11　最优自动化程度（自动化程度与单部件成本）

在许多情况下，自动化程度和实现成本并非线性关系。在一定程度的自动化下，成本急剧增加，必须仔细评估，以确定其所提供的价值是否值得这种投入。成本快速上升的一个例子是自动化机床的操作，如五轴铣削中心。在这种情况下，我们可以区分五种自动化程度（见表 4.2）。在本例中，第一级自动化描述的是操作者手动装载、弹出和移动部件，并且不需要从机床上推送通知。五级自动化则是另一个极端，即机器的装载、弹出和部件运输都是完全自动化的，机器会向操作人员推送通知。在这种情况下，我们可以观察到在三级之后，在实现自动装载机器人的过程中，成本急剧增加。任务的复杂性要求精度高和针对特定任务的编程，从而提高了成本。在这项任务之前，为机床配备通知功能（二级）和自动弹出部件（三级）并不会带来这样的成本，因为这些任务相对来说不那么复杂，而且它们已经提供了真正的价值。在数字化供应网络中,除了这些"唾手可得的成果",为自动化进行辩护并非无关紧要,它可能成为保持市场竞争力的必要手段。

表 4.2 在一定程度上自动化导致成本的急剧增加(以加工中心的自动化选项为例)

自动化程度	自动工件装载	具有通知功能的机床	自动工件弹出	自动工件转移
1	×	×	×	×
2	×	√	×	×
3	×	√	√	×
成本在此处急剧增加				
4	√	√	√	×
5	√	√	√	√

自动化程度和成本急剧增加的临界点对应用来说是特别的,不容易推广。面对这一问题,数字化供应网络决策者要关注的问题应集中在精度低和/或很少需要进行项目调整的应用上。弹出一个零件和装载一个零件的成本的区别在于,在弹出时,零件的位置、几何形状和铣削系统的方向是精确定义的,并随时可以从铣削操作本身触发;而装载时需要定位,以精确地将零件放置在系统中。例如,从垃圾桶里的一堆松散的零件中抓取某个零件,这需要一个基于视觉的系统和在机器人工具方面具有较高的精度。

人工智能、机器学习和机器人在数字化供应网络中的数据、应用、面临的挑战及价值

在本节中,我们将简要研究与数字化供应网络中的人工智能、机器学习和机器人相关的数据、应用、挑战及价值。

❖ 人工智能、机器学习和机器人在数字化供应网络中的数据

当谈及人工智能、机器学习和机器人将对未来数字化供应网络产生的影响时，有很多相关的数据和预测。例如，到 2030 年，人工智能、机器学习和机器人技术的进步将使 8 亿个工作岗位被取代。该报告估计，通过调整已经得到验证的技术，现有工作活动中有大约 50%可能实现自动化。但这并不意味着这些工作已经"失去"，而是工作的性质将随着这些技术的成熟而改变。如果历史有什么启示的话，新技术的引入并没有减少工作岗位的总数，而是引发了一场转变。2019 年世界制造业论坛报告强调了在人工智能、机器学习和机器人驱动下的未来就业市场上竞争所需的不断变化的技能。

当我们查看人工智能、机器学习和机器人对数字化供应网络的影响的预测及相关数据时，可以看到预期是相当可观的。预测包括减少 30%报废率、10%的维护成本、25%的检验成本、65%的销售损失、20%的停机时间、50%的供应链预测误差、25%～40%的供应链管理相关成本，以及 20%～50%的库存。其他预测包括库存周转率提高 25%，跨多个制造场景的性能下降至少提高 50%等。

❖ 人工智能、机器学习和机器人在数字化供应网络中的应用

人工智能、机器学习和机器人技术对数字化供应网络内部转型产生的影响将会是巨大的。任何数字化供应网络的每个领域都至少有一些可能的应用，其中人工智能、机器学习和机器人目前正在考虑中，而且很可能已经过测试。然而，也存在一些应用天然地适合这些技术（参见前面讨论的适应的应用案例特征）。在本节中，我们提供了人工智能、机器学习和机器人将产生影响的选定领域的列表，当数字化供应网络考虑人工智能、机器学习和机器人实现时，这可能是一个良好的开端。虽然数字化供应网络比较复杂且覆盖范围较

Chapter 04
人工智能、机器学习和机器人

广,但我们试图提供一系列不同的应用实例和领域,以激发大家的创新力。在大多数情况下,人工智能、机器学习和机器人是紧密结合的,无法区分彼此。因此,以下三个集合主要是为读者提供某种形式的结构。

首先,我们将研究人工智能和机器学习在传统的供应链环境中的应用:

- 数据驱动的供应链计划。
- 使用实时数据进行路线优化和运输计划制订(如交通信息)。
- 优化仓库管理(如基于机器学习的最优库存水平的预测)。
- 包裹和其他项目的分布式控制,计划路线,适应环境。
- 分布式数字化供应网络中数据驱动的订单调度和优先级排序。

其次,以下人工智能和机器学习应用在扩展的数字化供应网络领域内正在增长:

- 自动采购算法,爬取市场数据和自动谈判。
- 数据驱动的需求预测(例如,使用自然语言处理的基于非结构化社交媒体数据的机器学习驱动的时尚趋势预测)。
- 自动风险监测和/或供应商资质、监测和选择。
- 使用数据驱动优化/提高生产过程中的产品质量。
- 基于数据驱动的预测或预防性维护算法的零停机。
- 客户和其他数字化供应网络利益相关者实时跟踪订单。

最后,我们将介绍数字化供应网络中一些典型的物理自动化应用:

- 自动配送(驾驶)。
- 更包容的工作场所,由协同机器人支持员工(包括但不限于残疾员工和老龄员工)。
- 通过在车间使用机器人来降低劳动力成本,从而提高接近终端客户的有竞争力的制造业务水平。

❖ 人工智能、机器学习和机器人在数字化供应网络中面临的挑战

人工智能、机器学习和机器人经过了一段很长时间的发展，每天都在为全球领先的企业提供价值。然而，在考虑将这些技术引入数字化供应网络时，企业需要注意以下挑战。

一方面是数据本身。考虑一下先前讨论的几个"V"（见第 3 章），具体是数据质量和数据共享。数据质量对数字化供应网络中的人工智能、机器学习和机器人应用的潜在价值有着巨大的影响。即使只有一小部分可用数据是低质量的，也会影响预测的准确性，最终影响人工智能/机器学习解决方案的整体有效性。另一方面是数据共享。数据共享在数字化供应网络中是必不可少的，因为在数字化供应网络中，几个利益相关者在技术和业务方面都在协同工作。

一个更特定于人工智能和机器学习的问题是许多人工智能/机器学习预测的黑箱性质。与制造业类似，在数字化供应网络中，利益相关者渴望了解为什么会做出某些决策，通常简单的"算法是这么说的"并不足以令人信服——在造成严重危害或经济影响的情况下肯定不行。美国国防高级研究计划局（DARPA）将 XAI（可解释的人工智能）计划和几项基于物理的建模与数据驱动方法相结合，对这个问题进行了大量研究。这对于社会对人工智能、机器学习和机器人的接受，以及对其产出的信任至关重要。

人工智能和机器学习是比较新颖的技术，要使它们得到广泛采用和接受，还需要解决许多问题。这些问题包括但不限于分布式计算、服务和数据的托管、云中的实时分析、延迟、偏远地区的连接，以及这些技术在"脏"环境（研磨、重金属等）中的使用。

最后需要注意的是数字化供应网络中的人工智能、机器学习和机器人的责任。这个问题在一定程度上与许多算法的黑箱性质有关。如果某些东西走失了，谁该为此负责的问题仍未解决。当预测算法的预测是错误的，仓库系统没有库存，导致生产停止时，会发生什么？或者，一辆自动驾驶卡车发生了"增强现实"事故，并根据人工智能算法的决定伤害了人类。这些都是不能忽视的问题，需要技术人员、政策制定者和律师及其他利益相关者一起谨慎解决。

❖ 人工智能、机器学习和机器人在数字化供应网络中的价值

在介绍了尚未克服的挑战之后，我们现在将简要地讨论人工智能、机器学习和机器人为现代数字化供应网络提供的价值——有很多！例如，减少做某些事情所需的努力和资源（自动化）。本章前面提到的许多应用都基于这样的动机。这些都是很明显的，我们不会过多地关注它们，而是关注那些更具有前瞻性、还没有完全开发出来的方面，以激发人们的创造力。

在全球范围内，许多发达国家和发展中国家都面临着人口老龄化的问题。婴儿潮一代即将退休，因此，企业正在努力寻找具备所需技能的合格员工。与此同时，许多年龄较大的员工希望继续成为社会中有生产力的成员——而人工智能、机器学习和机器人技术可以成为促成这一愿景的工具。机器人和基于人工智能的增强系统可以为年长的员工提供工具，让他们在工业环境中安全、高效地继续工作。两大特征——安全性和生产率，都是人工智能、机器学习和机器人对数字化供应网络各个领域产生影响并增加价值的关键维度。

从全球角度来看，减少能源消耗、更谨慎地使用资源的压力，同时为不断增长的人口提供高效率的工业生产，这些是人工智能、机器学习和机器人可以解决的挑战。考虑到其涉及的复杂性和动态性，如果没有人工智能/机器学习，几乎不可能预测和优化数字化供应网络的能源消耗。在这种

情况下，人工智能和机器学习可能是唯一可行的选择，以解决全球面临的这一紧迫挑战。

小结

总而言之，在数字化供应网络环境中，人工智能、机器学习和机器人有几种令人兴奋的价值。这些技术已经成熟，并继续快速发展。然而，引入人工智能、机器学习和机器人技术并不容易。因此，我们制定了"5+1"规则，供数字化供应网络相关的决策者参考（见图4.12）。

1. 先学走，再学跑！
2. 人工智能应用必须基于商业价值！
3. 人工智能的愿景、模型和原型很简单，但形成"规模"的人工智能解决方案却很困难！
4. 从数字化供应网络中具体的、数据驱动的机器学习解决方案开始！
5. 不要想着一个人完成所有事情！

最重要的：
人工智能不是万能的！

图4.12 在数字化供应网络中成功运用人工智能的"5+1"规则

Chapter 05

区块链带来端到端的透明和信任

区块链技术正发展成助力数字化转型升级的潜在技术平台，特别是对于数字化供应网络来说。在本章中，我们讨论了区块链技术是什么、区块链的技术原理和区块链的衍化设计。我们将研究区块链技术如何通过优化商业交易和贸易往来，在增强整个供应链层面的可视性、灵活性和效率等方面发挥潜力，以及该技术如何使能数字化供应网络。我们先从一个说明性概念验证的应用开始。

区块链在数字化供应网络中的应用

区块链技术具有解决许多供应链痛点的潜力，并且使线性供应链向互联的数字化供应网络的持续转变成为可能。经过一系列广泛而多样的技术使能，供应链中的节点将从线性且彼此孤立的状态衍变为动态并相互关联的状态，这种变化将带来巨大的竞争优势。关于区块链技术在各种背景下的应用潜力，已经被广泛讨论。其中一个成功且广为流传的应用案例是农产品供应链溯源——我们在第 10 章提供了这样一个例子。不过，更有前景的应用案例是开启全新的商业模式。例如，将汽车工业的所有权结构改为部分所有权，或者改造航天航空工业的网络流程。以零部件更换数字化为例（见图 5.1）。

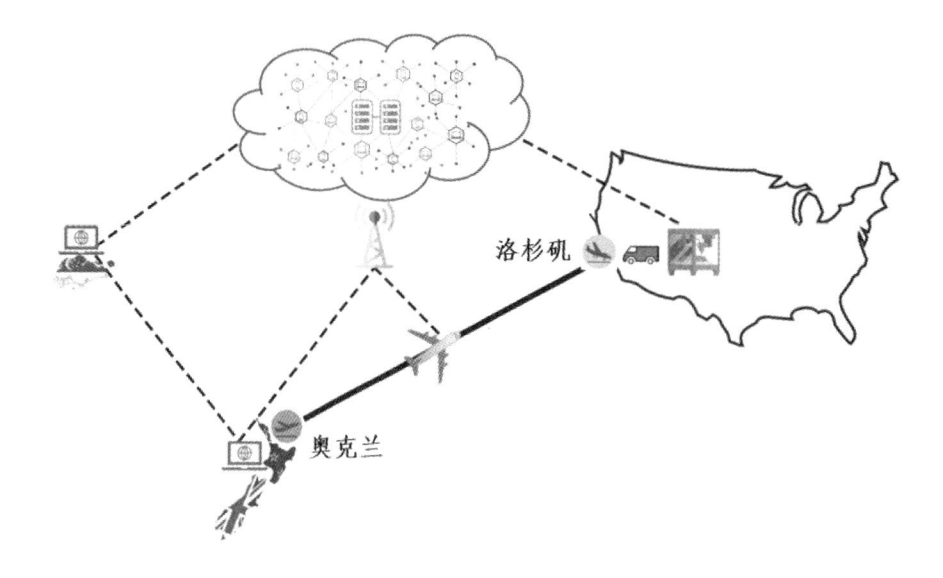

图 5.1 区块链驱动的航空数字化供应网络

航空供应商和原始设备制造商（OEM）开始探索区块链的潜力，以改变复杂且被高度管控的供应链。航空业的各个部门必须在产品全生命周期中密切追踪成千上万个不同的零部件信息。事实上，这个要求是具有挑战性的。例如，有关致命事故的报告显示，一些航空公司没有记录引擎中每个零部件的历史。此外，飞机零部件的生产和销售是在一种严格监管的市场环境下进行的，销售需要获得美国联邦航空管理局（Federal Aviation Administration）等权威机构的认证，这将会是一个漫长的过程。

在最近一次成功的概念验证试验中,一个飞机零部件制造商尝试将区块链技术与 3D 打印技术相结合,将替换有缺陷的零部件这个过程从耗时几周缩短至几小时。在该试验中,一家大型航空公司为一架从奥克兰飞往洛杉矶的远程商用飞机订购了使用该零部件制造商区块链系统的替换部件。在空中,机组人员通知奥克兰地面的维修人员他们需要更换部件,否则他们将在回程失去一个重要的席位。位于新西兰的一个航空公司维修团队向位于新加坡的一家提供航空维修服务的工程公司订购一个包含零部件设计信息的数字文件。该区块链系统确认订单,并且立刻将相关数字信息送达洛杉矶已获批的 3D 打印机上,下载、打印,然后送到机场。等到飞机落地时,该零部件已经在现场备好,以待安装,飞机不会因为无法获得高级席位而损失任何运行时间或收入。

从购买到安装的整个交易过程都被记录到区块链系统中,它可以提供一个不可变的和可审计的数字主线来证明硬件、软件及文档的真实性,以及认证证书。在这个概念验证中,区块链系统允许工程合作伙伴以一种可控的方式发布其知识产权。供应商只能按需求 3D 打印所需数量的零部件。随着试验的不断推进,区块链不仅可以共享交易的数字分类账本和可信的制造商,还可以存储用于飞机部件的材料信息,如特定的塑料或金属,这样订单就可以被发送到合适的 3D 打印机上。此外,在不断发展的数字化供应网络环境中,合作伙伴可能最终将协议编入智能合约。

在这个试验中,线性供应链转变成数字化供应网络,产品设计在区块链上进行,零部件根据数字蓝图按需生产,而不是远距离地批量生产和运输。与从制造商到机场的线性顺序路径不同,订单是通过一个不断发展的数字化供应网络下的全球网络来实现的。区块链可以确保数据单元没有损坏,保证该零部件满足所有的监管要求,并且接触点是可跟踪、可审计的。此外,传统的供应链成本,包括包装、运输、仓储、库存管理和海关,在这个概念验证中几乎被消除。接下来我们将深入研究这项技术的结构和特点。

区块链技术剖析

交易,即任何数字资产的在线交换,是区块链技术重要的组成部分。数字资产是任何以二进制格式存在并具有使用权的东西,如照片、记录、文档、包含文本的文件等。我们需要注意的是,区块链技术聚焦于如何更快、更安全地交换信息。区块是区块链技术的另一个重要的组成部分,指一组来自特定时期的被分配给网络中所有节点的交易记录。我们可以把每一个区块想象成分类账本或记录本上的一页。每个区块都有时间戳,按时间顺序排列,并使用加密算法与之前的块头链接,形成一条链。链条将所有已验证过的交易区块按照时序链接,并消除其被篡改的可能性。

> 区块链技术专注于价值交换,而先前的技术关注更快、更安全的信息传输。它就像一个资产交易机制。

❖ 分布式计算

区块链是一个在点对点(P2P)体系结构中运行的不同类型的交易的去中心化的、分布式的记账本。一组使用网络的计算机系统("Peer",我们称之为节点)通过向P2P体系结构中的其他网络成员提供计算资源(如处理能力),同时构成了P2P体系结构的基础。该配置与传统的客户机—服务器体系结构形成对比,因为它没有中心存储点,相反的是,所有网络参与者都持续不断地记录和交换信息。

Chapter 05
区块链带来端到端的透明和信任

❖ **加密的安全性**

区块链技术的一个基本特点是使用加密哈希函数。哈希函数只是一种简单的数学算法，它可以将任意大小的输入数据（如文件、文本、图像）转换为唯一固定大小的压缩后的输出数据（称为"哈希值"或"摘要"）。加密哈希函数通常采用十六进制数，我们可以把它当作一个文件的数字指纹。图 5.2 展示了一条一般性的区块链。我们可以看到每个区块都包含前一个块头的哈希摘要，并且该特征使所有区块连接起来。

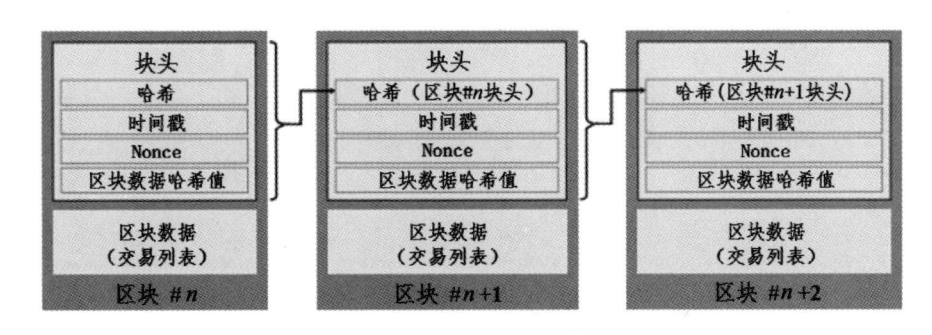

图 5.2 区块链

❖ **共识验证**

类似俄罗斯套娃从最里面的娃娃开始一层套一层地包裹在外边，任何区块链网络都有一个预配置，称作"创世区块"，我们会根据给定的网络共识机制，将所有新的区块添加到其中。任何加入区块链网络的成员都认同系统的初始状态，并且后续创建的每个区块都必须经过验证。这个过程允许用户独立承认区块链的当前状态。

区块链网络状态达成一致可以解决数据冲突。有时，因为网络的分布式特性和延时，一个区块链可能无意中分叉成两条不同的链，导致网络中的有些系统落后或产生可供选择的信息，造成临时冲突。通常，大多数共识协议通过等待下一个区块的发布，并使用该链作为官方的区块链来解决这个问题——简单地说，最长的链获胜。图 5.3 说明了这种情况，描述了一个无意的分叉，两个节点同时创建了一个不同候选版本的区块 3。不可避免地，一条链将更快地接收新区块，并将成为官方链，而分叉或孤立区块上的任何交易将返回到待处理的交易池。值得注意的是，网络中的每个节点都在本地维护待处理的交易，因为该分布式架构没有中心服务器。

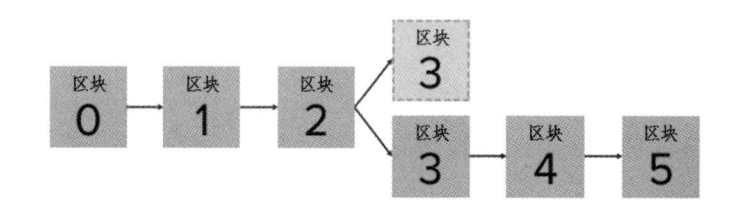

图 5.3 区块链分叉与分类账本冲突

区块链网络设计

本文提出了三种基于数据透明度、对公众开放权限、参与者内部信任度的新型区块链网络设计模式。就数据透明度而言，一方面，我们通过基于博弈论的激励机制避免欺骗行为，以保证完整的去中心化的公共网络；另一方面，我们拥有严格控制访问权限的私人网络，维护操作仅限于少数用户。参与者之间的基本信任水平不同，每个网络设计确定的信任机制也有所不同。公共区块链假设用户是随机的，可能包括坏行为者，因此成员之间的内在信任度较低，应采用加密协议来协调交易，同时避免不当行为。私有区块链假设参与者是预先筛选或已知的，因此成员之间的内在信任度更高，在计算方面对共识协议的要求更低。

关于数据处理权限，我们拥有一种已经获得许可的区块链网络，它对交易处理设置了某种限制，与之对应的，我们还拥有一种未经许可的网络，只要交易满足一些非集中控制的标准，任何人都可以处理交易。这些网络在每个参与者对交易数据和操作权限的访问级别上有所不同。将这两个维度放在一起（参与者之间的内在信任和交易可视性）产生了图 5.4 中的 2×2 矩阵，它将可能的区块链网络设计映射到数据透明度和公共可获取权限这两个主要方面。

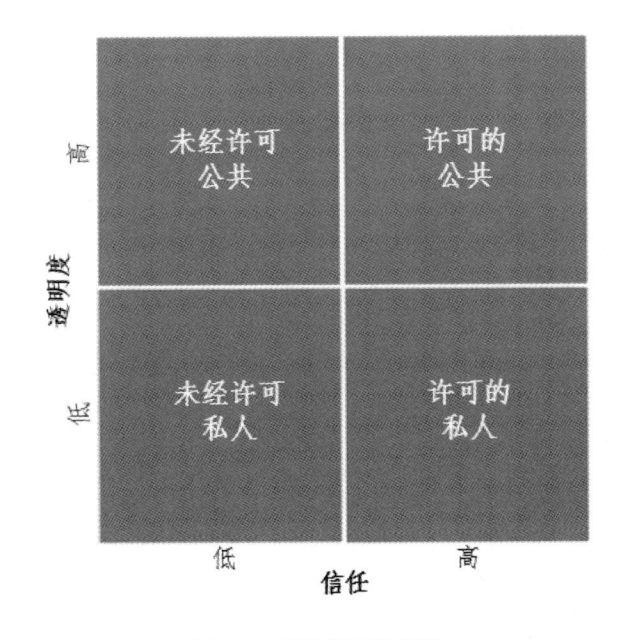

图 5.4 区块链网络设计

代表性的供应链挑战和区块链能力

接下来，让我们看一看传统供应链中的一些典型问题，以及如何利用区块链技术来解决这些问题。首先，我们应该注意到，在传统供应链中，信息通常呈线性流动的：开发、计划、采购、生产、交付和支持。这条线上的每一步的动作都依赖于前一步的动作。除此之外，每一步的操作和决策动作在很大程度上都是井然有序且孤立的。从这一步到接下来的一步，以这种线性、孤立的方式传播，经常将效率低下和中断的现象放大。

❖ 起源，可追溯性和顺应

透明度已经成为供应链中一个越来越具有挑战性的问题。例如，沃尔玛在全球 6000 家门店销售约 5 万种产品，并与数千家供应商进行交易。对于这种复杂程度，即使是大型跨国企业也几乎不可能跟踪每一笔交易记录。透明度低会增加成本，并增加各种形式的风险。而区块链便于进行记录保存和货源跟踪，可以潜在地解决这些问题。所有关于产品从源头到当前位置的流程中的交易信息都可以通过区块链获得。准确追踪产品的能力可以帮助企业在链条的各个阶段发现欺诈行为，保障产品的安全性，提高预测的准确性及协同规划的能力。

对航空产品、宝石和食品等而言，证明其真实性和原产地变得越来越重要。区块链支持的数字化供应网络可以在应对这些供应链挑战方面发挥重要作用，因为它可以保证数据在流经链条时没有被篡改。这是因为区块链确保了数据对所有参与者被授权访问的可视性，最大限度地减少单个实体更改数据的可能性，并为交易设置时间戳。

说明这些问题的影响和技术潜力的一个强有力的案例是，2015 年墨西哥烧烤快餐店 Chipotle 爆发了大肠杆菌疫情，导致客户生病、门店关门，损害了这家连锁餐厅的声誉，最终导致其股价下跌 42%。这个案例说明在复杂的传统供应链中，核心企业依赖多个供应商来提供零部件和原料，而透明度低和缺乏问责制的问题一直存在。这里最关键的问题是核心企业很少有凌驾于直接供应商之上的可见力。在数字化供应网络中，使用区块链来转移标题并记录活动日志，能够使我们了解产品的完整历史，因此我们可以使用首例病例的详细信息来快速、准确地确定疫情的起源。由于无法实时监控其供应商，发现疫情后，Chipotle 既不能防止污染物扩散，也不能以有针对性的方式控制污染。

❖ 成本和效率

特定产品在供应链中流通时，可能会被成百上千只手接触到。国际贸易需要众多参与者，并继续广泛地依赖于手工流程和纸张。例如，2014 年，马士基公司研究了一个装满牛油果的冷藏集装箱从肯尼亚运往荷兰的全程。该公司发现，这批货物涉及约 30 名甚至更多的参与者，100 多人互动超过 200 次。在 34 天的旅程中，有 10 天在等待文件处理。其中很大一部分装运费用与单据有关。除了需要承担将文件从一个地方发送到另一个地方的成本，供应链流通中还经常存在丢失或损坏文件、产生错误或差异的风险。区块链支持的数字化供应网络可以实现国际贸易交易的数字化，实现实时跟踪，加速管理流程，消除中介、重复和物理文件，降低成本。

在国际贸易中，客户和供应商依赖中介机构来负责支付流程。区块链支持的数字化供应网络将提供更快、更有效的处理方法，用到更少的中介机构。它还可以准确地保存记录，这减少了丢失产品或关键文件的风险，就像马士基公司研究的装满牛油果的集装箱在旅程中的情况一样。在航运业，区块链可以实现无纸化过程，这将极大地提高效率，同时使交易涉及的所有参与者更容易访问必要的数据。货物的买方、卖方，以及银行、船东、港口当局和海关代理可以相互交互、存储、交换信息，并完成交易及安全地付款，而不需要当前流程所使用的无休止的文书工作。

❖ 可视性和灵活性

供应链的另一个挑战及日益增长的必要性战略是保证采购、制造、运输和分销网络整个过程的可视性。努力整合上游和下游供应链流程源于人们早已洞察它们是相互联系和相互依赖的。然而，尽管我们已经具备了实时简化许多供应链交易的能力，但更新通常发生在筒仓内。更常见的情况是，许多组织在事件发生后继续记录，使每个参与者同时具备实时了解供应链事件的能力仍然是一个难以企及的目标。

在一个复杂的、跨企业、多层次的全球供应链场景中，可视性成为一个更大的挑战。随着链条全流程涉及的组织数量的逐渐增加，交易型数据的缺陷变得更加明显。虽然早期的技术，如电子数据交换，简化了供应链参与者之间的数据交换过程，实现了标准化的大批量交易，但随着交易范围扩展到多方操作，这些技术效率大大降低。更多的参与者增加了系统对速度的需求，增加了传输过程中数据丢失的风险，以及数据在传统的线性供应链的节点之间流动时不同步的风险。

区块链支持的数字化供应网络可以提供更高的可视性，提高交易的准确性，并减少网络上多个参与者同步信息的执行时间。例如，专业的供应管理人员可以通过区块链网络快速更新与供应商、厂商的交易数量、属性和位置，并与制造商、托运人等其他相关参与者分享。这种区块链支持的更新将允许制造商在货物到达目的地之前，提前很久就能收到有关货物的通知。制造商可以更新仓库计划，而托运人可以根据制造商的更新信息，在货物执行前计划提货和交货。供应链专业人员能够实时接收到即将发生的延迟或阻碍的信息，并采取主动的纠正措施。

下面总结了区块链的核心能力，可以弥补上述所讨论的随着线性供应链向数字化供应网络转型，供应链效率低下的缺陷：

- 可审性。区块链提供了数据的审计线索，在供应链上建立一种永久性保存记录的手段，并使其能够监测与产品相关的事件和元数据。
- 不可变性。区块链交易具有时间戳，而且不可篡改，能够提供单一来源的完整数据及符合标准和法律法规的证据。
- 非中介化。区块链支持基于可信的数字签名的点对点交互，允许各方进行通信，降低风险，并构建参与者之间的信任。

区块链在新兴数字化供应网络中的角色

我们可以把传统的线性供应链整体想象成复杂的分散于全球的生态系统。这个生态系统由碎片化的信息技术连接在一起，以利益不一致的各方之间缺乏信任为特征。然而，供应链的良好发展需要利益相关者之间的密切合作，以确保实物商品、信息和金融交易的顺畅流动。多年来，企业一直在投资整合供应链，以更好地协同。事实上，尽管只是某些情况下偶尔需要不同级别的整合，"整合"已经成为供应链专业人员、学者和顾问的口头禅。无论整合程度如何，关键的一点是，现代供应链是复杂的——涉及多个利益相关者，各利益相关者往往有不同的利益和优先事项，并且需要结合不同的系统来管理全球范围内的各种流动。换句话说，传统的供应链表现出了效率低下、缺乏可追溯性和互通性等问题。

在最基本的层面上，我们可以将传统供应链看作利益相关者之间增值交易的延伸过程，而其支持系统往往是分散的。网络中的每个节点都有自己的分类账本，同步它们可能需要几天的时间。这种延迟是由于信息通常是以一种循序渐进的方式移动的，即从开发到交付再到支持。

当我们从目前在各行业观察到的线性且孤立的供应链流程过渡到以一系列动态和相互连接的节点为特征的数字化供应网络时，更好地理解区块链技术的角色和战略意义对我们来说变得至关重要。首先，我们可以将区块链的本质理解为一种创新。颠覆性创新是指从一开始就提出一个不同于主流客户价值观的性能属性，但随着时间的推移，新技术日新月异、发展迅速，以至于后来新技术可能会超越传统的商业模式，并席卷既定的市场。

然而，区块链一直被认为是一种"基础性"而非"颠覆性"技术。一项基础性技术的出现具有建设经济和奠定社会制度新基础的潜力，但其发展是一个循序渐进的过程，不是一蹴而就的。那么，关于技术的应用和其他基础性技术的典型转换过程，我们知道些什么呢？扬西蒂（Iansiti）和拉哈尼（Lakhani）提出了一个很有见地的框架，用来描述一种基础性技术及其特定的业务案例是如何发展的，可以证明其在管理上的深刻见解。他们认为，技术发展通常分为四个阶段，每个阶段都是由应用程序的新颖性，以及所需协调工作的复杂性（所有参与方的数量和多样性）所决定的。

上述框架将区块链创新映射到相关维度上，把区块链创新划分成不同的象限，每个象限代表技术发展的一个阶段。这样，我们就可以将给定的区块链创新映射到框架中所需的协作水平、监管、立法及基础设施上。例如，比特币就属于"单一使用"象限，即低新颖性和低协调性的应用程序可以创建更好、成本更低和高度集中的解决方案。再看"转换"象限，在这个象限中，如果成功的话，全新的应用程序可以改变商业的本质，如智能合约。

属于"转换"象限的应用程序需要在多方之间协调交易，并且对标准和流程取得制度上的一致意见。变革性应用程序的力量体现在它们使新的商业模式成为可能，在这种模式中，价值创造和获取的逻辑与现有方法不同。我们不仅看到区块链应用程序作用于数字化供应网络，如智能合约，而且数字化供应网络本身也进入了"转换"象限。正如扬西蒂和拉哈尼（2017）所言，变革性的应用与新的商业模式相结合将是最强大的，如数字化供应网络，在

Chapter 05
区块链带来端到端的透明和信任

这种模式中,价值创造和获取的逻辑与现有的方法不同(参见本章有关航空航天行业的例子)。

那么,区块链在上述情况下的作用是什么呢?它可以作为数字化供应网络的推动者和连接组织的角色,当我们进入进化阶段时,将其连接在一起。图 5.5 展示了区块链的概念,它位于供应网络中不同参与者之间的几个独立系统之上。区块链层可以整合传统线性环境的孤岛式系统和数据,随后扩展到更多的参与者和网络节点上。

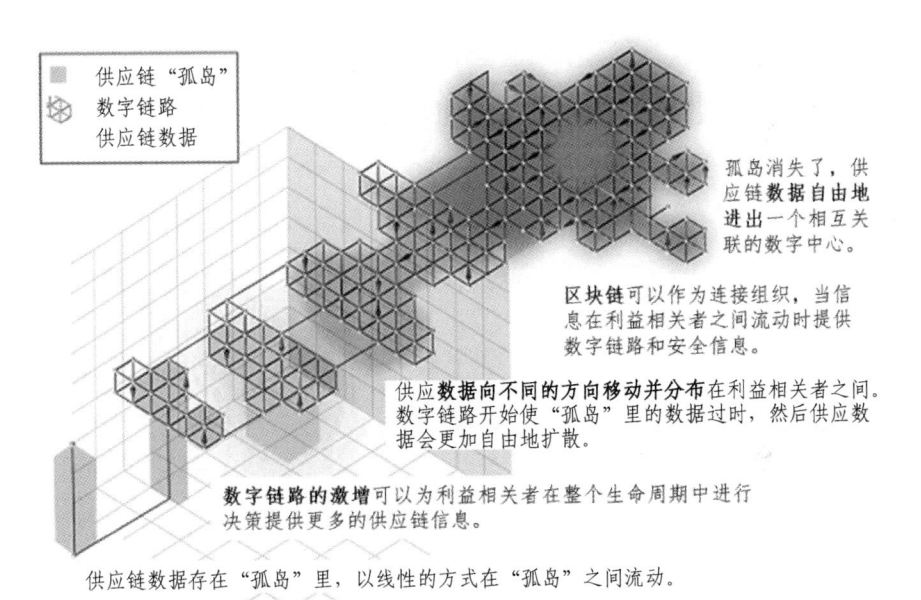

供应链"孤岛"
数字链路
供应链数据

孤岛消失了,供应链**数据自由地进出一个相互关联的数字中心**。

区块链可以作为连接组织,当信息在利益相关者之间流动时提供数字链路和安全信息。

供应**数据向不同的方向移动并分布**在利益相关者之间。数字链路开始使"孤岛"里的数据过时,然后供应数据会更加自由地扩散。

数字链路的激增可以为利益相关者在整个生命周期中进行决策提供更多的供应链信息。

供应链数据存在"孤岛"里,以线性的方式在"孤岛"之间流动。

图 5.5 供应网络之上的区块链层

随着区块链应用程序从单一用途发展到转换阶段,孤岛式交易流程应逐渐变成分布式交易流程,因为区块链的核心能力(非中介化、不可变性和可审计性)通过在数字化供应网络环境中共享常见相关信息,实现了当前线性供应链系统和数据的统一。根据这些特性可以创建一个所涉及的各种网络节点都有一个共享资产状态账户(无论是物理的还是非物理的)的业务环境,从而减少信息流的延迟和流程之间的冲突。

> 区块链技术通过在节点之间建立关联并连接在一起，使"孤岛"式系统和数据变成分布式的，从而在传统供应链管理向数字化供应网络的过渡中创造价值。

就区块链而言，资产不仅包括描述物理状态的信息，还可能包括那些不会呈现出物理状态的无形资产（原生数字资产），如发票号码。举个例子，企业的采购团队可以将服务的账单信息记录为一个发票号码，而应付账款区域可以生成并存储一个电汇号码，接收服务的物流区域可以创建一个内部案例号。在这种情况下，资产并不是采购团队约定的服务，而是关于涉及采购和接收服务的内部业务流程的唯一描述性信息。因此，ID号码本身就是资产，而不是指所获得的服务。

智能合约

为了极大地简化我们的讨论，我们可以将自动售货机视为一种形式最简单的智能合约。双方（自动售货机和客户）之间交易的规则都被编入自动售货机的程序。当我们选择一个产品，按下所需数量的按键，并投入所需的硬币时，该设备就会作为一个智能合约，检查我们是否投入了足够多的钱，如果足够，机器就会被编程为发放相应数量的产品并在条件允许的情况下找零。如果我们投入的钱不够，或者该产品已售完，设备将退回我们投入的钱。不难看出，自动售货机通过淘汰人工供应商同时扩大服务范围大幅降低了交易成本，提供24/7全天候的售货服务，打破零售店营业时间有限的局限性。简单地说，这种类比揭示了智能合约背后的一般性思想。然而，必须强调的是，

Chapter 05
区块链带来端到端的透明和信任

尽管非区块链形式的智能合约可能存在，但它们与中心化数据库存在相同的隐患：假如某个点失效，该系统就不再具备防止篡改的能力。

智能合约尚且处于基础技术发展的转型阶段。基于区块链的智能合约是一个自动执行的计算机代码合集，它利用区块链上加密签名的协议可信交易方式，自动执行双方的协议条款，如图 5.6 所示。从单纯地保存交易记录条目，到在数字化供应网络中自动执行多方协议的条款，智能合约都在扩展并利用区块链技术。智能合约促成了区块链应用程序的革命性衍变，简化了当前分散于多个数据库和 ERP 系统中的流程。因此，各方可以就条款达成一致，并相信代码会自动执行这些条款，减少错误或操纵的风险。因此，智能合约应用程序提供的功能是传统供应链向数字化供应网络转型的关键基石。

条款、规则和协议条件由全部参与者共同制定并编译成代码 → 如果指定条件的事件（例如，交货）发生了，事件将触发合约自动执行 → 一旦合约执行，合约的条款将自动将价值转移给相关方 → 价值转移被记录到区块链上

图 5.6 智能合约的一般性描述

智能合约既可以单独工作，也可以设置为依赖性合约。依赖性合约是与其他任何数量的智能合约一起工作的，它的成功执行可以触发下一个智能合约的启动。整个数字化供应网络有可能完全依靠智能合约运行。例如，马士基和 IBM 通过区块链技术建立了一家合资企业，推出了一个基于区块链网络的运输系统。超过 100 家企业加入了这个运输系统，通过将专注于端到端服务和区块链作为价值转移手段的货运代理和贸易融资达到精简行业的目的。事实上，智能合约并不智能：它并不包含认知或人工智能组件，而是在

满足特定条件时自动执行预定义任务；而且，智能合约也不是法律意义上的合同。

❖ 区块链面临的挑战

正如任何正在开发中的新技术一样，在数字化供应网络中部署区块链并非没有挑战。首先，我们已经看到了很多关于技术潜力的炒作，对于新兴技术来说，这些炒作往往会屈服于炒作周期，"穿过过高预期的顶峰，在幻灭的低谷着陆。"其次，人们对区块链的安全问题缺乏了解。由于业务交易通常包含敏感的商业信息，数据保护和隐私是关键的考虑因素。再次是互操作性。因为企业可能使用落后的系统来记录信息，如果系统传感器和数据池不兼容，访问会变得很困难。另外，数据的质量也是一个关键因素，因为输入数据的质量问题将导致后续链条中的数据假设不准确。最后，区块链技术在数字化供应网络中的推广应用也是一个重要挑战。

小结

区块链使用较为成熟的加密原理，作为交易信息的存储库，通过去中心化的点对点网络记录以共享交易信息。在这个网络中，所有参与者都维护一份数字分类账本的副本，并通过使用共识协议对链中的新条目进行验证。根据数据透明度和处理权限赋予公众的水平，以及参与者之间的内在信任，有四种新兴的区块链网络设计。这种技术侧重于价值的交换，而之前的技术侧重于更快、更安全的信息传输。

区块链通过在节点之间建立关联并连接在一起，使孤岛式系统和数据变成分布式的，从而在传统供应链向数字化供应网络的过渡过程中创造价值。总结本章的讨论，概括其要点，区块链技术作为一种基础技术，当其应用与其他关键技术发展（物联网、机器人、智能设备、3D 打印等）相结合时，应当证明区块链技术更有价值，以实现新的商业模式的转型或诞生，如我们在本书中讨论的数字化供应网络。

例如，我们可能会将智能设备安全地嵌入产品，通过区块链自动记录和传输项目相关数据，以确保产品的完整性。我们可以将物联网和区块链结合起来，实现智能合约，连接的"托盘"会自动将确认信息、交货时间和货物状况传送到区块链网络。该网络可以自动验证交货，确认是否符合约定的条件，并将正确的款项发放给有关部门。

Chapter 06
同步规划

数字化技术正越来越多地被整个供应网络生态系统中的实体（消费者、客户、公司、供应商和其他供应商）所采用，这有效地创建了一个互联的动态价值网络。这种互联性为企业更动态、有效地规划资本及货物的需求和消费提供了巨大的机会。随着互联性的增强，企业创建同步规划的能力也随之增强，该规划随后在整个企业内进行转换，并通过加密技术用于运行和执行场景。然后，该规划可以扩展到价值链中的各个实体，从而有效地实现对整个生态系统的同步。这种状态就是我们所说的"同步规划"。同步规划描述了这样一种状态："在供应网络中不断流动的数据使组织能够根据实际需求准确、动态地规划实际供应。"在一个互联的数字化供应网络中，数据在其他节点之间进行过滤，使供应商、物流和履行能更准确地进行规划，并采取所有必要的行动，在正确的时间和地点提供正确的资源。这些行为是通过人与计算机的融合而实现的。在这里，机器学习和人工智能"增强"了人类大脑。其结果是实现高度灵活、动态、高效、预测和主动的规划能力，使实体能够实时正确地前进。最终，同步规划的远景是将战略业务目标与财务、商业、运营和战术计划整合到生态系统的同一动态规划中。

在同步规划状态下,销售和运营规划(Sales and Operations Planning,S&OP)和综合商业规划(Integrated Business Planning,IBP)被有效地转化为一系列自动化和机器学习辅助的协作,这将提升加速企业解决供需失衡的速度和能力。在这种情况下,组织无须等待每周或每月的周期,而可以实现规划和执行同时进行的同步状态。

传统的 S&OP 和供应链规划

自 20 世纪 80 年代建立以来,S&OP 一直在发展,这使得企业能够实现跨所有功能的业务同步。通过月度管理流程,领导团队从销售、市场、计划、生产、库存管理、采购和新产品导入之间的结构化协作等方面,来持续改进关键的供应链驱动因素。这一过程的自然衍变导致了一个更复杂的 S&OP 版本,即 IBP。IBP 的重点是加强财务整合和计划协调,以及通过改进的可视化报告及假设情景分析提高供应链的响应能力。同步规划将 IBP 流程进一步转变为自动化的、可认知的交互过程,从而帮助企业在决策过程中变得更加敏捷。这一转变显著缩短了 IBP 流程的周期和提高了 IBP 流程的有效性,同时降低了其复杂性,这得益于更加丰富的实时生态系统的输入、更强的分析能力、工作流的自动化,以及基于价值链的数字副本的端到端仿真能力。

❖ 传统供应链管理的 S&OP 及其周期

传统的 S&OP 周期包括四个关键步骤:需求审查、供应审查、运营审查和执行审查(见图 6.1)。这个过程通常按月运行,整个周期为 12～18 个月。

需求审查过程的重点是理解需求信号，创建可控需求计划，并达成共识。而在供应审查过程中，重点是确定需求/供应缺口和能力问题，并提供方案来缓解这些问题。运营审查过程的重点是执行风险/缺口/问题解决方案，以达成供需计划的共识，并理解填补供应缺口情景的财务影响。最后，在执行审查过程中，重点是使财务目标、KPI 和业务发展方向（年度目标）保持一致。IBP 过程建立在 S&OP 的基础上，通过并行地进行财务对账来加强对每一个步骤的财务参与，为产品生命周期管理提供更多的关注，并增强业务运行假设场景以达成共识的能力。

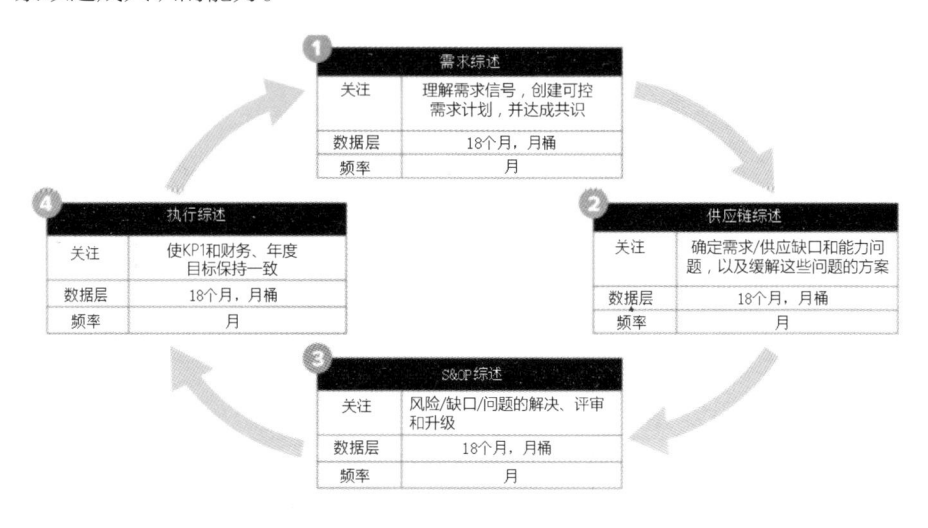

图 6.1　传统 S&OP/IBP 循环

❖ 供应链管理规划的其他组成部分：需求、供应和调度

同步规划演进过程多年来一直受到数据透明度、可用性和同步性的限制，这些约束反过来又塑造了流程、度量、治理和组织规划模型在供应链规划中长期发挥作用的方式。

让我们考虑一个典型的非零售规划模型。规划过程从需求规划开始，需求规划者使用商业投入来确定什么是支持业务所需的不受约束的需求。然后

Chapter 06
同步规划

将该需求规划与规划的、实际的、预计的库存目标进行比较，这些目标考虑了生产和将库存送到相应位置所需的提前期。这些"净计算"产生了一个分销需求规划（Distribution Requirements Plan，DRP），它定义了在什么时候需要将多少库存转移到分销节点，以及一个用以满足 DRP 和在什么时候需要生产多少的需求的供应规划。这个供应规划随后被分解为一个粗略的产能规划（每月桶）、一个主生产规划（MPS）（每周桶）和一个有限的时间表（每天桶）。所有这些规划都是相互依赖的，需要同步。然而，事实并非如此。主要是因为到目前为止，规划技术和支持数据缺乏支持它们所需的透明度、可用性和同步性。规划系统中的现有逻辑假设活动将根据主数据参数发生，如果不是这样，则规划系统将无法看到这些更改并做出反应。在过去的十几年里，随着需求预测、成形和转移、多级库存优化、供应规划和调度同步等方面的进展，这些限制正在逐渐减少。

同步规划的必要性

随着经济日益全球化、世界日益数字化，高端消费群体的数量和水平都在提高。移动设备已经成为信息的强大推动者，使消费者变得灵活，推动产品之间的相互竞争。理解消费者的偏好在地理、时间和环境方面的作用，然后协调各方面的供给以满足需求的模式是至关重要的。无论在哪个行业，消费者的偏好及情感都越来越倾向于更加个性化的产品和服务。此外，大多数客户希望这些产品和服务能以更快的速度更有竞争力的价格交付。这样就产生了高度复杂的 SKU 投资组合，其尾部较长，并向"单一单位"结构转变。随着 SKU 投资组合变得越来越复杂，客户定制度也越来越高，企业必须显著提高其感知需求和跨多种渠道规划的能力。随着数字计算和数据处理的发展，企业现在可以开始走向同步规划状态。在这种情况下，企业可以将其 S&OP/IBP 提升到一个新的水平，以支持这个综合规划过程的核心目标的实现。使用人工智能、机器学习、机器人和认知过程自动化等技术，企业可以在最细粒度的层次上优化结果、使决策工作流自动化，并实现实时的端到端生态系统协作。通过使用供应链的实时数字副本，企业还能够模拟所有维度（财务、物理、运营）的场景，并优化其总体战略。供应链采用机器学习方法，可以在同步规划状态下识别出失效模式，它使供应链具备自我纠正和"自我修复"的能力。这才是供应链规划的真正改进。

同步规划的基本能力

组织在当前能力状态和期望状态下的成熟度的不同，同步规划的过程也会有所不同。向同步规划的转变是一个复杂程度逐渐提高的过程。在同步规划状态下，通过引入单一数据模型来支持端到端场景建模，以及支持固定参数调整的人工智能和其他认知技术，都是思维的飞跃。这一结合非常强大，能够让供应链规划功能追求单一的同步状态。为了达到此状态，组织必须具备一些基本要素。

❖ **从顺序的环境转变为并发的协作环境**

供应链的传统思维方式是按照周、月或季度的节奏来进行线性规划。这主要源于这样一个事实：历史上的决策制定需要时间，因为必须收集、协调、比较信息，并分析场景，以实现最优决策。并行规划的概念包括从线性思维到迭代节奏的转变，在问题出现时"几乎实时"地解决问题。现在，随着科技、数据存储技术和内存处理技术的进步,这已经成为可能。在并行规划场景中,网络规划者持续监控供应链的绩效,并在扩展的供应网络中协作,允许对供应链规划进行近乎实时的调整,以提高盈利能力。并行规划利用公共数据模型来实现实时或接近实时的信息交换,并紧密集成需求和供应规划功能,以提高供应链的响应速度。规划人员跨越时间范围通知和同步战略决策,并迅速将其整合到战术和作战计划中。

并行规划模型也挑战了竖井式工作的传统结构——例如,网络规划者可以查看整个价值链,而不是传统的需求、供应、材料等方面的单独规划者。这些网络规划者可以执行跨职能的规划活动,减少了供应链职能在竖井中垂直运作的需要。这个转型概念对传统规划职能人才模式具有重要意义。

❖ 模型同步进程与实时数字副本及人工智能

价值链的实时数字副本是实体供应链的虚拟表现,它可以创建一个跨企业的虚拟模型,并使用历史数据进行预测和说明性分析,以确定战略或战术变化的影响。它通过模拟规划中的生态系统,复制物理世界并对各种变化进行建模,从而获得实时的自上而下的成本洞察力,以及预测各种决策对财务的影响。这对供应链的学习和自我改进的影响是巨大的。通过将供应网络数字复制品与机器学习、人工智能相结合,组织可以训练供应链尝试不同的方法来优化自己,从现实世界中学习,并向用户推荐改进措施,完全改变了我们在同步规划世界中的运作方式。

同步规划状态是由机器人实现的,它们利用认知和机器学习技术,在现有资产和应用之上复制人类的行为及判断。人工智能通过自动化来提高资源配置效率,并通过从许多结果中学习来提高流程效率。例如,一家大型饮料公司创建了一个数字价值链,该数字价值链通过一个具有七个可见层的认知控制塔和一个支持人工智能的算法来防止缺货,使用实时信息来模拟和学习实体价值链,帮助规划者做出更好的决策。

数字化供应网络的设计和同步规划

通常，当重大事件或网络发生变化时，组织会更新其网络战略。当世界变得愈加动态和联系愈加紧密，组织需要考虑是否不仅要增加网络设计和优化的频率，还要扩大其网络设计和优化的范围。在同步规划状态下，我们的目标是通过永久链接且始终自适应的网络模型来动态地实现网络再平衡，该模型不断地感知并预测网络将发生什么。

这一难题的首要问题是战略。如今，我们在供应链中制定战略的方式并没有在同步规划状态下真正改变——改变的是实时修改战略的能力。例如，基于某个时间点的历史偏差设置一个具有安全库存缓冲区的库存位置，在同步规划状态下，目标是使用认知技术和需求感知对安全库存提出建议及进行调整，并动态地实现网络再平衡，包括对存储和物理位置的建议。

端到端的规划模型

同步规划使端到端供应链能够作为一个单一的生态系统进行管理。如图 6.2 所示，扩展后的供应链包含了内部功能及参与者：客户、消费者、供应商和合约制造商。通过采取全面的规划方法，组织可以在供应链中达到一个新的绩效水平，这是由三个构建模块实现的：协同需求感知、内部同步和协同供应规划。

Chapter 06
同步规划

协同需求感知。在同步规划状态下，此构建模块的目标是基于"感知"各种因素（如历史数据、客户感知和环境因素）和相关数据科学方法，建立产品或服务的需求。通过不断从过去规划者的决策中学习，修正判断，这一需求预测的准确性得到了增强。一旦建立了基线需求水平，人工智能就可以应用到数据集上，学习、预测和理解如何对需求进行最佳建模。

内部同步。在这个构建模块中，我们能够无缝地集成财务、战略及运营规划，使组织中的所有功能与影响组织的顶部、底部的共同目标保持一致。这种同步利用了支持同步规划模型的单一数据层，并不断地感知来自与其连接的所有生态系统参与者和驱动程序的信号。在这个循环中，人类和计算机在供应链上动态地重新安排及移动产品。其最终目标是通过对所有受约束资源（产能计划、库存定位和劳动力计划）的并行规划来找到最经济、最佳的生产和库存水平。

协同供应规划。在这个构建模块中，目标是集成供应商、合同制造商和其他向企业提供产品的实体。若将这些实体作为企业所拥有的资源并正确设置信息交换的模型，它们将有效成为同步规划闭环的组成部分。这创造了联系需求和供应的机会，有效地使供应商的能力和可用性，以及消费者信号与其在供应商基础上的聚合效应的相关性完全可见。这方面的一个例子是，一家全球果汁公司利用消费者对口味的洞察力，来决定在特定地理位置和时间购买的最佳橙子的类型。

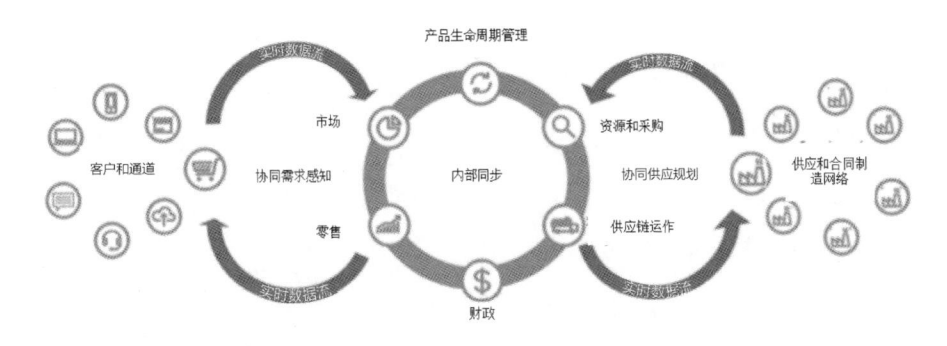

图 6.2　端到端供应链规划模型

同步规划的好处

同步规划重要的好处之一是它改变了传统的 S&OP 周期。如今，组织通过不同级别和职能的多个规划（财务、运营、销售、商业）来同步规划其业务前景，从而在利益相关者之间做出次优决策和偏离目标。在同步规划状态下，组织能够无缝地同时集成战略目标、财务目标和战术操作规划。这是通过跨价值链的近实时协作实现的，通过信息对称和延迟对齐缩短了周期。因此，价值链可以交叉地调整绩效规划，以更快、更好地做出决策，并提高企业价值、收入、营业利润率和资产效率。

同步规划的另一个好处是其能够自动协调产品在价值链中的移动，并在发现潜在问题时进行纠正。在采取任何行动之前，通过创建和评估各种场景来预测结果的能力是至关重要的。所有这些场景都可以在一个数字副本中运行，它实际上是供应链的一个虚拟副本。场景可以为用户复制业务变化，以在供应、需求和产品之间找到最合适的响应方式。在模拟这些响应并评估影响之后，此数字副本可以对场景进行评分，以确保场景符合企业的目标。然后，企业可以动态地重新规划和评估其决策的影响。随着时间的推移，供应链经理可以根据已知的成功概率来决定使哪些决策自动化，从而提高效率和准确性。

价值链的数字复制，结合机器学习和人工智能的使用，为企业提供了一个非常强大的平台。该平台能够对规划的变化及可控/不可控因素驱动的财务影响进行近乎实时的财务分析。此外，它可以在企业开发产品时预测总交付成本，从而缩短产品开发周期。更重要的是，它使企业能够确定由 SKU 复杂性扩展、原材料供应协调和全渠道增长驱动的总成本影响。其另一个优势是能够确定什么订单与什么供应相关联,从而使规划人员能够确定哪些客户的订单可能会受到供应可用性变化的影响。此外,该平台允许报告满足给定需求或供应订单所需的所有组件供应。例如,当某条生产线出现故障时,大部分生产线的中断都是规划外的事件,表明在正常的生产规划下发生了异常。一旦检测到这种能力损失,规划师或计算机(或两者)可以发出警报,提示可以检查库存水平、确定影响,并采取一些补救措施,如移动到其他生产线或设备上、重新部署原材料或部件,或者安排加急货物,确保供应不间断。在决定如何在中断事件中重新规划时,规划者也可以考虑不在备用生产线上运行低利润产品,而是使用这部分生产能力来满足更高利润或更具战略性的产品需求。同样,当产品供应短缺或处于分配模式时,其可能会围绕战略性的客户/项目组合做出决策。

使能同步规划状态

图 6.3 描述了一个典型的全球性、多矩阵组织的状态。系统中存在多个输入,用于支持跨组织的不同功能。通过吸收这些输入,并在其之上执行过程和规划,可以与企业的其他部分创建信号。这些模式可以是结构化的、非结构化的、有组织的或临时的,因此它们组合起来的结果是一个充满噪声的无序系统。这种噪声在电子邮件流量、电话、对话和许多通常不增加价值的不同活动中会导致生产力的降低。

图 6.4 描述了处于同步规划状态的同一实体。在这种状态下,信号被所有需要它们的参与者吸收和消耗,但是它们以一种有组织的方式在企业中分布,触发一组有效和高效的交互。这是通过以下特征的综合作用实现的。

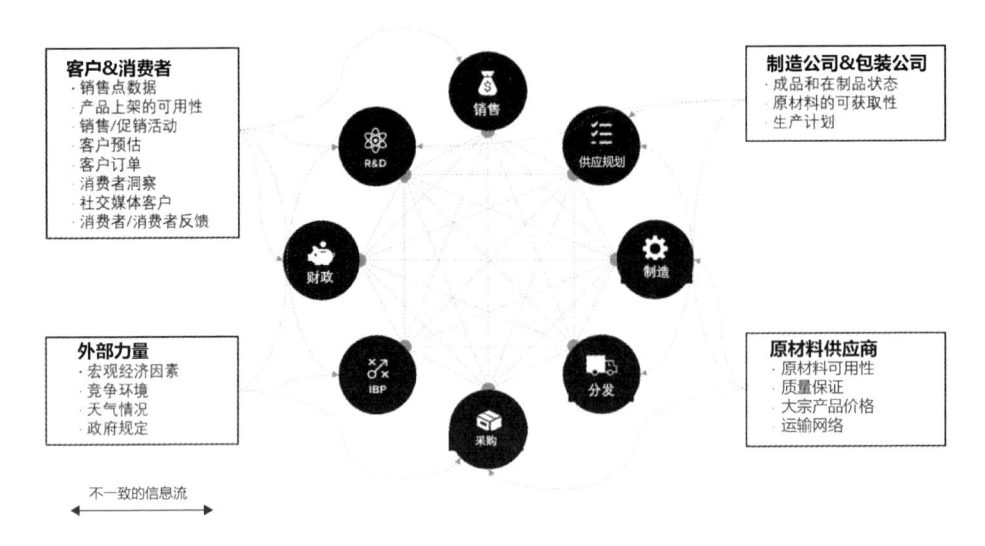

客户&消费者
- 销售点数据
- 产品上架的可用性
- 销售/促销活动
- 客户预估
- 客户订单
- 消费者洞察
- 社交媒体客户
- 消费者/消费者反馈

制造公司&包装公司
- 成品和在制品状态
- 原材料的可获取性
- 生产计划

外部力量
- 宏观经济因素
- 竞争环境
- 天气情况
- 政府规定

原材料供应商
- 原材料可用性
- 质量保证
- 大宗产品价格
- 运输网络

中心环形节点:销售、供应规划、制造、分发、采购、IBP、财政、R&D

不一致的信息流

图 6.3　多矩阵组织的典型状态

认知决策支持层:这是一个单一而通用的认知数字数据和决策支持层,跨越连接所有实体的端到端生态系统。来自所有实体的信号被吸收到这一层,然后根据预定义的规则在所有实体之间共享。生态系统中的实体可以进行交互和通信,所有的实体都使用相同的数据进行规划和执行。

实时响应数据(实时数据流):通过使用人工智能和机器学习技术支持的机器人来感知变化及来自生态系统的信号,这些机器人可以不断地感知变化并采取行动。在某些情况下,这些机器人可以与 ERP 及规划系统中的主数据交互,并根据观察到的模式和事件更新数据。这使得供应链能够在执行过程中进行"自我修正"。

自动化工作流:使用一组不断更新的规则和工作方式来支持智能、自动化的工作流,并指导人们彼此交互。说明这些特点的一个例子是解决潜在的需求/供应平衡,在它成为一个主要问题之前可以加以纠正。

智能见解:这是一个普通的"企业大脑",它作为企业的智能和洞察中心,拥有一个强大的算法库,用于解决价值链上的优化问题。一些企业开始意识到,人们可以使用相同的算法和数据来解决需求及供应问题。通过拥有一组核心的算法和数据，组织可以在整个企业中应用分析。

数字副本。供应网络的数字复制品，在将决策提交给现实世界之前，可以用来模拟任何决策。这既是同步规划状态重要的一面，也是打破现状的最重要机会之一。如果我们对整个企业进行建模，并在做出任何决策之前了解其影响，那么计算机和分析可以应用于任何问题，测试可以在数字副本中运行，直到解决方案得到完善。随着时间的推移，用户可以根据已知的成功概率自动设置某些决策。

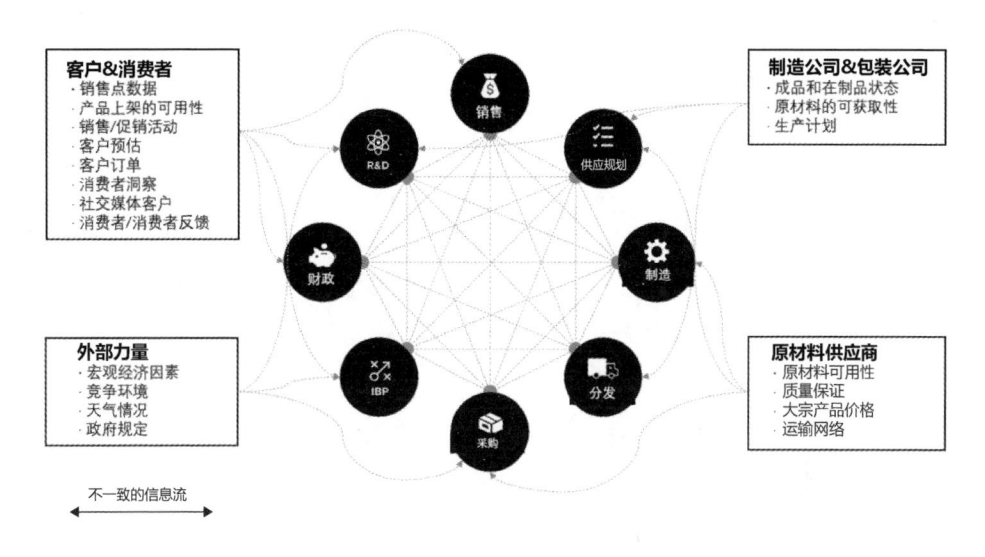

图 6.4 同步规划阶段

同步规划组织考量

向同步规划能力的转变需要规划者的责任和所需技能的转变——所需的技能、任务和个人所扮演的角色——从关注一个特定的任务到同时处理多个任务；从精通一个任务到精通多个任务；从信息收集到根本原因分析和优化；从关注单个职能的KPI到跨组织共享的KPI；从报告到功能导向再到矩阵报告。就像许多智能技术一样，许多人设想有一天人工智能、机器人与人类共存。

供应链规划一直根植于分析、洞察和反应。虽然未来的网络规划师需要的技能可能与如今不同，但核心技能可能不会有根本的不同。角色很可能衍变为通过分析见解和主动行动更多地关注实现战略需求；常规和重复的任务可能会被机器人自动化、认知分析引擎或两者的结合所取代。尽管在许多供应链规划功能中，技术有助于先进的分析、处理和思考，但它不会取代任何个人的基本人类特征：沟通、同理心、直觉，以及将数据置于情境、解释和质疑的能力。这可能会使员工拥有新的能力，因为个人可以卸下重复的任务，或者增强处理复杂任务的数字化能力。然而，人类和机器密切合作可能会要求员工学习新的技能和新的操作方法。

从历史上看，规划者在使用工具时并不理解工具为什么会提出建议。他们会依靠先验知识和经验法则来做决定。这些决定可能不是最优的，然而，员工们知道他们是如何做出这个决定的。对大多数企业来说，潜在的障碍并不在于先进的算法引擎不起作用，相反，这是一个用户接受新技术的挑战，用户缺乏对算法如何产生推荐的理解。这不可避免地给接受所谓的"黑盒"人工智能带来了挑战——系统不仅会提出建议，而且会执行大部分决策。规划者理解为什么提出特定建议的能力变得至关重要。

最后，一个连接的规划社区提供端到端的透明度，使员工能够在整个供应网络中与利益相关者（供应商、客户和不同渠道和地域的业务合作伙伴）合作。

❖ 新老模式对比

为了充分利用同步规划状态，组织还需要转变其员工的角色、责任和心态，更多地关注战略规划。传统上，企业在其需求和供应规划团队中将其团队分为四个主要角色（见表6.1），但是这些角色将在同步规划状态下做出改变（见表 6.2）。

表 6.1 传统需求和供应规划团队的角色

需求管理	供应链管理	事务数据领导	逻辑和运行
• / 需求规划 • / 预测和建模领导 • / 市场研究分析	• / 供应规划者 • / 库存规划 • / 类别及分配 • / 采购分析师	• / 商业分析 • / 事务数据分析	• / 合约规划 • / 生产规划

表 6.2 同步规划的新角色

连接规划器	数据池维护	算法维护	人工智能和机器学习
管理供应和需求	管理结构化和非结构化数据保持数据完整	通常外包或"由 SaaS 提供商处理"	领导工具、总体战略和数据可视化任务的开发

❖ 技术方面的考量

当企业评估支持同步规划之旅所需的不同技术平台时，有以下几点需要考虑。

启发式与优化规划引擎。启发式解决方案和优化的目标是相同的——为给定的供应链问题提供可能的最佳解决方案——但它们的结果是非常不同的。当规划者追求快速的解决方案，但不一定是最佳的最优解决方案（如以可能的最低成本最大化服务）时，启发式解决方案就能很好地工作。优化的功能要强大得多，但它理解、使用和解释起来要更加复杂，此外，它需要时间和资源来构建。最终，规划者所选择的方案可以是启发式和具有特定精度水平的优化，以及组织所希望的"最佳整体解决方案"的组合。

优先需求和供应规划功能需求。有些功能需求对不同的供应商而言是统一的；然而，满足某些功能需求可能需要重要的配置，这可能会影响规划的实施。对于一些需求和供应网络复杂且容量有限的行业，解决供应的复杂性对于提高企业的整体效率及使企业利润最大化至关重要。在其他部门，解决需求复杂性可能也很重要，但能够处理、分析和消化大量变量才是最重要的。而对于某些行业，可能需要需求优先级和供应复杂性规划。组织应该了解这些需求和供应的复杂性，然后针对市场上的解决方案和满足这些需求的定制内部解决方案的可能性进行适当的区分。

清晰定义和明确表达的案例。有效的案例是必不可少的，供应商可以据此证明他们的解决方案能够解决企业特定的业务需求。花些必要的时间从战略和流程的角度来确定所需的状态，以及企业需要如何随着时间的推移交付价值，这是至关重要的。当一个组织花时间来正确地做到这一点时，领导者就可以清晰地表达出与在组织中交付价值真正相关的案例，然后可以使用这些案例来开发动态的变革性的路线图，使每一个报告期间都有价值产生，从而使组织的执行团队保持前进的势头。

选择正确的技术（可能还有技术供应商）需要解决一些战略要点，这有助于缩小可考虑的选项：

- 组织是否正在寻找一种覆盖的解决方案，以通过并行规划来增强端到端的可视性？
- 组织是否需要在特定的需求、供应和其他高级规划解决方案领域提高功能卓越性？
- 组织是否需要通过微应用策略来解决其规划能力中的"空白"？
- 组织是否需要使用高级分析工具来增强其现有解决方案，以满足特定需求？

Chapter 06
同步规划

- 企业是否想用高级分析工具来增强现有解决方案以满足特定需求?

解决这些问题可以帮助企业评估路线图中对技术的不同需求。目前有许多软件包和解决方案,它们具有基于其起源的天然优势,而且也相对容易配置。更重要的是,计算、数据处理及数字化技术的进步也可以帮助企业开发自己的解决方案服务。长期发展的阶段已经过去,企业现在可以轻松地在季度冲刺中实现价值。从技术支持的角度来看,这大大增加了企业转变其规划能力的可能性。

小结

同步规划是一个已经存在的目标。从过程、人员、技术和数据的角度来看,企业实现这种成熟状态的能力是非常真实的。用计算机增强人类智能的概念确实具有革命性,可以打破范式、创造新的现实。关键是利益相关者必须达成一致意见,以推动所需的复杂程度。最终,企业必须决定其想要达到什么样的绩效水平,以及什么时候达到。组织需要定义一个最终状态远景,对其当前的能力进行彻底的评估,然后评估需要对他们的规划路线图进行哪些更改,以在期望的时间线上实现他们的目标。最终,那些知道他们想要去哪里并采取果断投资来实现目标的组织,将能够以更高的水平实现内外部同步。

Chapter 07
数字化产品开发

数字化供应网络的核心始终是对客户具备价值的产品、服务或产品服务的集合。随着数字化技术在供应链中的应用，新产品及服务的开发和设计方式也在发生变化。在本章中，我们将讨论数字化转型如何影响新产品和服务的开发，并特别强调开发过程的"数字化"组件。在介绍智能互联产品的概念之前，我们将讨论协作工具的使用，以帮助分布在全球各地的、新生的数字化设计团队。本章最后概述了从产品、服务向工业产品服务系统的转变，以及服务化推动企业向订阅和非所有权商业模式的方向发展。

一个普遍被接受的观点是，数字化转型在极大程度上影响着数字化供应网络中的商业操作。实时数据、先进技术和敏捷创新影响着数字化产品的开发。这是一种能够响应用户体验的新型产品开发、管理方式。

由于数据的数字线程是一种关键的使能因素，所以数字化产品开发与数字化产品生命周期管理（Product Lifecycle Management，PLM）相互关联。在数字化供应网络的世界中，产品和服务开发方式的转变可以被追溯到三个相互关联的元素：（1）有效支持多样的、分布式的设计团队的协作工具；（2）提供全生命周期洞察的智能互联产品；（3）基于使用数据和对数据的分析来推动产品及相关服务的融合。

供应链管理中的传统新产品开发

新产品的设计和开发过程通常由原始设备制造商或供应链中领先的组织牵头进行。这一过程需要耗费大量时间，延长了产品上市的提前期。其原因在于传统供应链的层级合作和过程的分离。面对产品的上市需求，快速了解动态变化的客户偏好并交付对应产品和服务已经成为企业及供应链的一项关键能力。然而，传统的产品设计和开发过程却成为一项不利因素。

传统方法已经在不同行业的不同设计框架和组织图表中得到应用。在供应链领域中流行的一个标准模型是设计链运作模型（Design Chain Operation Reference-model，DCOR）。该模型的设计类似于供应链运作参考模型（Supply Chain Operations Reference Model，SCOR）。DCOR 以不同的流程步骤描述设计过程，包括计划设计链（Plan Design Chain，P-DC）、研究（Research，R）、设计（Design，D）、集成（Integrate，I）和修改（Amend，A）。需要注意的是，DCOR 模型的目标不是设计新产品，而是管理协同供应链的设计过程。考虑到这一任务的复杂性，该模型有着明显的优点。然而，该模型的层次结构与适应性强、可扩展及敏捷的数字化供应网络概念是截然相反的。

我们认为，未来经历过数字化转型的数字化供应网络有着不同的需求，特别是在连接性和上市时间方面。为了判断传统预设好的开发过程及模型（如 DCOR）是否能有效满足这些需求，需要对其进行批判性的评估。因此，在下面的内容中，我们将介绍新的数字化产品开发过程，并重点强调其使能技术。

数字化新产品及服务开发过程

在讨论数字化供应网络中的数字化产品开发时，我们很自然地会想到新产品开发（New Product Development，NPD）过程。近年来，NPD 也包含新产品服务开发（New Product Service Development，NPSD）。NPSD 过程有许多不同的版本，包括四到八个不同的阶段。进一步了解后可以发现，大部分的过程模型可被概括为三个阶段：概念、设计和交付（见图 7.1）。在本章中，我们不讨论 NPSD 过程的每个细节，而是说明数字化转型对每个阶段的影响，从而突出全面变革的重要性。

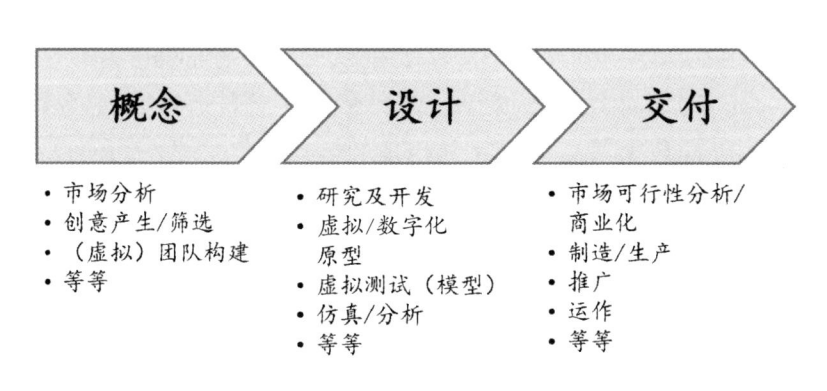

概念	设计	交付
• 市场分析 • 创意产生/筛选 • （虚拟）团队构建 • 等等	• 研究及开发 • 虚拟/数字化原型 • 虚拟测试（模型） • 仿真/分析 • 等等	• 市场可行性分析/商业化 • 制造/生产 • 推广 • 运作 • 等等

图 7.1 数字化新产品及服务开发过程

概念：在概念阶段，我们专注于了解市场、机遇、利益相关者和需求。此外，我们着眼于如何评估、选择不同的概念及想法，以及团队建设和协作。这些内容都被数字化理念和技术所影响。大量的市场和产品使用数据促进了需求的提取，提高了需求的准确性和质量，同时促进了人们对市场和机会识别更好的理解。只有大规模使用数字化技术，产品/服务开发和概念评估中的新概念（如客户共同创造和生活实验室）才有产生的可能。

设计：设计阶段在本质上更具技术性，但也更容易被数字化技术所颠覆。随着物联网、人工智能和社交媒体的引入，基于需求及使用数据驱动的自动化设计、数字化测试和仿真（模型）、虚拟/数字化原型、复杂的数据驱动，以及自适应成本建模等诸多方面都发生了巨大变化，而这些只是其中的一部分。这种变革设计的精神既可被用于初创企业，也可被用于传统行业。

交付：最后一个阶段是交付，其包括所有的商业化活动及产品的生产和服务的交付。随着产品和服务越来越紧密联系及相互捆绑，产品运营变得更加重要。数字化供应网络中的 NPSD 利益相关者需要改变从前将产品交付到用户手上后就弃之不顾的习惯。他们必须适应新的现实，思考客户真正的多样化需求。获取数据并从中获得正确的见解对于这些新商业模式的可持续发展至关重要。从长远来看，数字化技术赋能的概念，如预防性维护，是那些被制造商使用的设备为用户和制造商带来双赢的必要工具。

数字化供应网络中的数字化产品开发能力

全新的数字化产品开发流程帮助我们与客户建立更个性化的连接，并为显著缩短产品上市时间带来希望。除了这些优点，数字化供应网络中的数字化转变还提供了八种显著不同的能力。图 7.2 简要介绍了这八种关键的数字化产品开发能力。需要注意的是，这些能力在一定程度上适用于部分案例，但在特定的情况下还会出现其他能力。图 7.2 中所列出的仅仅是普遍被接受的数字化产品开发能力的概述。

1. **基于模型的产品定义**
不仅要对产品外形的三维尺寸,还要对产品的上下文进行建模,包括:功能、制造和性能。

2. **实时协作**
通过使整个价值链在符合最新产品定义的单个、实时的实例上协同工作,消除设计交接并减少迭代。

3. **快速设计优化**
通过快速原型、虚拟测试和虚拟/增强现实来评估设计迭代,更快地设计出更好的产品。

4. **客户体验设计**
通过利用传感器、虚拟现实和系统建模来交付以客户为中心的产品,从而更好地捕获、评估和测试能够满足客户价值的需求。

5. **基于模型的制造**
在第一批产品生产之前,通过仿真和验证制造过程来避免昂贵的工程变动和投资。

6. **实时的产品智能**
为了获取对于设计的反馈及进行主动的产品改进,收集和处理"现场"产品的数据,获得对实际操作环境和用例的见解。

7. **制造设计创新**
为了改善产品性能、降低成本和改善交货期,选择优化的/替代的几何形状、材料和生产方法。

8. **互联的客户体验**
将实体产品数字化来交付新的服务、预测支持性的需求、优化当前/未来的产品性能。

图 7.2 普遍被接受的数字化产品开发能力

协作工具和数字化设计团队

数字化供应网络的数字化产品开发需要协作,通常涉及分布在全球各地的利益相关者。分布广泛的利益相关者提供了很多好处,包括:通过处在不同时区的开发团队成员来实现 24/7 的全天候工作、可以灵活纳入世界上最优秀的专家、不同文化的融合，以及利用薪酬标准低的区域降低成本。然而，协作分布式团队也增加了管理的复杂性，以及由于缺乏面对面的互动而存在产生误解及冲突的可能性。另外，缺乏有效的数字化工具将难以实现协作。

在技术方面，由综合的产品生命周期管理（PLM）系统所管理的数字链和数字线程是有效、高效协作的基础。PLM 系统可从不同的供应商处获得，如西门子的 Teamcenter、PTC 的 Windchill 和 SAP 的 PLM。PLM 系统能为用户提供不局限于设计阶段的价值。PLM 系统包括计算机辅助制造（Computer-Aided Manufacturing，CAM）、计算机辅助工艺规划（Computer-Aided Process Planning，CAPP）等功能。PLM 系统与传统计算机辅助设计（Computer-Aided Design，CAD）解决方案之间的关键区别在于，其还包括产品生命周期中的末期（End-Of-Life，EOL）、中期（Middle-Of-Life，MOL）应用所需的工具。例如，PLM 系统可为实体产品的数字孪生体的建立提供基础，其能利用特定系统运行中所产生的实时使用数据来创造一个独特的数字化实例。

缩短上市时间是数字化工具在设计过程中发挥关键作用的另一个方面。虚拟测试和数字模型减少了对实体原型产品的需求。它们减少了制造实体原型产品所需的时间，从而大大简化了整个创建过程。如今的数字化评估、验证和测试工具如此精细，甚至一些需要大量认证的、高度管控的行业也会大规模使用它们。另外，全面的 PLM 解决方案提供了必要的远程协作能力，包括产品版本控制和其他支持协作的功能，使得大型虚拟团队能有效地在复杂的项目中开展工作。

在人（沟通）方面，处于不同位置的数字化设计团队需要有效的沟通来实现协作。数字化技术是实现大规模通信的基石。云平台只是其中一个方面，其功能包括支持数据交换、协同创建文档、实时连接任何人的视频会议工具。虚拟现实和增强现实技术及全息图目前已被引入，使得远程协作工作更加有效。在虚拟环境中与同行的产品/服务设计师、潜在客户及焦点群体互动的能力对进一步革新数字化产品开发过程具有巨大潜力。这些技术使客户共同创造的理论概念变得可行，并将其变为大规模创造的定制化甚至个性化的产品和服务的宝贵工具。

数字化智能互联产品

智能互联产品是能够"感知"环境并与其交互，还能与其他系统（包括其他智能互联产品）进行无线通信的实体产品。

❖ 智能互联产品术语

随着工业 4.0 和智能制造的兴起，智能互联产品近来备受关注。这一理论基础概念可以追溯到世纪之交。在当时，"智能产品"这个术语更常见，但其定义与目前的智能互联产品几乎完全一致，即"一个基于实体和信息的物品……它具有独特的标识，能够与环境有效地沟通，能够保留或存储关于自己的数据，使用一种语言来显示自己的特性、生产要求等，能够参与或做出与自己的命运相关的决策。"

在数字化供应网络中，智能互联产品将客户关系和创新服务提升到了一个新的水平。这一影响将持续发酵，为产品制造商提供差异化竞争的机会，以及在未来市场上取得持续竞争优势的关键因素。智能互联产品使制造商能够持续与其客户（制造商产品的用户）接触、交互，并收集有价值的情报，如产品的实际使用情况、个体客户行为差异和增值服务的可行性。

Chapter 07
数字化产品开发

❖ 分类、障碍和挑战

智能互联产品可以分为几类。Wong 等人创建了一种方法来区分两种智能水平。第一级描述了一种面向信息的智能互联产品，该产品具有独特的标识，能够有效地与环境进行通信，并能保存关于自身的数据。这基本上是智能互联产品的最低要求。第二级建立在此基础上，更倾向于决策。这一级别的特点是能运用一种语言来展示其特征，具备参与和自身命运相关的决策的能力。

梅耶（Meyer）等人提出了另一种智能互联产品的分类模型，包含三个维度：智能水平、智能所处的位置、智能聚集水平。智能水平可被分为三个层次：信息处理、问题通知和决策制定。智能所处的位置用来区分处理能力是位于物体（产品）本身还是位于网络（云/边缘），而智能聚集水平考虑感知、数据存储和处理能力是在智能物品本身还是在智能容器上。在大多数情况下，智能互联产品在其生命中期或使用阶段会将其智能集中在产品本身，只有少数情况下会集中在容器上，如用于心脏移植的监控容器。另外，在产品生命周期的初期，容器的智能聚集水平要更为常见，因为产品仍在制造过程中，而这可能会妨碍产品上传感器系统的正常工作。

近年来，智能互联产品快速增长。然而，还有一些开放式的问题需要被解决、一些障碍和挑战需要被克服。在技术方面，互联互通和能源供应问题仍然需要担心。在表 7.1 中，我们描述了在智能互联产品得到普及使用时所面临的障碍和挑战。挑战是指企业层面的数字化供应网络中存在的困难，或者需要攻克的技术，如机器学习算法的复杂性。另外，一些障碍可能并不在利益相关者控制范围之内，如政府政策，尽管其可以被克服。最后，为了适应数字化转型的独特环境，这些障碍和挑战都需要被仔细评估。表 7.1 中的数据来自该领域专家近期的一项研究。

接下来，我们将讨论创建智能互联产品的数字化使能技术。

表 7.1 主动的智能互联产品面临的障碍和挑战

障碍	挑战
隐私担忧	确定明确的好处
信息技术的安全性	根本变革的需要
政府	数据的所有权
数据所有权相关的法律	待开发的关键技术
分享行为的缺乏	算法的复杂性
高成本及担忧客户是否接受	确定产品何时应处于活动状态
产品的固定感知	设计网络使得信息一致且可靠
投资"错误技术"的企业	个人利益相关者的信息可得性
	具有智能和非智能产品的异构系统

❖ 数字化使能技术

许多新的数字化技术被引入市场，一些是直接面向客户的，如社交媒体平台；另一些则更多地处于后台，如新的制造技术。新的制造技术，如增材制造（Additive Manufacturing，AM）技术，本质上是一种纯粹的数字化技术。它们不仅为设计者提供了前所未有的设计自由，而且提供了空前的、可经济生产的灵活性。实质上，AM 技术能够以一种接近大规模生产的价格来制造个性化产品。

在引入这些数字化技术之前，开发和设计这些能够满足个性化客户需求的产品几乎是不可能的。促成这一结果的有力工具包括两方面：一是设计的自由度和灵活性；二是能够通过智能互联产品收集和分析大量的特定用户使用数据的能力。

除了新的产品个性化水平，数字化技术（如 AM 技术）还可以为数字化供应网络在多个维度上创造价值。以通用电气 CT-7 发动机机架（见图 7.3）为例，充分利用 AM 技术进行重新设计，不仅大大提高了产品性能，还将以前大约 300 个部件/7 次装配减少到 1 个部件/1 次装配。这对数字化供应网络在物料管理的复杂性、库存水平、供应层级、维护等方面有着巨大的影响。鉴于这些数字化技术的新颖性，在充分利用它们的潜力方面，我们只是触及了表面。

原始机架设计
- 大约300个部件
- 7次装配

再设计的超级机架结构
- 1个部件
- 1次装配
- 减少了10磅

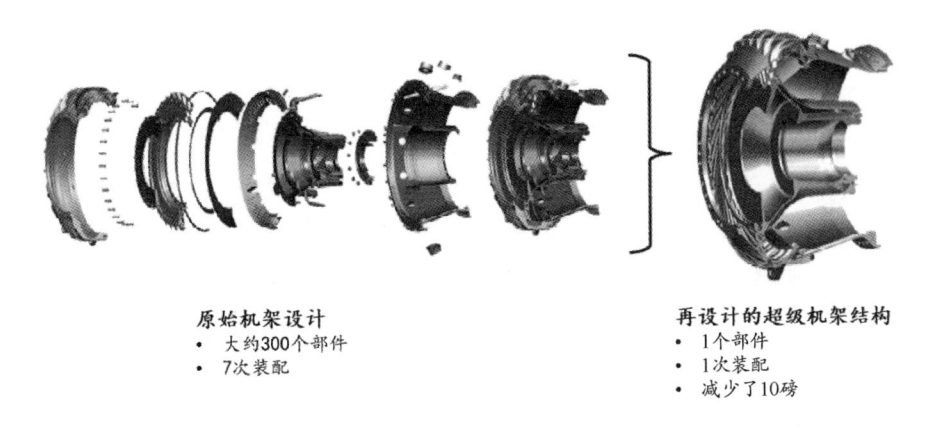

图 7.3　基于 AM 技术的通用电气 CT-7 发动机机架再设计

第二项关键技术是集成传感器系统，它将推动智能互联产品中的数字化产品的发展。传感和通信是物联网的重要组成部分，也是大数据分析和人工智能的基础。传感器技术的进步使我们不仅可以在设计和开发产品上利用数字化技术，还允许我们使用数字化技术来改变产品的日常使用和交互方式。例如，AM 技术提供了直接打印电子产品部件结构的能力，而 5G 技术保证了无处不在的持续、可靠和快速连接。此外，传感材料的进步将很快使产品能够以一种前所未有的方式进行全面的感知，并不受电池寿命和分配空间的限制。越来越多的智能互联产品为数字设计和开发过程提供了快速增长的数据输入，形成了产品设计、制造和使用的闭环。

智能互联产品提供的另一个好处是，在用户积极使用产品时，制造商及其他利益相关者能够对产品进行持续感知和管理。这为数据驱动服务、产品服务捆绑包和业务模型创新方面提供了丰富的新机会——我们将在本章下一节讨论其中的内容。

工业产品服务系统和服务化

在讲述数字化产品开发的过程中,我们多次提到了服务。我们认为无法将数字化供应网络中的数字化产品开发过程与服务区分来看。数字化技术和嵌入式传感器要求提供先进的服务,或者说,服务已经成为产品本身的一个组成部分。在本节中,我们将简要区分什么是数字化产品和数字化服务。随后,我们将谈到随着数字化供应网络和数字化技术的成熟,数字化产品和数字化服务之间的边界已经越来越模糊。最后,我们将着重介绍这一发展对于数字化供应网络的业务本身及利益相关者的业务模型的影响。

❖ 数字化产品和数字化服务

传统的产品和服务之间有明显区别。产品是有形的,可以被生产、储存——在本质上,生产和消费是分开的。以汽车为例,包括著名的福特T型车,产品制造完毕被运输到经销商处,然后储存起来,直到买家决定购买。传统的服务则不相同,其在被创建的同时就被使用掉了。一个典型的例子是,一位理发师所提供的理发服务。在客户决定理发之前,不能创建和存储理发服务。理发这一过程同时涉及服务提供者和客户,在理发服务被创建的时候,其同时被使用掉。

目前,这种传统的区别已经不再适用。例如,现在的汽车是高度定制的,其实体部分已经被嵌入各类型的服务中。例如，在购买梅赛德斯新车时，客户可以配置超过 1 万亿种不同的零部件，包括定制车身颜色和皮革材质。在这种情况下，难以通过库存来提供这些定制化或个性化的汽车。其次，随着互联网、软件和数字化技术的引入，服务发生了巨大的变化。虽然应用商店上的应用程序不是物理产品，但它是在消费之前就被创建好的。它们与实体产品有着截然不同的可扩展性。复制一份软件服务（又称程序/应用/App）既不会降低其质量，也不会增加大量的生产成本。在这一新的场景下，想将单一的产品和服务区分开变得越来越困难。

❖ 产品服务系统

产品服务系统（Product Service System，PSS）的概念在 1999 年被首次提出，即"由产品、服务、组织者网络和支持设施组成的系统，目的是保持竞争力，满足客户需要，相比于传统商业模式可以降低环境影响"。其他类似的术语包括"扩展产品""产品服务捆绑包""混合服务""集成服务"，在某些案例中还出现过"智能服务"。在工业 B2B 场景中，PSS 经常被称为工业产品服务系统（Industrial Product Service Systems，IPSS）。

以下两个定义表明 PSS 正在向更以客户需求和价值为中心的方向发展：

- "产品服务系统是有形产品和无形服务的有机结合，通过设计和集成来满足客户的需求。"

- "PSS 是一种提供使用价值的集成产品和服务。PSS 提供了将经济成功与物质消费脱钩的机会，从而减少了经济活动对环境的影响。建立 PSS 的前提是利用设计者—制造商的知识来增加系统产出的价值，同时减少系统的输入，即材料和其他成本。"

PSS 通常是在可持续的背景下被感知的——包括三个维度：社会、经济和环境。PSS 的概念形成了一个价值主张，即制造商们应保留产品所有权，并负责产品（全面或部分）的功能、操作、维护、升级和处置。这种将责任转移给制造商的做法，会激励他们为满足不同的需求来开发和设计最佳产品，包括不同的维度，以及性能/操作（更少的能源消耗）、功能、维护（更少的停机时间）。与传统的面向产品的解决方案相比，PSS 的主要好处在于，其作为一种更节约资源、更有效、对环境影响更小的解决方案，能为供应商和用户创造双赢局面。另外，对于竞争对手来说，对比单纯的产品及以流程为基础的制造，由实体产品和相关服务组成的解决方案更难复制。表 7.2 列出了数字化供应网络中 PSS 的益处与挑战。

表 7.2　数字化供应网络中 PSS 的益处与挑战

益处	挑战
贯穿整个生命周期的持续收入	管理的复杂性
更好的洞察产品/服务在实际中是如何被使用的	全面的 PSS 需要一个生态系统（如数字化供应网络）
与用户/客户建立更紧密的联系	风险由供应商承担（如"按小时提供电力"）
在设计/制造领域有丰富的、可用的产品/服务知识	无法获得（有竞争力价格的）技术
物质消费与经济成功脱钩（可持续性）	用户（特别是 B2C 领域）仍然专注于"产品的所有权"
个性化与定制	设计和开发的复杂性显著增加（例如，生命周期视角的反应、接口、技术集成等）
留住客户/抵挡竞争的机会（通过提供出众的价值）	提供 PSS 的利益相关者之间的收益分享模型

　　PSS 通常是复杂的信息物理系统，需要各种各样的能力和资源，而这些能力和资源只能由多个密切合作的利益相关者提供。毫无疑问，在市场上提供一个有效、高效的可持续 PSS 需要数字化供应网络的支持。数字化技术是通过数据、通信和分析来连接这些所需能力的命脉的。

Chapter 07
数字化产品开发

❖ 服务化和非所有权商业模式

服务化（Servitization）是一个较早被提出的概念，由拉达（Rada）和范德默维（Vandermerwe）在1988年给出定义。其描述了制造企业为了在市场上获得竞争优势，通过结合额外服务来构建自身价值主张的现象。服务化关注的是PSS为数字化供应网络利益相关者带来的经济机遇，以及如何将其转化为商业模式创新。毫无疑问，要在全球市场上取得成功的商业模式，需要随着数字化技术的进步而不断发展。优步（Uber）或 Airbnb 等颠覆性的新PSS商业模式掀起了一股新的"淘金热"，将可扩展的、基于平台的PSS作为共享经济的一部分。

对于数字化供应网络来说，重点是确定最有价值的商业模式和能为客户提供价值的工具。常见的选择是非所有权商业模式，如按使用付费和按结果付费。两者都体现了向提供先进服务方向的过渡，但在涉及风险和所需的数字化技术方面存在重大差异。目前没有简单的方法来确定应该采用哪种商业模式。这类决策需要根据具体情况来确定，因为决策会受到所在行业、客户基础和能力的影响。决策的结果将对数字化供应网络未来的商业成功产生重大影响。

数字化产品开发案例

在本章的最后一节中，我们将简要分析数字化供应网络中数字化产品开发的两个示例：个性化的鞋子和喷气发动机。这两种产品结合了我们前面讨论过的不同技术，并且都可以从不同的制造商处获得。

❖ 鞋子

鞋子是消费市场（B2C）数字化产品开发的一个典型例子，涉及数据驱动的设计、个性化、服务化和先进制造技术。手工制作的皮鞋，即正式的、高端的鞋子，通常是个性化的。这种传统的设计和制造过程几乎与数字产品开发完全相反。它的特点是手工制造、价格高、技术含量低。然而，高端运动鞋的需求是相似的：根据特定的需求、利用数字化和先进制造技术设计的个性化产品。

我们可以观察到，新产品或更好的产品服务系统，在不断进入一个基于数字主线的市场，该市场中设计过程是数据驱动的、高度自动化的。例如，通过一个专用的传感器系统对客户的脚进行测量和分析，然后根据客户需求设计出独一无二的鞋子。此外，视觉和外观的个性化（颜色、功能等）可通过 Web 界面实现进一步定制。这些独一无二的鞋子无法使用传统方法制造，也无法实现规模经济。因此，在本案例中，高度灵活的先进制造技术被应用于制造数字化设计的实体产品——AM。AM 本身就是一种纯粹的数字化技术，使我们能够在合理的时间范围内，以相对较低的成本为大众市场提供高质量的个性化产品。

❖ 喷气发动机

让我们来看看第二个例子：喷气发动机。现代喷气发动机是一个非常复杂的系统，充满了持续互联的传感器，并伴随着大量数据的不断产生（大数据）。喷气发动机是服务化和产品服务系统的典型例子。众多供应商都在转向服务化的业务模式，不再销售他们的系统，而是提供"推力"或"按小时计算的功率"。随时获取高质量的数据对于系统供应商想以可持续的方式实现这一转变来说至关重要。系统供应商负责发动机的维护、正常的运行、产品性能及安全。基于智能互联的喷气发动机及其虚拟的数字孪生引擎，制造商可以预测未来的维护及性能改进需求，并在各种条件下降低燃油的消耗。数千个运行的系统提供了一个支持数据驱动设计和操作的大型数据库。在数字化产品开发（设计）方面，这些数据提供了对于下一代喷气发动机的潜在设计改善建议和其他具体的见解。在操作方面，不同系统之间的实时数据及其分析使得能优化发动机参数的先进学习模型成为可能，包括在使用同一台发动机的不同飞行时间内，可以针对不同情况（起飞、巡航、高温、低压等）优化发动机性能和燃油经济性等。

小结

随着数字化供应网络的数字化转型，数字化产品开发过程变得更快、更互联、更以客户为中心。传统上的 NPD 流程通常由原始设备制造商集中管理，为了利用可实时访问的数据来帮助个性化设计、构建新的商业模式、缩短快速上市的时间，新的数字化产品开发需要一个技术驱动的、可扩展的和充满真正协作的过程。现有的 NPD 模型（如 DCOR 模型）需要被严格评估，并进行相应的调整（或替换），以打破其层级结构。

Chapter 08
智能供应

数字化时代下的采购已经步入成熟阶段,相较于传统的业务性支持有了明显的进步,已具备一定的战略意义。在本章,我们将介绍作为传统供应链管理(SCM)的一部分的采购概念,及其在数字化供应网络背景下,向智能供应转型的过程。我们将讨论其能力、相关技术,以及智能供应如何对客户服务、运营效率、收入、成本和用户体验产生积极的影响。

数字化时代前的采购

自进入文明社会以来,采购一直作为一种商业职能存在。几乎每一项商业活动,不论大小或类型,都必须从其他实体处采购材料。工业革命通过创建可以形成制造网络的组织生态系统，开始简化这一过程。随着供应链管理这一概念的形成，"来源"成为必不可少的一部分，使得这一过程更加具体化。

与采购相关的流程中，常见的术语有购买（Purchase）、采购（Procurement）和资源获取（Sourcing）。购买通常指的是采购物料并付款的商业交易；资源获取指的是一种更具战略意义的活动，即以支持业务为目标，与供应商合作，寻找最好的资源；采购则是购买和资源获取的联合活动。端到端活动被归为"采购到付款"（Procure To Pay，P2P）。"来源到支付"（Source To Pay，S2P）和"源头到结算"（Source To Settle，S2S）这两个术语也可以与 P2P 互换使用。

在 20 世纪 80 年代以前，采购完全是交易性的，其主要目的是以最低的成本补充企业所需的产品和服务。采购与财务、生产脱节，造成了延误和生产损失。从 1980 年到 2000 年，企业资源计划（ERP）的成熟和应用使得一个集成的交易系统成为可能，这个系统包含了采购、财务和生产。在这段时间里，采购团队所做的努力和节省出来的利润建立了联系。采购的商业价值尤为出众。

日益增长的贸易和全球化加强了采购活动及其业务影响。随着 21 世纪的到来，战略采购已成为采购职能的重要组成部分，尽管其目标仍然是成本最小化和风险最优化。21 世纪初，随着互联网的兴起，采购从"电子采购"发展到"电子采购"，诸如"eRFX"（eRFX 是 eRFI、eRFP、eRFQ 等术语的集合）、"eCatalogue"和"eAuction"等术语蓬勃发展。"e"表示电子能力而不是手动能力。采购数据的数字化始于 2000 年年初，目前许多组织仍处于这一进程中。

采购活动始于企业决定"生产"或"购买"。如果企业决定生产，下一步就是检查生产所需的部件，并对每个部件提出相同的问题：生产还是购买。如果企业决定购买，下一步就是跟踪确定供应商、谈判合同、发布采购订单和安排协议、接收材料和兑现付款等采购活动。整个资源获取的过程包括从纯粹的交易关系到伙伴关系的不同层次的供应商管理。供应商关系的战略价值与采购商品的重要性有关。图 8.1 显示了供应商分类,包括战术型、杠杆型、战略型和关键型,同时考虑了相应的风险及价值。作为采购的一部分,有必要根据供应商的重要性和复杂性对其进行不同级别的管理,使交易能够反映供应商关系的性质。监测供应商绩效的一种方式是通过分析供应合同中预期的供货数量和日期,并以绩效参数"按时足额交付率"(On Time In Full,OTIF)表示。

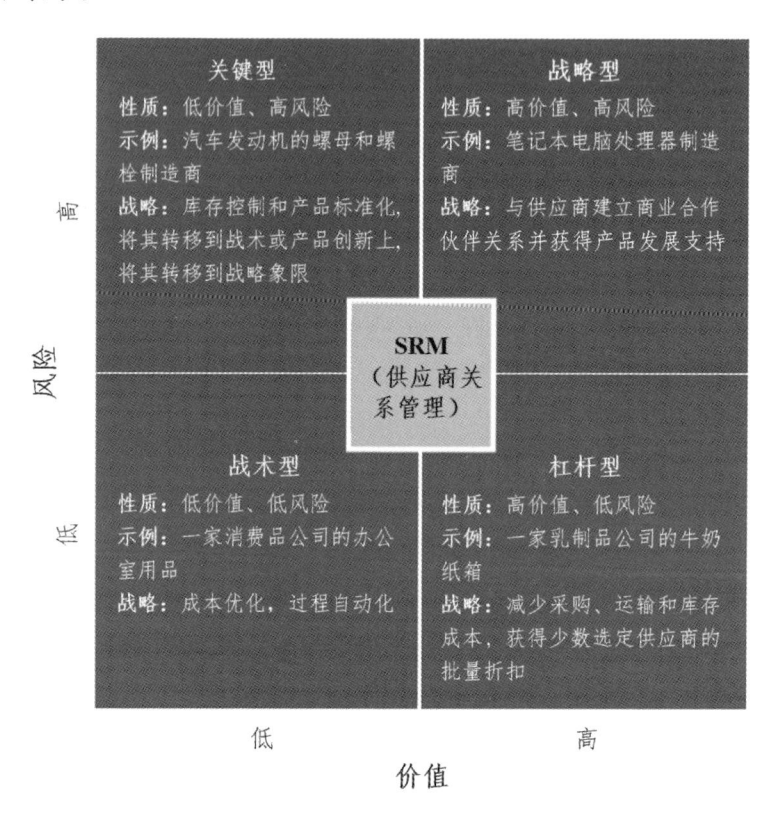

	关键型	战略型
高	性质:低价值、高风险 示例:汽车发动机的螺母和螺栓制造商 战略:库存控制和产品标准化,将其转移到战术或产品创新上,将其转移到战略象限	性质:高价值、高风险 示例:笔记本电脑处理器制造商 战略:与供应商建立商业合作伙伴关系并获得产品发展支持
风险		**SRM** (供应商关系管理)
	战术型	杠杆型
低	性质:低价值、低风险 示例:一家消费品公司的办公室用品 战略:成本优化,过程自动化	性质:高价值、低风险 示例:一家乳制品公司的牛奶纸箱 战略:减少采购、运输和库存成本,获得少数选定供应商的批量折扣
	低	高
	价值	

图 8.1 基于采购产品和服务的风险及价值的供应商分类

　　连续供应方可以从订单购买型交易关系转向供应协议,然后转为长期合同。当供应商的战略影响增加时,合同可以衍变成一个联盟,以平衡两者关系的价值和风险。对于被认为是商业价值最高的产品或服务的产品或服务,分析师们会建议通过收购或反向集成,使其成为内部生产的项目。

总之，在数字化时代之前，采购活动对于业务支持和成本优化来说是至关重要的，但不是组织战略的核心。即使是传统形式的战略采购，也旨在最小化成本和降低寻找供应商的风险。创新活动仍然被限制在组织的边界内，很少有供应商参与。

在数字化时代，随着供应链向数字化供应网络的转变，智能供应不是仅指现有采购功能的数字化，让我们一起探究智能供应作为数字化供应网络重要组成部分的细节吧。

智能供应：数字化时代的采购

智能供应是指具有价值最大化、成本最优化、风险最小化和业务自动化等优点的下一代采购职能（购买和资源获取），其充分利用了数据、技术和采购流程的转变带来的价值。传统的采购实践依赖于多种假设，在供应商表现和市场状况方面容易出现不可预测性。供应链的各个层面都可能存在效率低下的现象。智能供应通过以下措施克服了这些低效率的现象：使组织能够以可预测的成本获得世界级供应商的能力；与战略供应商合作，加速创新；通过自动申请、合同管理和非接触式发票来改变内部客户的体验；实时监控供应风险，积极优化端到端操作。

数字化时代的采购职能已经远远超出了传统的在压缩供应商成本的同时实现 OTIF 订单绩效的目标。智能供应是从行政采购任务向创造的价值战略采购活动的转变。图 8.2 表示了采购职能在智能供应下的转变。数据和技术将战略采购转变为预见性战略采购；采购交易实现了采购到付款自动化；存在一个庞大的创新生态系统，而不是进行闭门造车式的创新努力；以成本为中心的方法变为考虑生命周期价值总成本的方法；从基于损失控制的供应商管理模式转变为以优化运营为目标的主动型供应商管理模式。

将供应商视为战略合作伙伴同时改变着供应商合同的书写和管理方式。传统合同侧重于风险防范。现在，人们将供应商视作供应网络的一个重要组成部分，朝着关系契约的方向发展。信任成为供应商关系的基础，而非恐惧。这得益于数字化供应网络中智能供应的透明性和端到端集成。其中，机器学习是一个主要的推动因素。

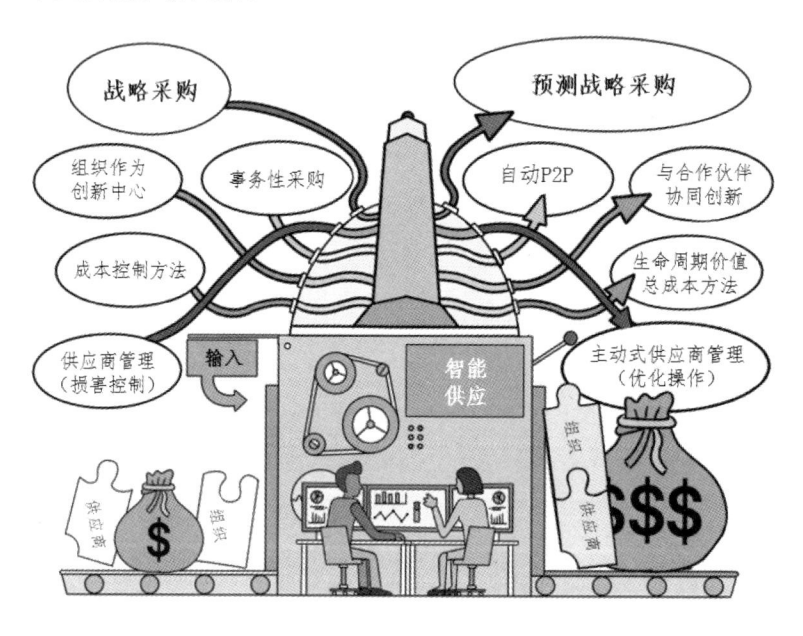

图 8.2　通过智能供应改造采购职能

机器学习算法使用来自 ERP 系统、外部系统、过去的订单和发票的数据，以及实时市场数据来预测潜在的失败和识别价值机会。该系统可以为新产品即时推荐供应商，并与现有供应商一起管理产品流，实现价值最大化。提前确定备用供应商，可以缓解供应短缺或质量问题预测带来的影响。该技术通过对数据的处理，自动生成支出多维数据集和供应商价值分析。支出多维数据集是指采购成本与供应商、产品组、采购品种关系的多维立方体。它是品类管理策略制定和执行的输入。智能供应的出现简化了供应商关系管理分析，并使这段关系产生了可预见性。

事务性采购活动，如采购订单创建、发货通知、材料接收、发票创建、发票匹配和付款处理等，都是劳动密集型活动，消耗了采购专业人员大量的时间。该领域多种技术的融合，包括自动采购订单生成、物料跟踪、自动物料移动、物料收货、自动开发票和付款结算，消除了这些活动中的手工作业。已经开始启用自动化采购流程的组织报告称，采购流程的效率和准确性都显著提升。这样就解放了人力采购专业人员，使其有充足时间处理系统标记的特殊情况，这些情况通常与业务合规性或服务协议问题有关。

一个结合了供应商和客户网络力量的组织生态系统，是数字世界的创新中心（见图 8.2）。而在之前，一个活动被限制在其边界内的组织才是创新的中心。数字化时代的组织正在创造一个智能供应生态系统，在这个生态系统中，大量增值且创新的活动发生在组织的边界之外。

总体拥有成本对于作为供应链管理一部分的传统采购过程来说并不是一个新术语。人们普遍认为，在选择供应商时，应考虑服务可靠性和产品质量对总成本的影响。智能供应的变化是考虑终身价值和总体拥有成本（见图 8.2）。

供应商管理是传统供应链管理过程的战略部分，在与供应商进行交易时应注重风险最小化、风险降低和风险转移。这是出于控制损害的目的，同时保护企业的利益。在智能供应中，企业通过主动式供应商管理，寻求端到端的优化运营。通过数字化数据和技术，风险监控可以实时进行。无缝的信息整合将整个网络的风险降到最低。

智能供应能力

智能供应凭借如图 8.3 所示的能力，无缝整合了战略性、经营性、战术性的来源及支付活动。智能供应能力包括智能采购执行、智能合约、品类管理、供应商网络协作及供应商分析。

图 8.3 智能供应能力

❖ 智能采购执行

从本质上讲，传统的采购执行是一个费时、费力且容易出错的手工过程。这导致一个典型的组织将拥有庞大的团队进行详细的手工交易，包括订单发放、数量确认、物料出货通知、价格匹配、发票匹配、付款清算和结算等。不同的 ERP 系统之间通常没有联系，而且每个系统都有不同的文档格式，这进一步复杂化了这个过程。当战略采购团队计算在交易活动中消耗的时间时，会丢失大量的效率。

随着智能供应的出现，大多数交易可以实现自动化，从而极大地提高了效率和准确性，并让员工更加积极地参与增值活动。这种效果同样延伸至供应商。供应商的系统可以与组织的网络无缝连接，获得可视化需求预测并得知实时库存的机会。根据需求信号，组织自动发布采购订单，供应商的系统读取此订单，并根据采购订单的日期和数量创建仓库订单，然后自动生成一个出货单，用于运输并将出货通知连同发票一起发送给组织。最后，材料被组织的仓库接收；供应与需求相匹配；发票是按照付款条件自动支付的。有了智能供应，这一整套活动都可以自动执行。在订单匹配、发票匹配、手工支付处理和结算上花费数周可能成为过去式。

智能供应集成了适应多种格式和接收发票渠道的系统，并系统地将采购订单（Purchasing Orders，POs）转换为发票，以实现无接触的交易处理。这些系统大量使用电子发票技术来处理所有类型的发票。自动化双向和三方匹配，以及简化的异常解决方案等技术，最大限度地缩短了发票处理时间，并增强了供应链融资和动态折现能力。只有被系统标记的异常情况需要人为关注。

对于新的供应商鉴定和准入，智能供应实现了采购流程数字化，可以进行快速筛选和设置，包括供应商自助注册、竞争性投标、合同合规和在线谈判等。它提供了根据决策标准实时评估供应商报价的能力，包括将其与成本分析、商品指数进行比较，以选择最佳供应商。智能供应还可以利用认知分析工具来确定签订合同的最佳情况，并为价格谈判提供见解，确保节省时间和资源。费率验证、投标分析和符合性可以通过带有人工智能及机器人过程自动化的软件套件进行。一旦启动，新产品/服务的自动需求感知和报价可以在执行流程的识别过程中增加价值及提高效率。

为了实现战略采购的端到端自动化，区块链支持的智能合约也逐渐流行。它根据在区块链中编码的预定义的契约规则自动执行交易。交付、质量检查、支付和结算等交易通过智能合约规则进行，而不需要经过银行这种统一管理的权威机构。

具有互联性和自动化流程的智能供应通过实时监测和控制提高了合规

性。系统中的合规规则在系统察觉到任何不合规活动时,会立即生成警报供审查;机器学习算法可以在不合规行为发生之前预测该情况,以便采取预防措施。从本质上讲,智能采购执行处于一个透明、互联、合规的环境中,实现了从供应商选择到采购执行交易的自动化。

❖ 智能合约

合同是指组织与其供应商之间具有约束力的协议。签订合同的目的是确定详细的供应、质量和付款条款,同时规避这段关系中存在的风险。采购交易包含的订单交货期、质量参数、付款条款等活动,都是在合同规则的指导下进行的。在传统的供应链管理中,需要花费大量的人工精力来起草合同、谈判条款,并依照合同监控执行情况。

智能供应用数字化工具来完成合同,然后进行管理,从而促进主动合同管理。合同的生命周期和活动内容通过自定义的工作流程得以延续。互联的、始终在线的系统可以监控相关性能。当检测到任何偏差时,系统会发出警报,触发行动。关键绩效指标(KPI)被持续实时监控,并与合同条款进行比较。机器学习算法与数字化连接网络中的材料或资产上的传感器共同用于预测违规行为或早期行动。

大多数传统的采购合同都是为了将参与各方的风险降到最低而制定的。在数字化供应网络环境下,端到端的透明化和互联的数据系统促进了彼此之间的信任,从而建立起一个各方面条款都处于互利、信任和公平的共同愿景之下的协作合同。弗里德林格(Frydlinger)等人提出的"正式关系型合同"被推荐用于理解战略供应商关系管理。数字化技术支持建立在信任基础上的合同管理,并遵从一个共同的愿景和六个普遍的指导原则:互惠、自治、诚实、忠诚、公平和诚信。互惠旨在实现互惠互利的条款和决策;自治是为了在增值的基础上自由地做出决策;诚实和忠诚是为了共同的长期利益，而不是短期风险规避；公平是指公平对待对方的业务；诚信是指协议、意图与行动一致。

凭借在区块链算法上编码的智能合约，相关工作、活动可以实现更高的自动化。传统合同和数字合同都需要像银行这样的中心化机构按照合同条款履行交易。智能合约根据区块链支持的合约中的编码规则，将交易去中心化和自动化。因此，一旦某项活动被确认，如根据采购订单交货，付款就会根据条款的约定和智能合约中的编码自动处理掉。

综上所述，在数字化供应网络流程的智能供给范式中，对合约的编写、遵守和监控已经完全改变了。

❖ 品类管理

品类管理策略对业务策略来说至关重要；品类经理在与业务部门合作的同时，为进行业务规划和执行而确定供应商及产品类别。类别通常是指产品组或供应商组。MRO、直接材料、IT、物流、专业服务等都是常见品类。在智能供应中，品类管理涉及重塑流程和数字化技术，用以识别品类、制定品类策略并执行该策略。

支出管理工具和支出分析被用来参照组织过去的实际情况和未来的规划来识别类别。这些投入为通过所有供应商和产品类别为组织服务的战略制定提供了信息。协作工具可用于与供应商共享预测和预算计划，以实现同步规划。

关于供应商、产品和其他产品组的实时市场情报支持战略执行和监控结果。在更高级的智能供应情况下，可以开发一个品类工作平台作为控制塔，利用传感器数据、市场信息、价格和供需波动进行动态更新，并采取与品类管理相关的实时行动。

❖ 供应商网络协作

供应商网络协作是智能供应关键的能力之一。这种程度的合作关系在过去是梦寐以求的，现在可以通过使用数字化工具来实现。供应商网络协作促进了创新，凭借更短的产品开发周期和更好的客户服务来增加收入，并通过提高运营效率降低成本。

智能供应网络中的数字平台通过实时的信息交换促进合作和优化网络。供应商和合同制造商收到组织的需求预测，分享他们的能力，并根据需求做出承诺。对于任何需求与供应商承诺的不匹配之处，同步规划的优化引擎与供应商协作门户都可以及时识别备用供应。供应商和合同制造商的实时数据和实时协作（通过不同渠道的文本、语音、备忘录、视频沟通）消除了系统中的浪费。

供应商网络是创新和产品开发战略的重要组成部分。通过使用供应商网络技术、专业知识和创新的端到端解决方案可以提高新产品或服务的上市速度。组织网络所连接的供应商在产品开发、设计验证、原型开发、测试和物流验证中发挥着更积极的作用。

通过与其他组织合作管理创新生态系统，可以使创新的力量倍增。一个创新生态系统可以被看作不同组织在采购—供应商关系中的"大熔炉"，涉及产品设计、制造、营销、测试、人员供应等。这些参与者在一个连接的网络中工作，以启发、设计、制造和分销其产品。一个生态系统可以系统地增加关键参与方的知识、能力和参与度，并通过将研发战略与供应商管理战略相结合而获得成功。通过众包方式让更多有意义的人群参与进来，创新工作可以进一步受益。事实上，支持众包的技术有很多，成功案例也有不少，许多组织利用其供应商网络进行产品和服务创新的众包。

智能供应网络为买家和供应商提供进行结构化及有效合作的机会，以及实时可见的交易（订单、发票、信用备忘录）与绩效指标。其在降低风险的同时，提高了合同绩效，并节省了更多的资金。它增强了供应商伙伴关系，通过运用共享的财务、预测和警报来降低风险并创造共同价值。

❖ 供应商分析

在供应链管理过程中常用的 KPI 指标是 OTIF。在此基础上，根据产品和支出价值类别对供应商进行排名。智能供应具备启用供应商分析的能力，可以对 OTIF 进行分析。同时，系统还能生成并监测与采购、成本核算、交货期、品类管理和交付绩效相关的其他众多指标，从而对供应商有一个整体性的了解并实现价值创造。

整体的供应商分析可以通过"数字化供应商仪表板"来体现，这是一种在云端生成并与供应商共享的动态分析方式。转化后的供应商分析可以通过早期风险洞察，以及停产、灾难和产能约束，实现预测性的供应商管理；可以根据实际或预测的故障（使用异常检测算法）在仪表板上生成警报，并且可以自动触发工作流以进行响应操作。数字供应商仪表板整合了同步规划和动态履约能力，可实时感知需求，并在产品和物料流动过程中具有完整的供应网络透明度。

理解成本、利润、关键设计要素、技术和工艺限制的每个组成部分，可以优化网络、降低总成本，这可以通过消除浪费和解决制约因素来推动。关于成本和利润率的预期协作及信息共享只能在一种由共同利益指导的信任关系中进行。透明的数字化工具和技术（如数字供应商仪表板和智能合约）可以促进这种信任的产生。

如上所述，智能供应能力通过不同的绩效参数对组织产生影响，如图 8.4 所示。这些能力共同提高了收入，降低了总成本，最大限度地降低了风险，支持了创新，并提高了组织效率。

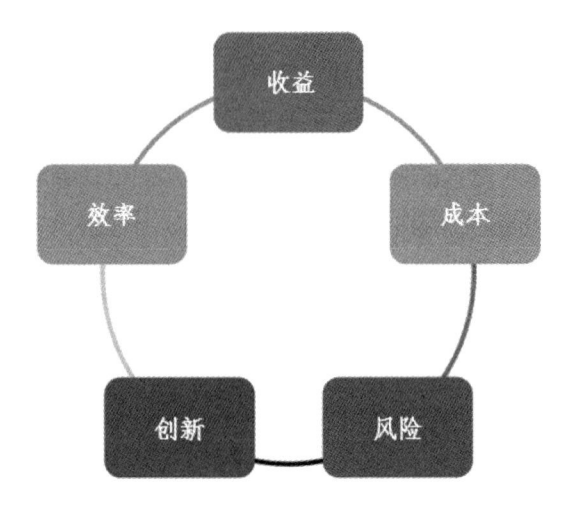

图 8.4　通过智能供应能力实现商业利益

数字化技术与智能供应自动化

正如前几章所述，智能供应不是仅将数字化工具加入供应链管理的"溯源"过程，而是一个转变的过程。在新的范式中，供应商成为合作伙伴和共同创新者，而不局限于以最低的成本从事非必要的活动。在过去几十年里，商业环境发生了变化，企业内部的增值创新水平有所下降，以前可达 60%~80%，而现在平均保持在 30%。这种战略的转变，要求采购团队在产品开发、创新、制造支撑、营运资金管理和客户服务等方面发挥战略引领作用。

智能供应的目的是帮采购人员获取直观、简单、高效和有意义的用户体验。企业的采购流程可以像在亚马逊上购买产品一样简单、高效，且在一个有引导（但受控）的环境中进行。很少有企业探索使用虚拟助手来完成诸如查找供应商类别信息或实时库存跟踪等任务。我们期待在这个领域有更多的创新，进一步提高流程的高效性和便捷性。

Chapter 08
智能供应

智能供应通过将传统供应链流程中重复的、劳动密集型的任务自动化，为采购团队的成员节省出时间来执行增值的战略工作。之前，采购团队的成员将大量的时间花在诸如发票匹配、打电话跟踪材料、进行计算以生成绩效参数和输入采购订单等活动上。大多数重复性的、基于规则的任务都可以由 RPA 系统以更高的效率自动完成，从而使人类采购专家专注于例外情况。

对于智能供应来说，数据是数字环境的输入，可以用多种技术加以强化。其对企业的输出优势如图 8.5 所示。

图 8.5 智能供应过程图示

一直以来，大多数采购经理都有一个的愿望，那就是让可操作的数据触手可及，否则这些数据就会被隐藏在堆积如山的纸质文件、旧交易和本地的 Excel 表格中，横亘在企业的各个部门。为了实现其目标，智能供应需要许多数据集：战略数据集、主数据集、交易数据集和外部数据集。战略数据集包括当前和以往的合同、供应商成本模型、供应商产能、配额协议和备用供应商信息。主数据集指的是供应商信息，包含法人、选址、交货期、运输成本、批量大小、配额比例等。交易数据集涉及过去、现在和未来三个时间段的订单和库存。外部数据集包含产品市场趋势、税收、关税、政府监管、市场分析等信息，以及社交媒体聊天等非结构化数据，这些数据可用于分析和决策。数字化工具有助于将纸质形式和多个遗留环境中的主数据和交易数据转换为易于阅读的数字格式，以便快速参考。通过易于使用的接口，能够将许多企业的整个数据集放入云端的系统中进行审查和计算。

在智能供应过程中，智能化的自动化是通过一系列技术来实现的，这些技术包括人工智能、机器学习、机器人、二维码（Quick Reference，QR）、传感器、区块链和 RFID，如图 8.5 所示。这些技术可以实现网络协作、平台协作和众包。RFID、二维码和传感器等技术用于实时数据采集，并将数据移动到云端，便于访问，从而实现增强决策。网络协作平台可提供同步规划、需求塑造，并能以最优化的方式应对市场和运营偏差。平台协作和众包通过运用平台模式的力量及相关专家的积极参与来解决特定问题，使组织的创新能力倍增。区块链在采购过程中有一个独特的应用，即支持智能自动可执行合同，而不需要集中的外部方。

如图 8.5 右侧所示，智能供应的好处或输出是预测性战略资源采购、创新、网络价值增值、自动化采购执行和主动式供应商管理。

预测性战略资源采购支持智能分类管理和消费分析。品类经理可以将端到端信息以简单易懂的形式可视化，并可以通过模拟和机器学习算法，用丰富的数据集来优化客户服务、制造执行和营运资金。数字化时代的支出分析是彻底的变革。过去和现在的花费可以使用聚合、分解，并通过采用不同的杠杆及尺度来优化，并在不同的细节层面进行分析。预测模型可以考虑供应商的需求预测、组织的销售和运营计划，以及未来的愿景，同时预测短期、中期、长期的支出。在考虑数字化供应网络的所有节点和相关参数的同时，可以用综合方法进行总成本分析，包括生命周期价值和从采购到购买的计算。

创新是一个组织在当前市场环境中取得成功的重要因素。智能供应最重要的好处之一是采购在组织创新过程中的角色转变。随着组织对供应商增值的依赖性的增加，与供应商合作进行产品和服务创新是理所当然的。数字化工具作为智能供应的一部分，通过一个协作而又可控的环境来实现这种创新。众包是这个过程中的另一个新发展，通过获得外部网络的想法和智慧来推动创新。这种在协作框架下的创新方法会极大地影响网络价值。

自动化采购执行是智能供应的一个显著优势，因为它消除了阻碍许多采购组织的重复过程。与目前的手工方法相比，RPA 大大降低了每张发票的成本。区块链解决方案可以验证和确认 P2P 的交易过程，并可以触发自动支付。从购买订单到发货通知、发货、开具发票、支付和服务结算的自动化 P2P 交易流程节省了大量时间，并极大地提高了流程效率。

主动式供应商管理是指在潜在风险发生之前对其做出反应的能力。它还能实时跟踪网络中的需求、供应和产品运输。其借助易于访问的主数据集、交易数据集和与供应相关的其他数据集，强化同步规划能力，可将供应网络的不确定性降至最低。通过主动的合同管理和规则监控，自动实现合规性，并对合规性异常进行识别和预测，以便相关团队进行分析及解决。

小结

采购活动一直是传统供应链管理的重要组成部分，提供业务连续性的交易支持，并帮助管理组织的总成本。智能供应代表了数字化供应网络框架下购买、货源渠道和供应商管理活动的转变。智能供应的新采购范式注重创新、自动化，以及为企业创造端到端的价值。区块链、人工智能、机器学习、传感器、RFID、二维码和机器人等技术促进了采购活动的智能自动化。智能供应将物理工作活动与数字协作连接起来，并通过尖端的计算算法产生网络化的洞察力，以提高收入、降低成本、提高效率、降低风险。

Chapter 09

智能制造和智能资产管理

在本章中，我们将重点关注智能制造，将其作为未来数字化供应网络不可分割的一部分。虽然智能制造和工业 4.0 的概念并不局限于车间，而是涵盖了数字化供应网络的所有业务领域，但我们将本章的范围限制在核心智能制造技术，以及与零部件或产品的实际生产和预测性维护相关的应用上。这么做的目的是让读者熟悉智能制造的一般情况，并了解数字化供应网络在更大背景范围内产生的影响。

过去，高效供应链的重点是在交付时间（JIT/JIS）方面的整合，以及减少库存，并确保在计划生产过程中零部件和资源的利用率。例如，在可能是迄今为止效率最高、组织最完善的供应链范本的汽车行业中，一个关键的成就是将所有供应商（1 级到 n 级）的 ERP 系统整合在一起。据梅赛德斯-奔驰的高级经理所说，这有效地消除了牛鞭效应（牛鞭效应是供应链中的一种常见现象，指不断变化的客户需求会导致库存水平的波动，从而导致效率低下）。虽然这一点很了不起，而且仍然是一个关键目标，但随着新型数字化供应网络模式的出现，所有利益相关者在各个层面的整合将更加紧密。数据的交换至关重要，而且从这些积累的数据中获得具有洞察力的见解也至关重要。例如，来自供应商的生产运营数据、客户使用数据，以及客户订单状态数据等相关数据的可视化呈现。在这个新世界里，新的挑战层出不穷，而智能制造是成功的数据供应网络的关键组成部分。数据的价值和信息物理系统的获取、分析、可视化、共享的技术既是智能制造的核心，也是数字化供应网络的核心。

本章的组织结构如下：首先，我们将简要讨论智能制造和工业 4.0 的历史，涵盖主要术语，并说明大、中、小型企业如何拥抱智能制造，以及它们在旅程中可能面临的不同挑战和障碍。其次，我们将根据智能制造的核心管理原则：连接性、虚拟化和数据利用，来全面介绍智能制造模式。然后，我们将讨论与智能制造相关的关键技术、特点和实现因素。最后，我们将阐述智能资产管理和智能服务这一独特的智能制造领域。在这一部分中，我们将广泛讨论智能服务的影响，然后研究状态监测、预防性维护和不及时的预测性维护。

智能制造和工业 4.0

目前，制造业正在经历一场数字化转型，通常称为第四次工业革命（工业 4.0）或智能制造范式，也有人使用"智能工厂"一词。这种转型的核心是虚拟世界（信息）和物理世界的合并，以及由信息物理系统（CPS）所带来的好处。在制造现场层面，智能制造融合了信息技术（IT）和操作技术（OT）（见图 9.1），在整个数字化供应网络中实现有价值且高效的操作和通信。

工业 4.0 和智能制造经常在自动化和机器化的背景下被拿出来讨论，在这种情况下，人类工人的被替代被视为一种威胁。然而，智能制造的一个重要方面是明确关注人类的创造力。机器化和自动化使人类工人从重复、繁重和危险的体力工作中解脱出来，而智能制造的目的是使人类工人从重复、繁重和危险的认知工作中解脱出来。此外，操作工 4.0 等概念则侧重于通过使用不同的智能制造技术（如增强现实技术）赋予操作人员权限和能力。

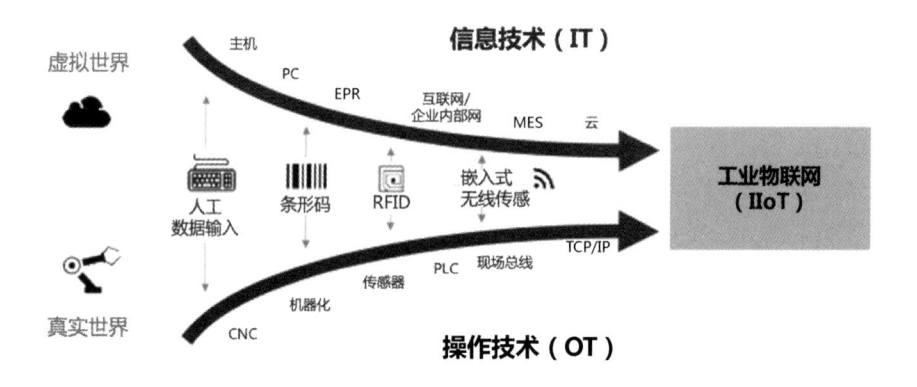

图 9.1　信息技术和操作技术交汇的智能制造

智能制造通过数字结构连接机器、人员、流程和数据，从而实现更高的效率及质量。图 9.2 显示了一个智能工厂的示例。连接到数字环境的自动化机器人在扫描箱子上的信息后，将收到的材料移动到正确的存储位置，并且库存会实时自动更新。自主化货车将产品及时输送到所需的生产流程，并负责分拣和库存更新。

制造过程是完全自动化的，包括基于视觉系统和深度学习的现场质量监控，一旦出现质量问题就能立即识别出来。车间内机床和物理资产的数字孪生允许操作人员在手持设备上实时监控及模拟物料流动。操作人员收到警报，可直接在其移动设备上激活传感器—执行器响应，或者在适当的情况下手动操作（人为介入）。当一个机床被预测会出现故障时，使用包含所有零部件数据的增材制造技术，可以根据需求及时地制造出相关的零部件。操作人员通过指挥中心查看工厂的进度，指挥中心会实时显示整体设备效率（Overall Equipment Effectiveness，OEE）和制造效率等指标；任何偏离计划的情况都会被动态处理，以最大限度地减少对成本、质量和效率的影响。

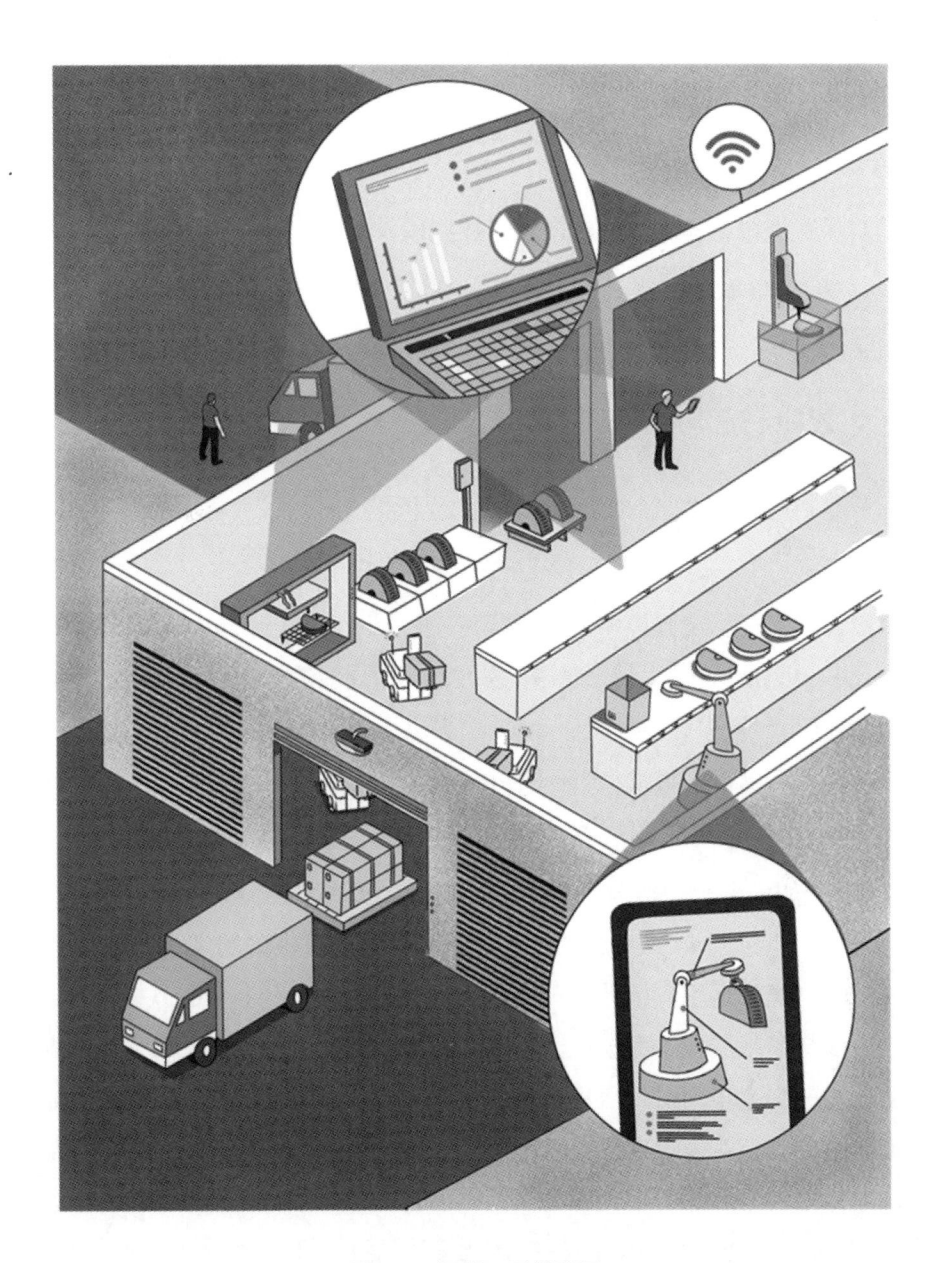

Chapter 09
智能制造和智能资产管理

图 9.2 智能工厂说明图

智能制造是一项真正的全球性举措,所有的主要工业体和新兴经济体都认识到了为数字化未来做好准备的重要性。"智能制造"一词主要在美国使用,尽管名称不同，但所有这些举措和提议都有相似的核心目标，如工业4.0（德国）、工业互联网（美国）、制造强国战略（中国）、印度制造（印度）、智能工厂（韩国）等。

从根本上讲，智能制造将技术、数据和人类的智慧结合在一起，以获取新的、有价值的、数据驱动的见解并将其转化为行动。

❖ 智能制造历史简述

智能制造并不是一个新概念。早在20世纪90年代，"智能制造"一词就已经出现了，而之前提出的一些相关愿景目前正在变成现实。

然而，我们今天所说的智能制造和工业4.0模式直到2010年才首次受到重视，并在近几年得到了越来越多的关注。众所周知的"第四次工业革命"（又称工业4.0）一词由德国政府在2011年提出，旨在为德国制造业的未来发展做好准备。这意味着制造业正在经历一场巨大的数字化变革，这远远超出了常规的技术进步，从而构成了一场真正的革命。

纵观历史，我们可以看到三次截然不同的工业革命。第一次工业革命的特点是18世纪晚期以机械纺织机带来的劳动力机械化的巨大变化（工业1.0）。20世纪早期引入的劳动分工或大规模生产被认为是第二次工业革命，它彻底改变了制造业的面貌（工业2.0）。更近一些，在20世纪70年代早期，自动化和在制造车间引入信息技术构成了第三次工业革命（工业3.0）。当前，虚拟数字世界与实体物理世界以CPPS（信息物理生产系统）形式的融合，被认为会对制造业的未来具有类似的影响，因此被称为第四次工业革命（工业4.0），如图9.3所示。这种数字化转型有可能永远地改变我们设计、制造、采购、运输和维护产品的方式。

每进行一次工业革命，制造系统的复杂性都会增加，并带来新的挑战和障碍，企业必须意识到并应对这些挑战和障碍，以确保其未来的竞争力。特别是在复杂的数字化供应网络时代,不同系统之间的通信和连接对于利用好智能制造的优势至关重要。

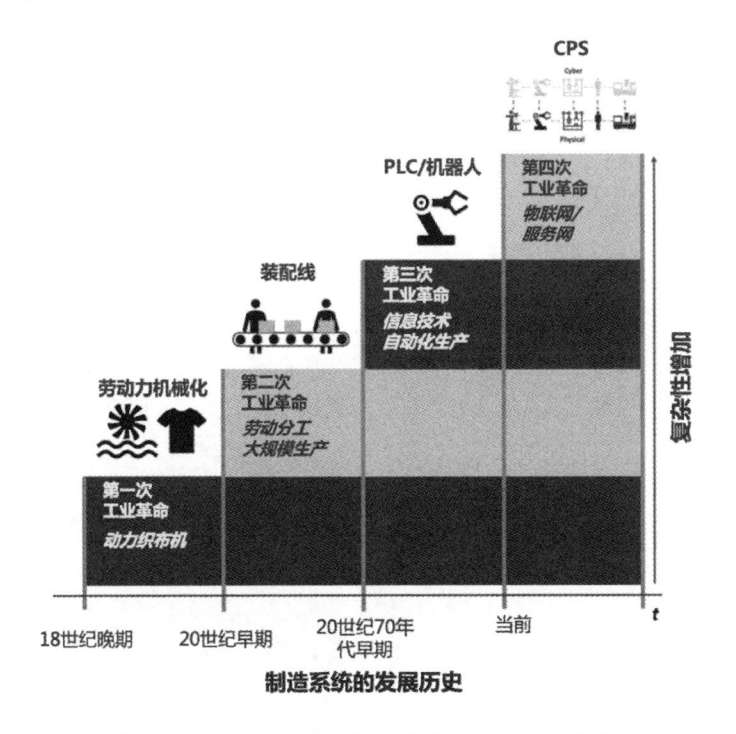

图 9.3 四次工业革命及相应决定性技术的描述

❖ 智能制造专业术语

对于许多学者和从业者来说,智能制造仍然是一个相对较新的范式,因此,我们将讨论关键的术语,并定义各概念的系统边界,以为读者打下坚实的基础。

智能制造描述了"信息技术在车间及以上级别的数据密集型应用,以实现智能、高效和响应性操作",同时强调了对数据与技术的关注。智能制造还强调了人类的创造力和通过数据创造制造知识的重要性。从本质上讲,智能制造系统类似于复杂的 CPS,其目的是通过传感系统和先进的数据分析、整合信息技术（IT）和操作技术（OT），以最终改善制造过程。

我们经常会看到智能制造和先进制造两词被互换使用。然而，我们认为，这两个名词固然有语义重叠之处，但本质上是不同的。智能制造和先进制造描述了新制造现状的两个不同领域，可以看作一枚奖章（工业4.0）的两面（见图9.4）。智能制造的核心聚焦在连接性、虚拟化和数据利用上，而先进制造的核心则聚焦在实体制造技术上，如自动化技术、机器化技术和增材制造技术。尽管如此，这两个概念之间并没有明确的分界线，为了取得长远的成功，企业需要同时接受并理解这两个概念。

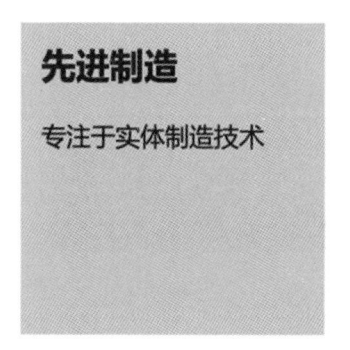

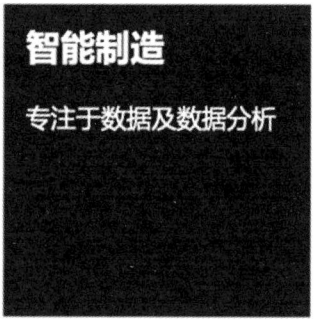

图9.4 智能制造和先进制造可以看作一枚奖章的两面

❖ 大、中、小型企业面临的障碍和挑战

当我们谈论工业模式的转变时，纵观历史，最先发生转变的是大型跨国企业。因此，它们也最先从新技术和新方法中获益。但是，作为先行者和早期创新者，它们在这个过程中也必须克服独特的障碍及壁垒，这些在一定程度上是大多数后来者可以避免的。对于智能制造这项转变来说，也是如此。例如，西门子、乐金（LG）、奔驰、通用电气（GE）等大型跨国企业（MNEs）在数字化转型方面就投入了大量的资金，以及大量的人力和资源。

另一方面，由于各种原因，许多中小型企业（SMEs）正在为模式的转变而苦苦挣扎。米塔尔（Mittal）及其同事比较了影响大型跨国企业和中小型企业采用智能制造的特征（见表 9.1），并给出了一个快速、统领性的概述。必须指出的是，这只是一个概述。有一些突出的高科技中小型企业在智能制造方面甚至走在大部分大型跨国企业的前面，然而其他大多数中小型企业却仍在挣扎。了解这些差异化的特征有助于我们找出出现这种挣扎现象的原因。

表 9.1　大型跨国企业和中小型企业在智能制造采用方面影响比较

特征	中小型企业	大型跨国企业
财务资源	低	高
先进制造技术的使用	低	（非常）高
软件保护伞（包括数据分析等）	低（定制化解决方案）	高（标准化解决方案/平台）
研究&发展活动	低	高
产品专业化	高	低
标准考虑	低	高
组织结构	较不复杂且不正式	复杂且正式
产业知识与经验	专注于特定领域	扩展于不同领域
与大学/研究机构合作	低	高
重要活动	外包	组织内部

现在的问题是，既然我们感兴趣的是数字化供应网络，那么了解这些特征为什么会与我们有关呢？因为在大多数情况下，数字化供应网络都包括中小型企业和大型跨国企业这两种类型的企业，所以了解两者面临的不同的挑战和障碍是至关重要的。例如，经常被假设的数字鸿沟，当两个极端在数字化供应网络中愈演愈烈时，我们需要加强注意并了解如何克服潜在的障碍，否则，其将危及整个数字化供应网络的性能和效率。障碍是多方面的，我们无法全面、详细地讨论所有障碍。这些障碍可能包括但不限于不同的 IT/OT 水平、员工技能水平、数据分析能力和成功的车间自动化。我们需要意识到

并在我们的数字化供应网络内开放地讨论这些问题。然后，我们可以积极、主动地解决这些问题，并管控其对整个网络造成的风险。相应的对策包括：让数字化供应网络的其他成员去提高服务水平低下的中小型企业的技能，以及在利益相关者之间分享标准、经验教训和专业知识。

智能制造的核心原则

智能制造是一个非常宽泛和复杂的概念，涉及很多方面。尽管如此，为了便于读者理解，我们将介绍智能制造的三个核心原则：连接性、虚拟化和数据利用。在本节中，我们将更深入地讨论这些核心原则，以给出我们对智能制造的坚实理解。

❖ 连接性

连接性是智能制造的第一个核心原则。在智能制造之前（工业 3.0）的环境中，计算机、可编程逻辑控制器和自动化已经在车间里成为现实。第四次工业革命建立在这一基础上，并通过将设计（如 CAD、CAM）、生产计划工具（如 ERP、MES）与机床、操作人员、客户、供应商连接在一起（本质上是一切与一切的连接），来扩展这一基础。我们将在后面的章节中更详细地讨论这种方法——工业物联网。

为什么这种连接性如此重要，以至于可以作为三个核心原则之一？因为连接和同步数据收集系统（如传感器）、制造设备（如机床）和用于分析的 IT 系统，是通过先进的分析技术开发得到可靠见解的必要条件。为了使一个（制造）系统成为真正的"智能"系统，它必须有能力根据定量数据而非直觉进行决策并且行动。

连接性核心原则的另一个层面是跨距离连接的能力。云制造有望在云端提升制造智能，并将有效和高效的生产计划虚拟为微服务。如果没有连接性，在一个大型分布式数字化供应网络中与利益相关者的接触和互动几乎是不可能的。因此，连接性是智能制造系统和数字化供应网络的核心原则和必要要求。就像在我们当今的日常生活中，我们的智能手机、可穿戴设备和联网汽车"始终在线"。

❖ 虚拟化

虚拟化是智能制造的第二个核心原则。虚拟化描述了将物理"事物"以各种形式复制或引入数字、虚拟/网络环境的过程。虚拟化支持所有的高级分析，是工业物联网大多数应用的支柱。目前，虚拟化最突出的实例之一是数字孪生，即物理资产在云端的虚拟表示。GE的喷气式发动机数字孪生系统可能是这类系统中比较典型的例子。除此之外，从组件到工厂级别，各种复杂程度和范围的例子数不胜数，而且每天都有更多的示例被开发出来。

对于智能制造来说，虚拟化实现的关键特征是透明度和可视化。出于多种原因，透明度在数字化供应网络中是必不可少的。从技术角度来看，它可以实现设备监测、诊断和维修，以及设备故障的预测（预测性维护）。从商业角度来看，随着数字化供应网络中利益相关者的深入整合，透明度是建立必要信任的关键驱动力。合作伙伴需要了解其他合作伙伴的生产情况，以作为他们决策的基础，或者以界定正确的收入分享模式。

可视化正变得越来越重要，因为它不仅是连接不断增长的数据和分析结果的门户，也是连接能力有限的决策者们的门户。举个简单的例子，从生产运行中收集到的传感数据可以以原始数据的形式呈现在数据库中。然而，对工厂管理者来说，无论系统运行稳定与否，他们都需要系统状态实时更新。而这种数据展现形式并没有直接面向目标，它也不能为工作在生产线上的操作人员提供任何有意义的输入。见解隐藏在数据中，但我们如何呈现这些见解是建立有效和高效流程的关键。在这种情况下，最好为工厂经理提供一个带有绿色、橙色和红色指示灯的仪表板，以维持其所需的监控水平。而操作人员可能需要一个定制的界面，通过增强现实的智能眼镜来提供选定的深度信息，如制造过程中的振动数据和热曲线，以实现免提通信。

❖ 数据利用

数据利用是智能制造的第三个核心原则。利用连接性可以实现对车间、物流、企业运营中大量数据的收集、沟通和存储。虚拟化实现了从数据获得见解的交流，是运营操作与人类操作者及决策者之间的通道。数据利用是一种手段，通过先进的分析技术将前所未有的数据访问和情境转化为可操作的见解。智能制造通常被称为数据驱动的革命，这准确地说明了数据和数据分析在这场制造模式转变中的重要性。

制造业中的先进数据分析是由数据和基于物理学的模型驱动的。然而，在智能制造背景下，数据驱动的方法更为突出，对监督和非监督机器学习（包括强化学习）的使用达到了创纪录的水平（详见第4章）。新的制造工艺，如金属增材制造，本身就是数字化的，并依赖于强大的分析功能来发挥作用。制造业是我们的优势领域，这里有随时可用的专家（老师为数据贴标签）。然而，对于目前我们所捕获的数据量需要新的和创新的解决方案，以高效、可靠地提供见解，最终提高质量、流程效率和可靠性，以及提供新的维护模式（如零停机时间）。总之，数据和数据分析是智能制造的核心，这体现在智能制造的"智能"上。

Chapter 09
智能制造和智能资产管理

智能制造能力

智能工厂通过透明化、自动化和数据分析来扩展制造工厂和操作人员的能力，在保证操作安全的前提下，实现最佳的机器和人的效率。智能制造和智能资产管理的能力可概括如下：

- 动态可视性；
- 最优操作；
- 工厂自动化。

动态可视性。在智能制造环境中，通过连接的机器和传感器网络，可以实现实时状态监测。数字孪生网络可以实现整个工厂的动态可视性。

最优操作。自动化供应网络中的最优操作体现在两个部分：（1）最优生产规划；（2）在正确的参数下执行最优生产规划。在考虑客户需求、机器可用性、生产速度、设置变更、部件和劳动力规划的基础上，最优生产规划是通过结合自动化供应网络与智能制造的同步规划能力来实现的。通过持续的监控、分析集成电路和仿真，以及基于识别出的异常值的实时调整，可以实现这种实际执行层面的优化。

工厂自动化。智能工厂的数字结构以机器运作信息（传感系统）、生产计划（计划系统）、仓库信息（仓库系统）、制造（MES 系统）和物料移动信息（运输系统）为核心。这些集成系统和流程可以通过机器人及自动导引车/无人机实现物料移动、存储、运输等工厂作业的自动化；通过 RPA（机器人流程自动化）可以实现库存过账、交付和发票生成等交易作业的自动化。

人类劳动力对于改进和实施自动化、监控所有活动，并对警报和异常事件采取行动至关重要。

智能制造技术

在前面的章节中，我们多从哲学层面讨论新的智能制造模式。接下来，我们将更深入地探讨能使这场革命得以发生的具体技术。首先，我们将对定义智能制造的所有主要技术、特征和有利因素进行概述，然后重点讨论两个重要的技术，即工业物联网和信息物理生产系统。

❖ 智能制造技术和有利因素

对于研究和工业应用来说，智能制造的一个重要方面是关于相关的技术、特征和有利因素的。例如，对于企业来说，了解哪些技术是相关的、哪些技术可能值得评估或投资是很重要的。学术界和学者可以确定需要进行进一步研究的领域，以进一步开发技术，从而满足当前的行业需求，并为读者未来在制造业的职业生涯做好准备。

在本节中，我们简要介绍了一项综合研究，该研究确定了与智能制造相关的 38 种不同的技术、27 个特征和 7 个有利因素，其中包含了从机器学习到增强现实等技术、从敏捷性到分散控制等特征、从 STEP 标准到 MTConnect 等有利因素。然后，我们根据其语义相似性对完整的列表进行了聚类。聚类结果如图 9.5 所示。左边一栏展示了技术类，中间一栏展示了特征类，右边一栏展示了有利因素类。必须指出的是，该清单是通过透明的且具有方法论的过程从文献中得出的，用以反映专家对该领域的理解。作者为了不引入自己的偏见，没有对清单进行整理，所以结果中使用的术语偶尔会不一致。

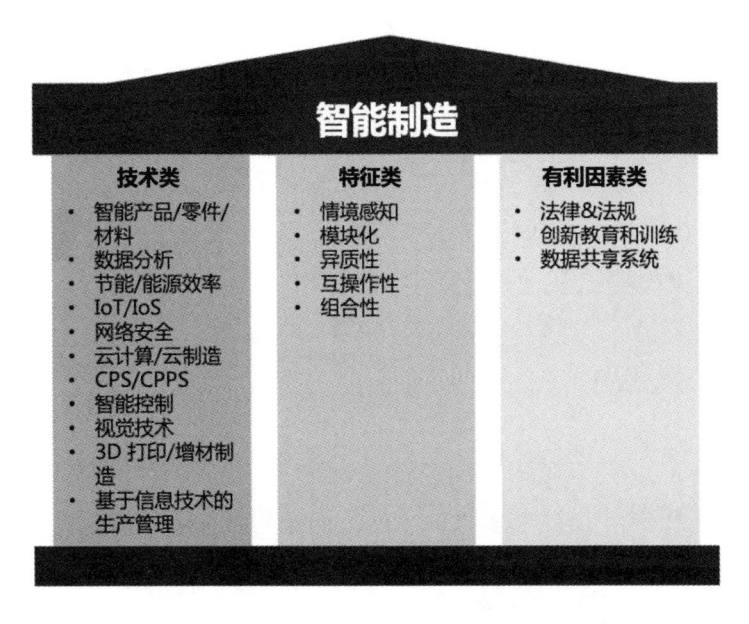

智能制造

技术类
- 智能产品/零件/材料
- 数据分析
- 节能/能源效率
- IoT/IoS
- 网络安全
- 云计算/云制造
- CPS/CPPS
- 智能控制
- 视觉技术
- 3D 打印/增材制造
- 基于信息技术的生产管理

特征类
- 情境感知
- 模块化
- 异质性
- 互操作性
- 组合性

有利因素类
- 法律&法规
- 创新教育和训练
- 数据共享系统

图 9.5　智能制造技术、特征和有利因素

接下来，我们将在重点介绍物联网/工业物联网和信息物理系统/信息物理生产系统这两项核心智能制造技术之后，再简单介绍另外一种新颖的模式：操作工 4.0。

❖ 工业物联网

物联网是将物理实体（物）与虚拟世界（网）连接起来的全球性基础设施。物联网的愿景包括通过促进所有连接事物之间的通信，以实现物理世界与虚拟世界的完全集成。其核心是将任何物体连接到互联网上。通过物联网，每个人的个人环境、家庭和工作场所中成千上万的智能设备被连接起来——想想亚马逊的 Alexa、苹果的 iPhone 和可穿戴设备，以及飞利浦的 Hue。

第四次工业革命并不是简单地将车间进一步自动化，而是通过互联网的方式，使企业在各个层面上向更加智能化和互联化的产业过渡。因此，智能制造的本质是在工业环境中引入和应用物联网，即所谓的工业物联网。工业物联网是经常被用于智能制造的两大核心技术之一，在美国有时也被简单地称为工业互联网。当我们试图捕捉工业物联网和物联网的区别时，我们可以有把握地说，工业物联网代表了物联网的一个子集，其专注于连接工业环境中的工业资产或"物"，如制造设备、机床、操作人员、IT 系统和（智能）产品（见图 9.6）。作为工业物联网的先决条件，工业资产必须具备联网和传感能力，以及互联网连接能力。制造环境中的联网设备包括移动平板电脑、智能货架、机床或产品。

图 9.6　（工业）物联网的应用领域

工业物联网领域的一个关键趋势是工业物联网平台的出现。许多供应商已经创建了平台，可以支持各种通用的及企业特定的应用、服务和分析。大多数平台都遵循着一定的标准，以确保互操作性和连接各种设备、产品、服务的能力。能够组合不同的微服务或应用，而不是投资于专用的单一软件产品，这对许多工业客户来说非常有吸引力。然而，由于目前市场还处于早期阶段，这些平台的真正互操作性和实用性仍存在不确定性。图 9.7 描述了选定的工业物联网平台在数据、信息与知识功能方面的比较情况。

基于工业物联网的信息与知识功能	GE Predix	MyJohn Deere	博世也区物联件	Kaa 物联网平台	微软 Azure	PTC Thingworx	Cyberlighting CyberVille	Industry Hack	Yammer
数据访问与收集	++	++	+	+	+	+	+	++	-
数据聚合与共享	++	+	+	++	++	++	+	-	-
数据存储	+	+	+	+	+	+	-	-	-
分析与可视化	+	+	+	+	+	++	++	+	-
信息共享	+	+	+	+	+	+	+	+	+
意义构建	-	+	-	-	-	-	-	++	++

图 9.7　选定的工业物联网平台在数据、信息与知识功能方面的比较情况

❖ 信息物理生产系统（CPPS）

　　信息物理系统（Cyber-physical Systems，CPS）将计算、通信与物理过程结合在一起。嵌入式计算机和网络可以对物理过程进行监测及控制，同时反馈回路和分析可以与物理过程相结合。信息物理系统是嵌入物理系统的计算系统，将物理世界与网络世界紧密结合（见图 9.8）。自然系统和物理系统都配备了传感器、执行器和微处理器来收集及处理数据。物联网是通过互联网将物理世界与虚拟世界连接起来，使信息物理系统成为现实的一种手段。

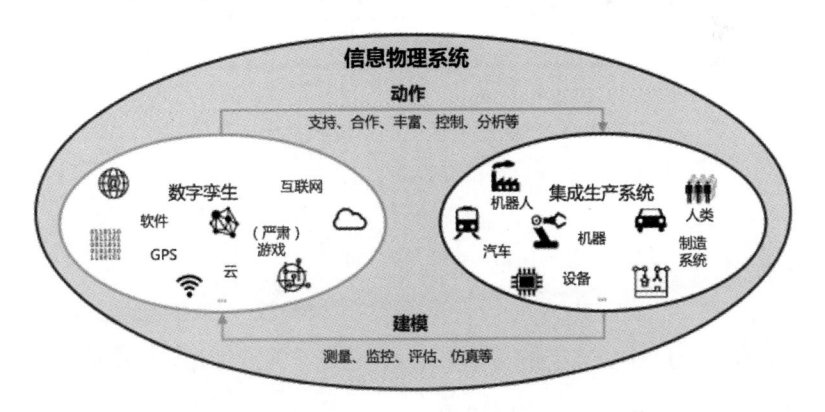

图 9.8　信息物理系统连接物理世界和虚拟世界

　　通过数字化表示（如数字孪生），信息物理系统及其子系统能够在虚拟仿真和物理过程（如工业铣削过程）之间进行通信和交互。卡德纳斯（Cardenas）

等人指出,信息物理系统"将计算和通信能力与物理世界中实体的监测和控制结合了起来。""信息物理生产系统"一词在生产领域内的应用具有三个主要特征:智能化、连接性和响应性。

信息物理生产系统代表了将不同的物理系统和虚拟/网络系统相互连接的技术,是工业物联网的技术实现。信息物理生产系统和工业物联网共同构成了智能制造的两大核心实现技术。工业物联网从网络、连接和传感的角度构建了基础设施,而信息物理生产系统则构建了连接特定系统的技术要求(见图9.9)。

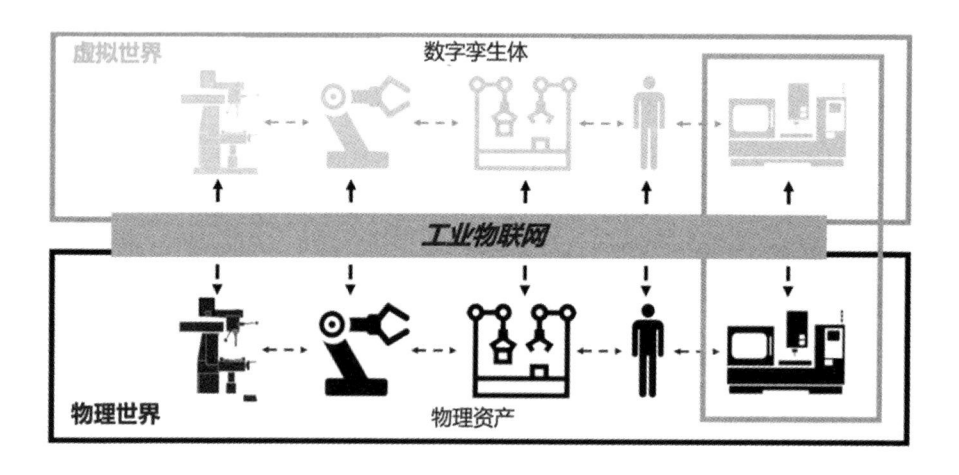

图9.9 信息物理生产系统和数字孪生

❖ 操作工 4.0

在未来的工厂中,人类的劳动和智慧将发挥关键作用。所谓的操作工 4.0 是一个利用技术来增强人类能力的概念,它建立在人类的智慧是不可替代的前提下,是智能制造未来不可或缺的一部分。未来的制造业操作工将拥有持续的、实时的技术支持,并且具有超强的实力、超大的信息量、超高的安全性和持续的连接能力。利用多种类型的增强功能,新一代的技术增强型人类工人将出现在工厂车间和办公室内。这些增强功能既可以单独使用，也可以组合使用，以使人类成为这场技术革命的核心。

操作工 4.0 描述的是"一个聪明而熟练的操作工，他不仅能与机器人'合作工作'，而且能在需要时通过人类的信息物理系统、先进的人机交互技术，为向'人机共生工作系统'发展的自适应自动化供应网络提供'辅助工作'。"操作工 4.0 的表现形式包括：操作工利用外骨骼获得重物搬运所需的力量，用智能眼镜实现远程维护，以及用于安全管理的智能穿戴设备等。这只是其中的一些例子，我们还将看到许多不同的实例。其中，技术正在积极地支持着人类操作工，特别是在车间内外完成（精神和身体上的）繁重、紧张和艰巨的任务。

智能资产管理

工厂的生产绩效是基于资产可用性的。运营工厂的现实情况是，每台机器都会随着时间的推移而发生故障，由此产生的停机时间会导致效率降低、产品缺陷、单位成本增加和客户订单短缺。尽量减少停机时间及优化工厂效率是工厂维护团队重要的任务。整体设备效率（OEE）和剩余使用寿命（RUL）是供工厂管理者参考的相关指标。OEE 作为生产性能指标，代表了资产的可用性、性能和质量。RUL 衡量的是一台机器在发生故障前还能使用多少时间，或者多少个生产周期。这里的目标是在设备升级、维修或更换之前，拥有较高的整体设备效率和将剩余使用寿命消耗至最低。

如图 9.10 所示，资产维护战略可分为反应性、预防性、预测性和规范性资产维护战略。随着数字化转型的到来，预测性资产维护策略进一步成熟，已类似于规范性资产维护策略，尽管这两个术语如今经常被互换使用。

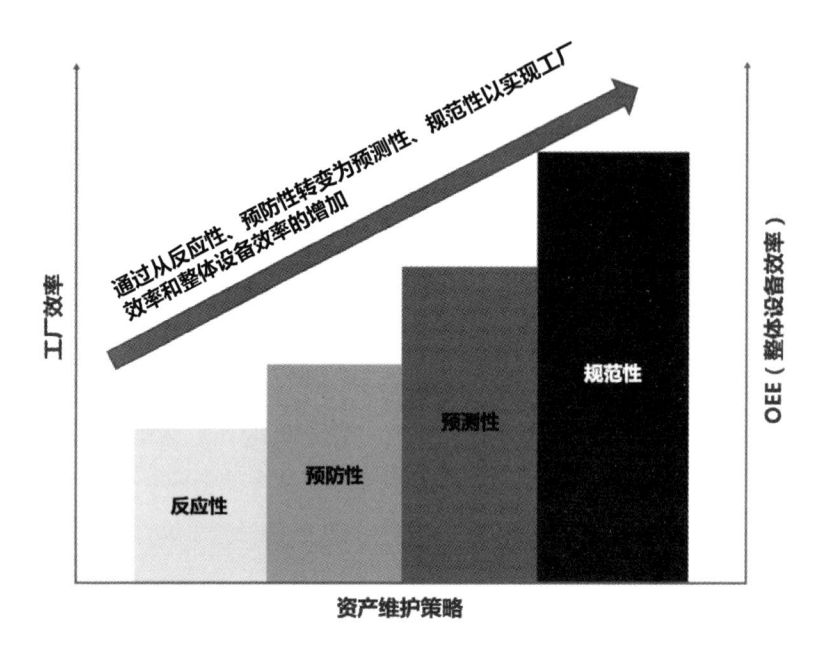

图 9.10　资产维护策略对工厂效率和整体设备效率的影响

反应性和预防性资产维护策略是传统供应链管理中广泛使用的概念，预测性方法则与数字化供应网络模型有关。让我们来说明一下策略从反应性到预防性，再到预测性，最终到规范性的衍变历程。

从反应性到预防性。反应性资产维护策略在故障发生后才进行修复响应。因此，它会导致代价极高的非计划性停机，带来极大的安全隐患，可能会造成数百万美元的损失。除了故障造成的损失，在故障发生前的很长一段时间内，机器故障还可能降低机器的总寿命及产品的输出质量。这种情况是由于机器是在非最佳状态下被执行的。如今，使用预防性资产维护策略来避免非计划性停机和产品质量低下的风险是很常见的。在预防性资产维护策略中，定期的维护工作被当作计划内的停机活动。从本质上讲，预防性资产维护策略是高度保守的。因此，由于提前更换和维修零件，一部分机器的使用寿命没有被利用。此外，预防性资产维护策略也不是万无一失的：尽管其与纯被动反应相比故障率较低，但是故障仍然会发生。

从预防性到预测性。与数字化供应网络方法一致的预测性资产维护策略基于预测和预防模型，会计算故障预计发生的时间，然后将其纳入维护计划中。通过机器学习算法，预测和预防模型利用之前的维修记录、过往的性能和服务数据来预测故障，通过假设仿真规划出最优场景下的停机时间和维护策略。这样可以带来更高的零件使用率、更高的工厂效率、更低的单位成本，以及更安全的环境。

从预测性到规范性。在智能制造环境中，传感器用于实时报告运行状况，并将运行参数及推荐的运行参数和过去的故障参数进行比较。分类和预测模型被用来分析这些数据，以预测故障并建议预防活动（行动）。规范性资产维护策略与预测性资产维护策略最大的区别在于，它不仅能更准确地预测故障事件和故障时间，还提供了一个自动化的行动计划，以最少的人工干预在资产的正常运行时间内解决预测的维护问题。由于资产以最佳的运行参数被利用，机器寿命和产品质量得到了最大限度的提高，从而提高了工厂的效率、提高了工人的生产力、降低了生产产品的单位成本。随着数据量的增加和重复使用，模型会逐步优化，从而实现工厂效率提高的良性循环。

下面，我们进一步讨论预测性资产维护策略在数据建模、数字孪生监控和智能备件管理等方面的应用。

❖ 利用数字孪生进行预测性建模和维护工作

设备运行参数和过去的故障数据可以输入机器学习算法中以进行故障预测。通过应用分类模型进行监督学习，可以用来识别问题并向操作工发出警报。例如，过去的故障中关键机器部件的运行参数（如振动）被标记并被用作安全阈值。然后，可以利用回归模型来预测从当前状况运行到故障的情况。

数字孪生，正如本章前面所介绍的那样，是一种物理资产的数字表达，其连接的传感器可提供实时运行信息。这一点正在被成功地应用于最大化资产正常运行时间和优化业务性能。数字孪生系统促进了实时状态的监测。除了适时的计划性维护，数字孪生系统还能使资产在最佳运行状态下使用，从而实现效率和利润的最大化。

图 9.11 所示为一组数字孪生体。图 9.11 左边是添加了传感器和执行器的物理资产，右边是手持设备或计算机上的数字副本。传感器和执行器的集成电路用于实现与数字模型的通信。除了传感器数据，数字副本还可以进一步扩展到制造执行系统和 ERP 系统的数据。数字副本可以采用单方向集成，将数据从机器发送到数字化设备，操作者可以在物理机器上采取任何行动。另外，对于由执行器实现的双向流动，来自数字化设备的信号可以直接保证物理机器上的动作而不受人为干扰。利用机器学习算法对汇总的数据进行分析，结果通常以表格、图表和警报的形式来表示。警报既可以在物理机器上创建人工干预的工作流，也可以通过双向流动的数字孪生系统启动操作。这样，"物理—数字—物理"循环就完成了。

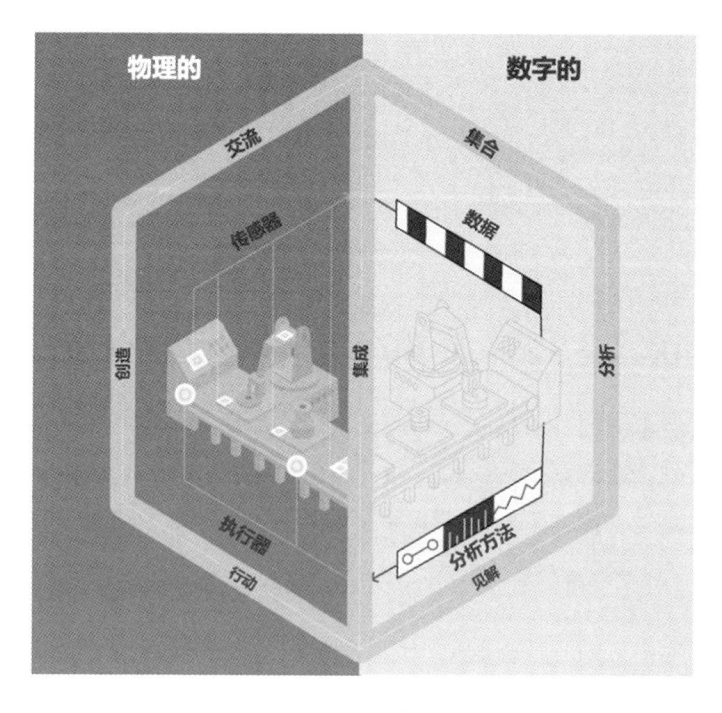

图 9.11　一组数字孪生体

一组数字孪生体可以用来绘制整个工厂的地图。用于实时监控计划的数字副本可以称为一个指挥中心。所有映射到指挥中心的机器的操作数据（切割速度、位移、扭矩等）和环境数据（温度、湿度等）都会被输入机器学习模型中。云计算能力用于了解流程效率和机器的运行状况，并预测故障。此外，将在制品的图像数据传送到云端，根据过去的数据将其与良好部件及不良部件的数据进行比较。通过数据建模，利用参数和拟合线来预测在制品的剩余寿命和潜在故障。

数字孪生通过条件监控，可以更早地发现问题。即使输出产品的质量在可接受的质量范围内，也会提前呈现出负面趋势。针对该趋势所采取的措施可以保证质量的一致性，降低故障风险，并提高资产寿命。

❖ 智能备件管理

维修团队使用备用零件（简称备件），通过更换磨损的机器零件来进行资产维修和保养。缺少一个成本不到一美元的零件可能就会导致工厂停产，造成数百万美元的损失。要了解其复杂性，可以考虑这样一个事实：即对于一个拥有数十种成品的制造企业来说，不同的备件可能有数万种之多。在一个工厂网络中，每个工厂均需保持数千种零件的库存，从而需要占用大量的物理空间。此外，它还占据了营运资金，增加了零件和机器淘汰的风险。

数字化时代的智能备件管理利用机器学习算法和增材制造技术解决了这个问题。

机器学习算法通过使用预测性资产维护策略并预测替换零件需求来解决缺货问题，并在正确的时间、正确的地点，以最低的成本提供正确的零件。

增材制造（或 3D 打印）技术为重新定义备件管理提供了机会。对于可以通过增材制造技术创建的零件，数字文件被保存为库存（不占用物理空间），而不是物理库存。在计划内的维修或因零件故障导致的计划外机器故障的情况下，按需打印所需零件即可。在一些特殊情况下，这种增材制造备件策略具有关键性优势。如海军舰艇。这些舰艇在远离后勤补给的情况下运行，必须能够获得大量不同的备件，用于舰艇本身及战斗机、直升机、无人机和地面车辆的补给。用增材制造车间取代物理库存，具有显著的后勤优势。但是，在大规模采用增材制造车间之前，还需要解决认证、可靠性等问题。

智能化的资产维护能力可以实现一种新的服务模式，即智能服务，从而达到设备制造商和用户的双赢。设备制造商通过连接的传感器和指挥中心对机器的最佳工作状态进行跟踪及管理。通过云计算技术，设备制造商在所在地即可进行监控，大部分的维修工作可以通过双向连接来完成。或者，当需要进行人工干预时，工厂的维护人员可以利用虚拟现实技术来完成工作。

小结

随着工业 4.0 的到来，制造业正在快速变革。数据是推动这场变革的命脉，而企业也在努力跟上这场变革的步伐。采用新的智能制造技术和方法所带来的好处是显著的。为了在全球范围内保持竞争力，毫无疑问，企业应该参与其中，唯一的问题是如何以最有效的方式进行。事实证明，在明确投资回报率的情况下，采取以问题为导向的立场既可以让企业获得关键的经验，也会在队伍中培养出批判主义者。然而，现代数字化供应网络是一个复杂的系统，在某些时候必须集成各个智能制造解决方案，并在整个网络中发挥更大的优势。

Chapter 10

动态履约

在数字化供应网络框架中,动态履约是一个关键能力。仓库的履约能力和运作效率历来十分重要。随着传统供应链转变为数字化供应网络,履约操作必须变得更动态、更智能,从而更和谐地支持物理和数字方面的协调。在本章中,我们首先简要讨论了传统线性供应链管理下的履约操作所面临的重大限制和挑战。接下来,我们深入探讨了数字化供应网络动态履约能力的愿景,给出了它的属性,描述了它是如何改变游戏规则的、它是如何应对静态供应链所面临的挑战和限制的,以及支持其发展的支持技术。

供应链和传统履约

尽管在战略供应链流程集成方面有很多尝试和进展,但传统的静态、线性供应链在计划、生产、分销和运输等方面存在许多限制因素，这使得履约成为一个连续的、反应性的、续贯的销售和补充循环过程。一个典型的订单履约周期以客户为起点和终点。客户确认需求、下达订单，并将其传送给供应商。供应商对订单进行处理、准备并发货。客户接收、接受产品并进行支付。传统的零售分销渠道通常是客户到实体店购买或亲自参与其他配置过程。

在这种环境下，企业主要依赖于不精确的市场情报反馈，并使用以供应为中心的方案，通过控制劳动力利用和调度等产能杠杆手段来匹配供应与需求，并花费大量精力改进预测方法。企业通常要面对由不可预见的大宗订单或相关事件造成的缺货风险，这些风险最终会导致供应短缺和中断。在使用以需求为中心的替代方案来匹配供应与需求时，许多使用传统的、静态的供应链的企业试图使用粗暴的价格变化策略或延期交货来影响需求，但这样做带来的好处也是有限的，而最坏的结果则是产生损失。更为复杂的，按渠道划分传统供应链是通常的做法。这种做法导致了库存和基础设施的重复，增加了风险和成本。

一些企业已经尝试使用 ERP 系统来管理整个供应链的库存虚拟化过程。然而，电子商务履约、全渠道服务，以及要求更高的客户增加了需要协调库存的供应链合作伙伴的数量。在这种不断发展和日益复杂的市场环境下，为供应链合作伙伴提供 ERP 系统的访问权限变得更具挑战性。在线订单不断扩大，对交货速度的期望也在不断提高。因此，拣选变得更加复杂，交货时间也更加紧迫、更具挑战性。供应链中的订单履约需要根据高产量、低利润、精简资产配置和敏感的截止日期等协调各种操作。

此外，企业通常采用传统的月度周期来规划供应链。这种做法涉及审查一系列的供需不平衡，以做出战略决策。然而，这种传统流程的挑战在于，进行权衡、取舍可能会很耗时、耗力、容易出错，而且往往成本高昂。虽然在传统的物料搬运物流作业中，连接设备和传感器的应用越来越多，但在传统供应链中，货物通过配送中心和仓库的存储、移动和履约仍然面临损坏、变质，以及运输过程中发生货物丢失和损耗等风险。缺货和库存过剩的情况时有发生，服务水平不稳定，运营也经常面临中断。此外，企业需要依靠传统的运输方式来完成"最后一英里"配送，以及单独使用 GPS 导航来优化路线。但是，仅使用单一的 GPS 信息，不使用其他的信息，会使得运输优化的效果有限，而且运输过程也可能变得不理想。

数字化供应网络和动态履约

动态履约能力包括：配送中心和物流操作中的先进工人解决方案；物品跟踪和可视性；自主的、增强的、连接性的流程和规划；实时协作的能力。总体而言，这些能力将使组织能够感知客户需求，并在数字化供应网络节点上进行实时调整，以最好地响应需求信号，并在正确的时间向正确的客户提供正确的产品。图 10.1 描述了这样一个概念性的愿景：动态履约网络是一个由相互连接的节点组成的生态系统，这些节点不断塑造产品的规划、生产和分销，以提供无缝的客户体验。图 10.1 说明了整个动态履约网络需要跨整个用户体验过程，从感知客户需求到实时同步及协调所有活动和资产，再到高效地交付产品。

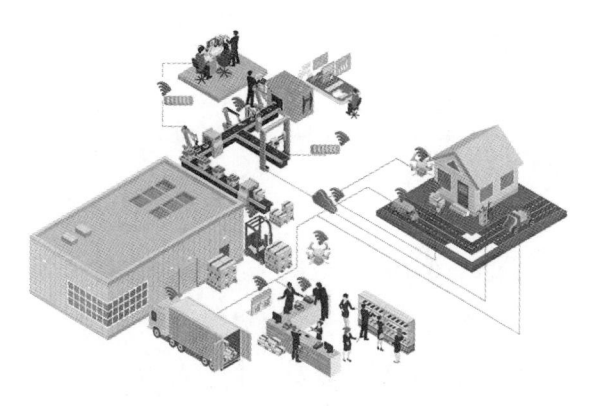

图 10.1　数字化供应网络和动态履约的抽象描述

图 10.1 所示的数字化供应网络应该为组织的客户、内部职能部门和其合作伙伴网络提供卓越的洞察力、相当高的灵活性，以及对相关成本的更全面的理解。通过数字化供应网络实现的预测能力，履约组织可以根据对传统数据集和新数据集的分析，结合社会数据、实时库存数据和实时需求来感知客户需求。物联网传感器将整个物理网络中的各种资产连接起来，使组织能够将传统供应链中复杂的信息流集中到数字化供应网络的中央核心部分，以实现可视化、感知和决策。传感器允许组织监控其物理资产的位置、状态和性能。此外，它们还可以使组织能够对其部署在客户设施中的产品进行同样的监控，而不必利用客户的 ERP 系统来获取信息。

数字化供应网络通过对集成业务规划辅以自主和智能规划，将履约规划从周期性的工作转化为持续、实时的活动。如图 10.1 所示，创新的产品供应和交付机制，如轮式机器人、自主工作站、智能储物柜和无人机，以及它们的组合使用可以优化总配送成本、提高灵活性，同时为客户提供优质服务。此外，这些资产是连续连接的。它们提供了关于其位置和状态的实时可视性，这使得组织能够调整在途货物，以迅速对不可预见的或发展中的事件或新信号做出反应。数字化供应网络仓库的特点在于自动化管理和执行系统，并结合固定机器人、移动机器人及协同机器人来执行履约活动，从而改变了人工干预的范围、性质和程度。数字化供应网络仓库还具有动态服务于线上线下、B2B 和 B2C 渠道的能力。

动态履约的属性

数字化供应网络动态履约前景需要几个支持性的子功能，我们在图 10.2 中进行了总结：互联生态系统信号传递、供应网络溯源能力、全渠道能力、

Chapter 10
动态履约

智能分发操作、智能投递操作和智能网络设计。

首先，互联的生态系统信号传递是指同时在网络中多个方面和实体之间自动传输数据。这些信号包括与供应、需求、订单下达和履约、退货授权，以及产品生命周期结束信息相关的信号。这种子功能通过提供特定站点之外的实时可视性，使网络更加透明，并能实现卓越的客户响应能力，而这通常是一个难以实现的目标。在开发这种子功能的早期例子中，有一家领先的技术公司计划通过整合其人工智能赋能的客户助理、在线流量和过往购买信息等来预测运输状况。其理念是，当客户意识到自己对特定产品的需求时，公司已经根据多种途径收集到该需求，并利用强大的分析能力处理了相关数据，对该产品进行了预置。最终的效果是，公司可以在几小时内就完成订单，而且可以降低运输成本。其最初的概念是基于本地的库存预置的，所以这种预期性的运输模式可以发展到包括无人机或自主地面机器人的"最后一英里"配送。

图 10.2 动态履约属性

供应网络溯源能力是指对物品在流经网络时的来源、保管权转移和移动的可视性。它提供了关于产品从原产地到最终客户的位置和过程的信息。这种子功能使网络更安全、更负责任，且更符合市场日益提高的标准和审查水平及新立法的严格规定。关于这种子功能有个有趣的例子，一家荷兰连锁杂货店通过提供可追溯性和产地透明度，将购买自有品牌橙汁的客户与巴西的可持续橙园联系起来。一瓶橙汁可能包含来自不同种植者的橙子。消费者可以使用二维码扫描包裹，查看橙子从农场到超市货架的路线。此外，客户还可以查看来自该杂货店供应商在巴西雨林联盟认证的 25 个种植园中每个种植园的橙子所占的比例，以及它们的采摘时间和甜度。

全渠道能力是指将不同渠道的执行流程整合到一个总体系统中。它支持通过多个服务点确认、汇总、协调和履行客户订单。换句话说，这个子功能支持跨不同渠道的灵活履约选项，可缩短履约时间和降低成本，可提高端到端的可视性，以及可提供更好的客户体验。我们可以用一家领先零售商的应用案例来说明这个子功能。该零售商在其电子商务网站、移动应用程序和实体店之间同步进行订单管理。客户可以在去商店之前在线确认什么商品是可以买到的。员工使用平板电脑实时监控库存，以协助客户。如果商品售完，则可以根据需求即时补充库存。这一属性实现了跨渠道库存的可视性和库存管理。

智能分发操作是指在各类仓库内部和跨仓库实现高灵活性、数据驱动和平衡的"人—技术"的互联，以提供高效、适应性的服务。这些活动包括动态识别、接收、拣选和组合订单，计数、存储和检索产品等。该子功能支持实时可视性、实现流程优化、提供应对实时变动的能力，并减少或消除错误。例如，美国一家领先的技术公司和中国一家领先的科技公司已经部署了数百个机器人，这些机器人可以动态地将货架送到拣货员面前，还增加了协同机器人，并在仓库内部试验了无人机。这样做潜在的好处是在白天和晚上可以以同等成本操作仓库，提高准确性，更好地利用空间和人力资源。

智能投递操作是指以动态的、数据驱动的、自动选择的最佳模式和路线，实现自主、高效、快速投递服务。这种子功能支持更高的客户便利性、更高的效率、更短的交付时间、实时可视性和环境监管合规性。例如，一家在线鲜花零售商与一家技术地图公司合作，以解决花店对无限制送货路径点的依赖。在特殊的日子里，如情人节，5 小时内可能会有 1000 次投递。该导航系统整合了多个数据源，并自动对送货订单进行分组。该系统结合实时交通状况来优化路线，并提供订单状态的跟踪和通信。除了这些功能，物流公司还允许客户指定取货时间和地点，并将这些信息发送给导航系统，以动态更新路线。

最后，智能网络设计是指灵活地对各个履约点的角色和能力进行敏捷的、数据驱动的协调及分配。总的来说，设计一个网络以更好地服务客户和获取资源是非常有意义的，但是，管理者需要决定这个网络的配置，以及确定需要多少不同的操作在多大程度上协同工作以创造客户价值。智能网络设计子功能支持虚拟互联和配送能力的快速扩张或收缩，并能快速重新配置以增强满足客户不断变化的服务需求的能力。供应商和物流供应商可以与重点企业进行虚拟连接，并动态地改变存储和处理能力，以适应不断变化的需求。例如，一家电子商务初创公司，利用遍布美国各地的配送中心网络，迅速而显著地增强了其履约能力。

动态履约的使能技术及其属性

为了支持数字化供应网络的动态履约子功能，管理人员和供应链专业人员将需要选择和部署正确的智能技术。新技术可以使履约功能以最佳方式运行，并对季节性需求或不同产品需求等做出快速反应。自主机器人和无人机在物流操作、智能设备、物联网和人工智能中的应用是达到灵活履约能力的基石。适当地结合和整合这些技术，可以支持资产及物品移动的跟踪、提高劳动效率、减少库存与浪费，并将质量缺陷数字化。在履约业务中使用自主机器人和智能设备，可以为数字化供应网络提供高效处理环境动态变化的能力。更具体地说，它们可以实现全渠道履约、精简的仓库和运输、实时可视性，以及对不断变化的条件及需求的适应性。让我们来看看支持动态履约能力的突出技术类别及其属性。

❖ 无人机

如表10.1所示，无人机可在"最后一英里"交付、供应链可视性、基础设施检查和控制，以及库存拣选及移动方面做出贡献。虽然其运营范围仍然有限，但其增加客户服务和改变"最后一英里"交付的潜力是巨大的。包括美国在内的多个国家已经批准了无人机的商业化运作，并且这种概念正在迅速发展，包括从卡车、仓库和商店等发货运输。一些主要的物流供应商正计划让无人机从汽车上起飞，完成货物最后几英里的配送。在这个一般性概念中，一些主要的原始设备制造商已经与无人机设计师合作，探索无人机在行驶中的车辆上的对接工作。另一家重要的物流供应商正计划在附近的站点使用无人机激活的RFID标签，向客户发送短信。另一种配送方式为通过可控降落伞投放包裹。还有一些概念将无人机悬停与地面机器人集成在一起。

表10.1 物流和履约中的无人机应用

应用	能力	使用
外部	"最后一英里"配送	• 从卡车配送 • 从DC配送 • 从商店配送 • 从空中配送
内部	可视性和控制	• 库存检查 • 库存移动 • 设备检查 • 货场管理

在仓库内部，应用了RFID技术的无人机可以在仓库中实现实时库存可视性。在这一应用中，无人机在仓库中导航，通过扫描RFID标签进行实物盘点。在库存管理方面，管理者可以利用无人机进行库存审计、库存管理、周期计数、

物品搜索、缓冲库存维护和盘点等工作。例如，一家知名的零售商曾使用无人机在一天内检查其整个 100 万平方英尺（1 平方英尺≈0.093 平方米）的配送中心的库存。除了实现仓库可视性，企业还可以利用无人机来进行拣货和库存移动，以扩大垂直维度。无人机可以在配送中心超高的货架上堆放和拣选货物。机器人创新融合了机器视觉、传感和学习方面的最新发展，使机器人能够与人类协同工作，包括完成拣货和包装等复杂任务。

仍然是在仓库和配送中心内，随着室内导航技术的发展，无人机有可能进行工具及零部件的现场快递。一些供应商已经开始开发先进的室内导航技术，将 3D 深度传感器、带有 360°广角摄像头的 3D 扫描仪，以及基于视觉的定位和绘图算法结合起来。无人机最终将能够相互协作，并与其他机器合作。互联系统将能够实时交换和处理大量数据流，以最优地同步所有资源的移动。例如，机器人仓储检索系统可以与无人机或自主移动机器人进行通信，以动态检索物品。然后，这些物品可以补充给机器人，并且出库移动分拣机可以与无人机及地面机器人车辆等独立运输管理实体进行通信。市面上有一种解决方案是将无人机和自动地面车辆结合起来，自动地面车辆顶部有一块校准板可以提高定位精度。在这种解决方案中，无人机通过电缆与地面车辆相连，增加了电池的使用时间。

"最后一英里"交付业务和内部仓库业务之间的交叉点是拖车场。无人机可以通过跟踪和优化控制大量的运输及库存资产来更好地潜在协助堆场管理。运输资产在目的地或出发地的拖车场闲置的时间可能占其总运输时间的 40%。在拥堵或难以进入的地区，基于无人机的监控具有巨大潜力。另一个具有无人机利用潜力的领域是内部物流。无人机可以将产品、零部件或支持材料，如堆料、包装和收缩膜，从一个配送中心转移到另一个配送中心或从制造过程直接转移到配送中心。例如，无人机可以将零部件从附近的仓库运送到工厂的工作车间。在这一应用中，企业可以根据需要将材料从偏远位置转移到运输地点，或者供应商可以及时向原始设备制造商交付零部件。内部物流使用案例包括在欧洲地区已经批准无人机在工厂场地自动飞行运送备件和在现场运送实验室样品。随着自主无人机技术的成熟，其在仓储和配送业务中的实际应用将赋予基础数字化供应网络灵活性和敏捷性。

❖ 协作式自主移动机器人（AMR）

无人驾驶的自动导引工业车辆，也就是业内俗称的自动导引车（Automatic Guided Vehicles，AGV），早已成功地用于自动化物料在仓库、配送中心和制造工厂之间的移动。这项技术取代了非增值的重复性物料运输和交付。最近，一种基于新技术的新型机器人车辆使这一解决方案变得更加智能和快速，即自主移动机器人（Autonomous Mobile Robots，AMR）。AMR是 AGV 升级后的形式，供应链和物流管理可以在不需要任何辅助基础设施（如使用标记、电线、植入地面的磁铁或精确定位的激光目标）的情况下使用。

与 AGV 类似，AMR 支持自动化，但在履约操作方面具有灵活性。它们不仅能够 24 小时不间断地工作、处理各种材料，而且当它们开始一个新的任务时，也不需要人类的培训和学习曲线。管理人员和供应链专业人员将能够部署这种技术，以替代人类劳动或增强人类的努力。此外，由于 AMR 的连接性，其能在物流操作过程中捕捉到移动数据，从而支持分析和模拟，这在人类操作工进行移动时通常是不可行的。使 AMR 有望支持动态履约的一个特点是，它们被设计为具备协作能力；另一个特点是，传统的 AGV 感应到障碍物，通常会停下来直到障碍物被移走，而 AMR 可以在有行人通行的道路上行驶，不像 AGV 那样通常需要在受控的环境下运行。

AMR 集成了多种融合的传感器，如 LiDAR 和短程 3D 摄像机，以及强大的车载计算机，使其能够了解其运行环境。供应链的管理者可以利用 AMR 使履约操作更具灵活性。在配送中心和物流设施中，协作式 AMR 可用于定位、跟踪和移动库存。AMR 可以联合工作，共同完成多项仓库任务，包括为拣货员提供协同货物到人、手提箱检索、库存补充、循环计数和物品验证等功能。AMR 系统将在几天内实现仓库自动化，而使用传统方法需要数周甚至数月的时间。AMR 系统不需要复杂的编程，可简化物料处理，支持设施工作流程的快速设置和修改，以适应动态环境。

虽然许多 AMR 使用传感器和算法在动态环境中进行安全导航，但目前它们还不能利用感官输入进行高级决策。然而，一些 AMR 可以利用人工智能和视觉算法来适应现有的物流环境。人工智能的使用使 AMR 更加高效，增加了 AMR 可执行任务的范围，并减少了其为适应工作环境而进行的适应性调整。成熟的 AMR 将具备在无人值守的复杂环境中运行的能力，其在这种环境中有可能遇到意外情况。这些 AMR 可以自主地了解情况，并充分传达其状态。

车队管理系统可以根据 AMR 使用的地图软件产生的多种方式选择理想的送货或取货路线，这有助于提高其灵活性。AMR 车队还可以相互通信，以最大限度地提高交通流量、避免碰撞，并提高效率。决策者可以将 AMR 与其他技术集成，如制造工厂的可编程逻辑控制器（Programmable Logic Controllers，PLCs）或配送中心的云端分析软件，从而产生物联网自动化解决方案。来自 AMR 小车的数据可以使基于云的管理系统根据不断变化的环境条件进行有效分配。云管理系统可以利用每辆 AMR 小车的位置和当前取货进度的信息，在整个 AMR 车队中智能分配进货工作。云管理系统通过与 AMR 连接可以完成对资源利用率、生产率趋势及库存位置如何影响拣选的模式的分析。

我们可以将 AMR 分为两大类：车队管理（通常用于更大的有效载荷和更远的原点到目的地的路线），以及拣选优化（通常用于将机器和人员的移动整合到用于提高拣选吞吐量的流程中）。仓库可以利用 AMR 完成从货物到人的拣选，即 AMR 在仓库中灵活移动以实现产品在员工和工位之间的转移。当 AMR 与带有 RFID 标签的产品、设备相结合时，AMR 还可以监控库存，并自动进行库存扫描。在某些应用中，叉车也正在变得智能化，并具有完全的自主性，主要用于提供那些附加值不高、重复性强、涉及长距离的搬运过程的作业。同样，AMR 的自动存储和检索系统的功能性、智能性和连接性也将继续扩大。简而言之，用于物流作业的创新机器人正变得越来越灵活和自主。在物流作业中部署创新机器人将为管理人员和供应链专业人员的设计过程提供支持，以建立动态履约能力。

❖ 地面自主"最后一英里"配送

配送的"最后一英里"是整个旅程中最难预测且最复杂的部分，尤其是在拥堵的城市区域。这些区域充满了车辆、骑行者、行人、动态的交叉路口和交通规则，每个方向都有活动且停车位有限。虽然自动驾驶小车的广泛应用还面临着许多技术挑战、监管法规和社会障碍，但该行业已经取得了很大进展，许多应用已经进入概念验证阶段。这项技术具有巨大的潜力，将成为支持动态履约能力的重要组成部分。

我们可以将许多正在开发中的解决方案分为按需的包裹配送和从零售商到客户的配送。一些物流供应商和技术公司已经推出了一些概念，即零售商将能够接受附近客户的订单，并在当天通过轮式自主机器人直接将货物送到客户的家中或送到企业。这一概念旨在为零售商提供自主化的当日和"最后一英里"配送能力。这种机器人应该在人行道上和路边行驶，并运送小型货物。它将采用行人安全技术，以及包括激光雷达和多个摄像头在内的先进技术。这些机器人还将使用机器学习算法，以检测和避开障碍物、绘制安全路径，并遵循道路和安全规则。

一些概念性的使用案例认为，自动驾驶小车可作为一种辅助技术，用以解决因运送包裹时需要长途跋涉而造成的效率低下问题。这一概念在停车位有限的地区可能特别有用。在这种情况下，送货员通常需要将车辆停在离最终目的地较远的地方，然后步行到客户门前或邮箱处。这种来回行走配送非常耗时，如果包裹很重，送货员也会很吃力。这里的应用是，在一个区域内需要配送多个包裹的过程中,让自动驾驶小车跟着送货员走。使用自动驾驶小车辅助送货,可以消除城市送货过程中的一些低效率和危险性等问题。一个相关的潜在案例是将包裹从自动驾驶小车移交到服务于多个客户的包裹站,如建筑楼、社区、街区或校园。在这里,这个过程将消除"最后一英里"的复杂性和低效率问题。

更进一步地说,自动驾驶小车将不再只用于协助送货员。一个潜在的应用案例提出,将自动驾驶小车与送货机器人结合起来。有一个包裹递送的概念使用了由机器轴驱动的机器人,这些机器人的设计灵感来自犬类动物,它们可以自动地将货物送到客户的家门口。这个概念背后的理念是,提供一个由无人驾驶车辆和送货机器人组成的无缝移动链,从而将包裹送到客户手中。这样做的目的是避免客户出门迎接货车,因为送货机器人/狗可以离开拖车,并在人行道上导航,走上前廊台阶,直接到客户门口,甚至按门铃。还有一个概念是使用小轮机器人配送包裹。例如,多家科技公司的解决方案都通过使用先进的人工智能技术来实现导航和交互功能,其目前处于概念验证阶段。车载人工智能在动态复杂的环境中,以人行道、行人、道路和铁路交叉口为特征,不断感知并应对新情况。在这里使用人工智能技术是至关重要的,因为这种环境是不断变化的。

除"最后一英里"外,另一个已经通过概念验证但仍属于短途领域的例子是一家主机厂形成了无舱电动自动卡车配送解决方案。该车第一个真正的任务是沿着预先设定的公共道路路线在物流中心和港口码头之间运输装有货物的集装箱。该车旨在优化港口、工厂区和物流特大中心等高度重复、短距离、大批量的交通流中的运输。该车是一个庞大的生态系统的一部分,并将通过基于云的服务和管理中心,在一个相互连接的网络中与其他设施共同运作。该系统提供了为企业改进的配送精度和灵活性。像这个例子中的无舱电动自动卡车将使企业能够以无缝和可预测的运输流持续地运输货物。

在零售商到客户的配送方面,一些汽车制造商和科技公司正在合作探索包括移动站在内的自动车辆配送概念。例如,一家大型科技公司正在试验一种智能配送系统。在该系统中,员工可以给送货机器人装上最多30个包裹,这样机器人就可以在半径为3英里的范围内自动投递包裹。车辆可以规划路线,避开障碍物,识别红绿灯。通过面部识别技术,客户能够领取包裹。另一家大型汽车制造商提出了一个概念,即让双足机器人折叠在自动驾驶小车的后备厢内,当自动驾驶小车到达目的地时,后备厢弹开,机器人会自动展开双足并拿起包裹,然后放在客户的门口。

另一个正在进入概念验证阶段的案例是自主站点。在这里,企业可以派遣独立站点驶向客户,而不是要求客户前去中心地点。例如,在中国,有一款集成了人工智能增强软件和移动支付系统的自主移动便利店正在进行测试。客户通过一款应用程序进入商店,将购买的商品放入智能购物车或扫描物品,人工智能全息助手就会在客户的手机上对其购买的商品收费。自主站点还配备了太阳能电池板。这个理念旨在消除大城市中高昂的人员和租金成本。虽然自主站点目前还没有在试验场外运行,但其最终目标是利用人工智能来进行城市街道导航,并能开到仓库进行自动补货。

地面自主"最后一英里"配送领域的挑战是"最后十码(1 码 ≈ 0.9144 米)",尤其是在城市地区。随着电子商务和经济的不断发展,投资"最后十码"具有巨大的潜力。然而,部署机器人将包裹送到客户的家门口,需要高度的系统集成和大规模的技术投入。也许在不久的将来,无人机可能会服务于郊区,而"最后一英里"地面机器人可能会更多地帮助城市地区。我们还可以看到针对"最后一英里"配送的不同的解决方案:一些企业正在投资他们的"最后一英里"配送机器人,而另一些企业正在为那些对自己的硬件不感兴趣的企业开发解决方案。

❖ 视觉拣选和可穿戴技术

科技化拣选技术的使用已经不是什么新鲜事了。例如,语音导向仓储技术使直流操作流程得以简化，从而提高了生产力和效率。这项技术解放了工人的双手，并通过允许他们压缩任务来提高他们的灵活性。这项技术通过提高补货、加工和装载等流程的准确性，帮助配送中心提高生产力。然而，语音导向仓储技术的智能性和适应性并不强，所以它更适合标准化活动较多的环境。随着适应性需求的增加，语音拣选能力的延伸就是视觉拣选。这种扩展对于全渠道环境至关重要，它要求供应链专业人员向工人提供按需库存搜索和产品信息，以便他们能够快速完成订单，而不受订单来源（实体店或在线商店）的影响。

我们可以将可穿戴技术分为虚拟现实、增强现实和混合现实。其中虚拟现实是指用户完全沉浸在计算机生成的模拟环境中。增强现实和混合现实都保留了现有的物理现实，但加入了数字元素，创造出真实和虚拟混合的新环境。视觉拣选利用增强现实技术将图形、图像叠加在工人的视线上，为物理物体添加数字信息。此外，它还经常提供与实体及数字设备交互的实时用户界面功能。我们开始看到智能视觉技术在配送中心拣选、包装和运输方面的应用。尽管可能比自主机器人的贡献程度要低，但智能视觉技术的应用可以改善人工订单拣选、分类和包装的过程，同时有助于提高动态履约能力。它们有可能被用来指示通往下一个拣货点的最短路径，并能突出显示工人需要拣选的物品。

一些视觉拣选系统开始提供实时物体识别、条码读取、室内导航，以及与仓库管理系统相关的信息集成功能。使用这种系统可以让工人看到数字拣货清单和最佳路线。条码扫描和图像识别系统可以确认工人是否到达了正确的位置，并引导正确的物品。一旦被拣选，被扫描对象的信息可以更新至仓库管理系统，产生实时的库存更新信息。增强现实技术还可以改善配送中心和仓库内外的拣货流程，无须使用手持设备手动扫描货物以检查货物是否完整。增强现实技术可以使工人只需要简单地看一眼货物就能快速完成同样的检查。以上这些工具与 3D 深度传感器等其他技术相结合，可以使工人确定托盘和单个包裹的数量或体积，并更快、更有效地评估其完整性。

增强现实技术的另一个案例是优化装卸过程（见图10.3）。在装载过程中，增强现实可以为工人提供托盘或包裹的顺序和位置的实时信息，以及直观的装载指令说明。使用增强现实技术可以实时地对每个物品的空间需求进行计算，检查车内是否有合适的空间，并交叉参考装载的各项信息，如重量、易碎度和交货点等，并指示工人将物品放置在哪里。这将进一步减少纸质清单的使用，加快流程，最大限度地利用空间，并可能会降低损坏的风险。在卸货过程中，使用增强现实技术可以省去工人寻找正确包裹或托盘所花费的时间。

图 l0.3　使用增强现实技术进行货车装载

视觉拣选和可穿戴技术可以协助日益复杂的仓储操作，并在许多方面为动态履约做出贡献。它们可以通过直接向工人提供有意义的信息、指令及文件来提高产品质量和生产力。例如，许多仓库和物流操作及任务的完成都需要基于经验的技能，而物流的复杂性、速度和活力也在不断提高。因此，供应链专业人员可以将最佳实践经验总结出来，然后他们可以利用这些技术来传播生产和工艺知识，引导工人学习。供应链专业人员还可以结合可穿戴设备来协助安全工作。

Chapter 10
动态履约

❖ 传感器、远程信息处理和物联网

仓库自动化系统，如输送机和分拣机，已经投入使用了相当长的时间，这些系统将数据输入仓库控制系统。然而，有线网络通常会限制自动化物料处理系统。虽然传统的自动化设备，如自动码垛和卸垛，已被证明是非常高效的，但其具有局限性，因为它们通常只适应类似的产品形状和处理类型。这一特点要求产品具有高度的标准化，因此限制了传统自动化技术简化和流程改进的发展潜力。

随着社会的发展，管理人员将有机会使用新的传感技术和基于云的平台，将机器学习应用于预测分析。解决方案提供商正朝着将关键仓库资产的运行状况作为一个整体进行物联网分析的方向发展。例如，利用振动传感器等传感器选项的数据，一家重要的解决方案提供商已通过其产品配置去分析关键物料搬运系统组件（如电机）的资产健康状况。该解决方案提供商将传感器数据与自动化控制系统数据进行比较和关联，从而可以直观地了解设备的运行情况。物料搬运设备供应商正在为他们的设备开发一系列经过预先测试的传感器，管理人员则可以使用传感器为许多类型的工业设备添加监控功能。管理人员还可以使用许多现有仓库系统的传感器，将数据输入基于云的警报、报告和分析的解决方案中。

带有预置报告和警报软件的叉车远程信息处理是物联网解决方案的另一种形式，它将继续在配送中心推广、应用。远程信息处理技术为供应链管理人员提供了接近实时的利用率和卡车可用性的可视性。它们还为运营商提供了数字化安全检查表。管理人员可以利用卡车产生的数据通过基于云的软件对车队进行分析。企业可以利用远程信息处理技术的连接性和分析能力来进行决策，如调整车队组成。

物联网在仓库和配送中心的应用包括使用传感器监测冷库区域温度变

化，材料处理系统中电机产生的热量、振动、环境湿度、物体运动等。例如，管理人员可以利用传感器生成的冷库内热点区域的热图，来调整通风或房间配置。对于管理人员来说，物联网带来的真正好处将体现在仓库控制系统、用于捕捉物联网数据的数字平台，以及用于数据分析的云端分析技术的结合上。这些数据可以来自自动物料搬运系统、叉车传感器、楼宇自动化系统和安全系统等。

分析能力可能是成功实现互联仓库资产解决方案最大的挑战，但也带来了机遇。仅仅收集额外的或新的资产数据既不能产生更好的结果，也不能提高仓库和配送中心的动态履约能力。对现有数据的实际分析很可能是仓储和物流运营数字化的关键所在。例如，配送中心中的一条输送线每天可以产生多达 5TB 的数据，然而，配送中心的管理层可能不知道这些数据是否来自对工作订单至关重要的资产，以及这些数据与配送中心运营的其他部分有何关联。

❖ 人工智能与分析方法

动态履约能力的基础是连接性、分析能力和智能软件基础设施。通过使用实时数据和决策技术，来动态管理资源分配、任务分配和物理移动等，而这些特点使得机器人技术的部署和未来履约业务的数字化变得更加灵活。随着条件和需求的变化，人工智能驱动的软件协调和优化资源的能力将日益成为动态履约能力的关键基础。人工智能有望推动工业自动化发展，使软件工程师编程的预设算法不再限制机器，而是成为机器"自我学习"的实体，通过"将感知映射到行动"，不断监控、添加和摒弃显著条件以实现特定目标。在供应网络应用方面，人工智能分为两类：一是增强型，即人工智能协助工人；二是自动化型，即人工智能在没有工人干预的情况下发挥作用。

人工智能将提高仓库系统学习和适应当前环境状态的能力，而不是仅集合预设规则。例如，一个仓库和配送管理组织将能够在其仓库管理系统中利用机器学习来确定在给定环境下完成给定任务所需的时间。仓库管理系统利用机器学习算法来检查过去的数据，包括任务类型、持续时间和项目特征。然后，它将确定哪些条件会影响完成任务所需的时间。在下一次分配任务时，仓库管理系统将在估计完成任务的时间前考虑这些条件。例如，一个自主拣选机器人捕捉到的数据包括机器人看到了什么（摄像头）、做了什么（路径和拣选方法），以及发生了什么（成功或失败）。卷积神经网络采集这些数据，使自主拣选机器人能够区分相邻的物品，这有助于提高自主拣选机器人拣选的准确度。

小结

移动机器人和人工智能技术将对我们如何对配送及履约业务进行设计、建造及运营产生巨大影响。这些技术更加灵活，使我们能够实现适应性和动态履约能力。这些结果与传统自动化带来的长期权衡形成鲜明对比。传统自动化设备为组织降低了成本，但往往需要较长的安装和调整周期。新技术更智能、更灵活，并且不需要大量的基础设施，而这些基础设施会使改变或重新配置变得困难。随着技术的不断发展，我们将能够部署机器人和自主物料搬运机器人，实现零接触和高效率的环境。

随着数字化供应网络概念的发展，管理人员将能够将他们的配送中心从预测驱动型转向需求驱动型，以人工智能、机器人和物联网的结合使用为基础，以实现动态履约能力。物联网将越来越多地提供以前无法获得的丰富数据缓存，而人工智能将帮助管理者进行微观决策，并将其优化到以前无法实现的水平。其他的机器人技术、仓库管理系统和其他形式的自动化技术已经改善了物流和履约操作。然而，这些系统通常是在有界约束条件下运行的，而且大多是不灵活的。决策是在既定的规则、能力和资源下进行的。随着我们的进步，物流和履约环境将继续变得更加动态和复杂。当前的条件将比预设的规则更加关键。因此，新技术和连接性的结合将变得至关重要。企业将需要一个能在日益动态的环境中智能平衡能力和资源的系统。

  本章讨论的适应性强的先进技术为管理人员和供应链专业人员提供了在需求感知、路线优化，以及在仓储和物流活动方面简化交付及履约操作的机会。更重要的是，它们为组织提供了将流程转换为可以完全支持当前的和新的商业模式的可能性。我们可以设想，在未来，人们将会设计出一个足够智能和动态的履约流程。例如，物联网将向配送中心发出延迟入站货物的警报信息。人工智能会根据这些信息，决定发布和部署特定数量的劳动力来卸载卡车的最佳时间，同时安排机器人车辆来协助完成相应的操作，以及决定该批货物中的哪些部分应该直接用于履约订单，并动态改变资源数据来赶上预先设定的时间。这种动态将履约作业提高至全新的自动化、可视性和智能水平。将机器学习、人工智能和物联网与数据分析，以及本章及其他章节中讨论的其他功能相结合，将支持真正的动态路径规划、调度、交付、资源利用，并最终实现动态履约。愿我们继续生活在支持数字化供应网络发展的激动人心的时代。

Chapter 11
互联客户

客户是任何业务的关键，是一个企业能够生存的第一动力！在当前的数字化时代，客户不再是产品的被动买家，不再处于价值链的末端，而是贯穿产品及其相关服务整个生命周期的主动合作伙伴。客户通过先进的技术和协同的应用程序成为互联世界的一部分。在本章中，我们将讨论当前个性化时代下不断变化的客户，并举例说明传统供应链管理中的客户互联部分，然后描述数字化供应网络中客户互联能力带来的改变。在介绍互联客户的能力之前，我们将深入研究影响客户管理的相关技术。

个性化时代下不断变化的客户

在当前的数字化时代，客户需要个性化且易获得的产品（无论在网上还是实体商店）。他们可以任意更换品牌，以获得更好的体验、更实惠的价格及更快的快递时效。同时，如果客户与组织建立了基于价值的良好联系，他们会愿意支付溢价，建立对于品牌的忠诚，成为品牌的拥护者。

技术、数据、计算能力、制造敏捷性和数字化供应网络优势使组织能够将客户视为需要服务并使其获得愉悦体验的个体，而非数量庞大的被动用户。图 11.1 所示为数字化时代下的产品定制和互联客户示例。例如，一家口腔用品制造商可根据客户的牙龈敏感度、清洁习惯、牙齿状况，以及牙医所分享的任何补充信息，向客户推荐并提供合适的牙膏和牙刷。客户在刷牙时，手机应用会实时显示清洁的效果，并建议其是否需要加强对牙齿的关注。再如，一家鞋业公司分析客户足部与地面的接触方式、足部抬起特点，以及用户的锻炼和鞋子使用习惯，推荐并交付客户定制的鞋子。又如，如果没有达到计划的用药剂量，药盒上的智能盖子会提醒病人和看护人员。

在线零售商实时跟踪产品的点击率和购买模式，以更好地进行产品推荐。实体零售商店则通过尝试追踪店内客户来实现实时推荐，包括参考客户的个人资料、偏好、过去的购物历史和当前的货架位置。一旦客户在进入商店时扫描了其信息，通知便会被发送到客户的手机上，或者显示在与购物车相连的智能屏幕上。零售商也在试验结账流程，测试自动化和无收银员模式。

同样在图 11.1 中，一台联网的开采和施工推土机不断地将设备的使用信息及机器状态发送到云端，在其需要补充燃料、调整发动机或更换轮胎时，

Chapter 11
互联客户

操作人员将收到提醒信息。连接到云端的汽车可通过互联网自动获得所需的软件更新,同时由汽车的生产商或经销商监控汽车的性能,以保证汽车处于最佳使用状态。戴在狗脖子上的智能项圈可以监测狗的健康状况和饮食模式,为主人提供相应的建议。互联的家居环境可使用数字化设备来保护其安全,并通过跟踪冰箱货架和其他所识别的区域来自动补充必需品及食物。

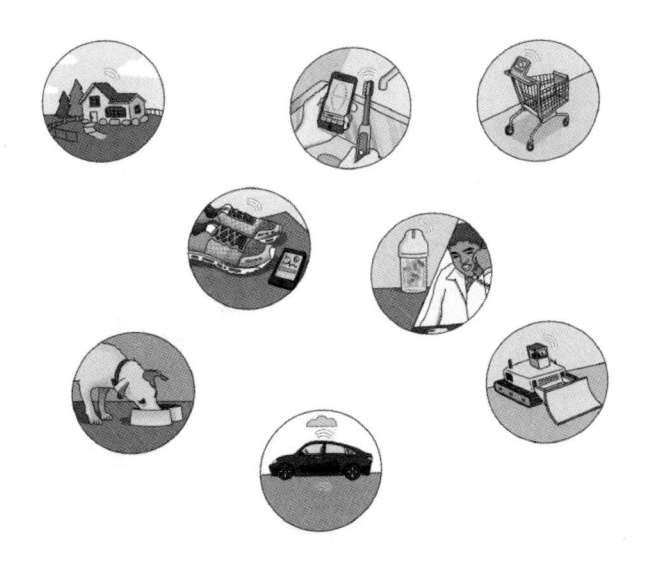

图 11.1　产品定制和互联客户示例

前面分享的示例展示了不断变化的产品使用模式、开发、交付和客户交互过程。与之前的大众市场和大众传播时代相比,当前数字化时代的消费者行为已截然不同。图 11.2 所示为在传统供应链管理环境中组织所使用的客户服务渠道。产品在工厂中被生产,之后被转移到配送中心,然后被运送到零售商店,最终被客户购买。这种策略是面向针对大众市场的标准化产品所制定的。客户是否购买产品受大量单向传播信息的影响。组织所在的供应链通常假设客户受营销传播的影响,从零售商店购买产品。因此,零售商店被视为客户,而客户被视为大众市场,供应链管理过程的设计与构建服务于组织和零售商的关系。

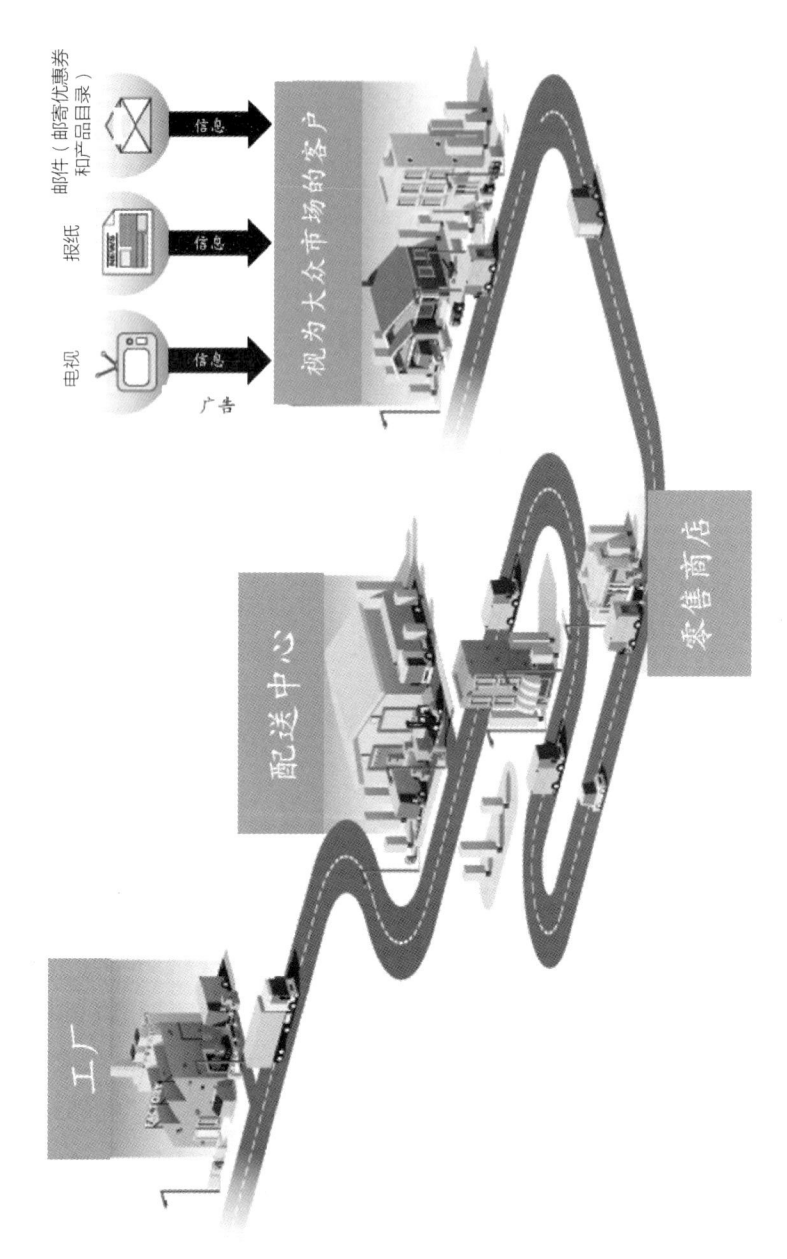

图 11.2 传统供应链管理环境中的组织所使用的客户服务渠道

Chapter 11
互联客户

过去十几年，网上购物渠道被不断采用，当日送货上门的便利改变了供应链流程，使客户能够参与产品设计、制造和交付。与传统供应链相比，数字化供应网络中的客户连接过程看起来完全不同。图11.3所示为数字化供应网络中的客户服务示例。客户不再被视为被动的大众市场，而被视为数字化供应网络中的主动的、互联的节点。客户通过不同的渠道与企业交流、与产品交互，并与制造商直接联系。无论产品及品牌是好是坏，现在的客户都愿意大胆分享自己的意见，并进行讨论。支持这种信息共享过程的数字化渠道有很多种，如图11.3所示。虽然传统的信息共享方式（如电视、报纸、邮件）仍然适用，但市场更容易受到客户在社交媒体平台上分享的评论、经验和建议的影响。个性化、便利性和愉快的体验已经成为客户购买及品牌宣传决策制定的差异化因素。

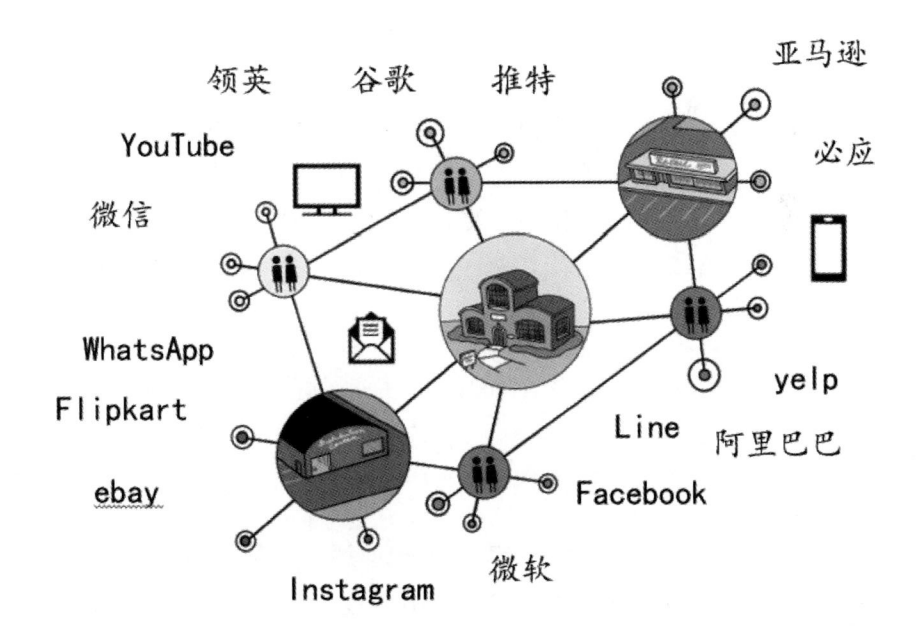

图 11.3 数字化供应网络中的客户服务示例

传统供应链管理中的客户管理流程

供应链管理的目标是确保当客户为了自己的需求走进商店时,可以在货架上找到产品。在传统供应链的"计划—采购—生产—交付"过程中,客户服务集中在交付过程中,其目标在于产品的可用性。在传统供应链管理中,零售商被视为客户。因此,满足零售商店的补货订单是传统供应链管理成功的关键。

❖ 传统供应链管理中客户服务的运作模式与成功准则

在传统供应链管理中,交付成功的考核标准是订单完成率,关键业绩指标包括单位供品率、产品线供品率和订单供品率。单位供品率衡量准时交货的产品数量所占产品订购数量的百分比;产品线供品率是指按时完成的产品线所占订购产品线总数的百分比;而订单供品率是指准时交货的订单占总订单数量的百分比。

为了确保订单完成率,以及让组织和零售商了解库存的可变动水平,需要对供应链进行设计及管理。将库存放在不同的补给地点,包括配送中心、仓库及工厂,来提高产品的可用性和服务的可靠性。

安全库存计算的输入包括订单交付的提前期、客户需求的变化、物流和运输时间。然后在规定地点存储计算得到的安全库存,进行供应链规划。2015—2020年,即使处于一个有规划过程的、管理良好的供应链中,美国零售商店中仍然有8%~10%的产品缺货。

Chapter 11
互联客户

供应链管理侧重于将需求集中于中心工厂来实现规模经济，最小化产品的单位成本。生产规模通常被优化，从而使客户以最低的价格获取零售商产品。

虽然组织常通过目标市场的样本数据来挖掘客户对产品的反馈，但是组织到客户的价值流仍然是单向的。组织针对大众市场开发产品，进行批量生产以实现规模经济，随后将产品置于零售商店，借助广告这一单向推广的形式建立客户对于产品的认识，吸引客户前往零售商店进行购买。

❖ 传统供应链管理中客户服务遇到的挑战

传统供应链管理中客户服务遇到的第一个挑战是，将客户视为商店销售产品的一般人群。旧的方法和技术无法让客户成为产品开发及定制的积极合作伙伴。"定制"是供应链中常使用的术语，然而，其通常只出现在 B2B 买卖关系中，特别是复杂的机器或高成本的工业项目。供应链过程具有产品标准化、订单集中聚合、"批量生产—存储—运输"、客户接触点有限等固有特性，导致了有限的价值创造和被动的消费者。

多渠道管理是传统供应链管理中客户服务流程遇到的另一个挑战。无论客户使用哪种渠道，都希望获得同样出色的体验。对于一个仍然运行在传统供应链管理流程的组织来说，想要在实体商店、在线渠道和在线订单（带有商店提货模式）获得同样的效率及客户满意度，可能很复杂、无利可图且不好管理。

对在传统供应链管理中遇到过产品和服务问题的大多数客户来说，客户问题管理一直是不良体验的一个来源。大多数运营传统供应链的组织在客户问题管理上都是乏力的。例如，客户的投诉会经常通过一个电话或电子邮件转移到组织的其他部门。对于不同的渠道、不同的问题（交付、服务、价格）、不同的产品线、不同的位置等，通常都有单独的求助热线和解决团队。研究表明，大多数客户在他们的问题被转移三次以上后就会放弃该组织，组织会彻底失去该客户，并面临在数字渠道被客户传播负面评论的风险。

对于那些想要维持与敏捷数字化供应网络管理竞争对手相同的客户服务水平的组织来说，多渠道、多地点的复杂性，以及旧的流程和技术能力，可能会使组织成本成倍增加。这些因素对于组织的运营成本影响巨大，因为其通常要求组织提供安全水平高的库存来满足服务目标。

总而言之，传统的、线性的供应链并不是为了解决以客户为中心的数字世界中的复杂挑战而设计的。下一代以客户为中心的流程，通过能够管理、协作、优化通信和运营的技术，解决了传统供应链管理中的客户连接问题。

数字化供应网络管理中的客户连接过程

数字化供应网络管理中的互联客户意味着从交易型消费者的交互向整体客户参与的转变。客户是业务流程中的积极参与者，而不是产品和单向信息的被动接受者。在数据和技术的帮助下，以创新的方式解决客户问题成为产品开发、制造和物流过程的驱动力。

图11.4所示为数字化供应网络管理模型中的客户旅程。感知、获取和交易阶段是客户与组织进行信息交互与沟通的阶段，目的在于促进客户购买产品或服务。在数字化供应网络管理的这三个阶段中，组织和客户以协作的方式连接在一起，通过数字化技术、平台和渠道共享的数据相互了解。交易阶段的下一个阶段是客户参与及价值丰富阶段，形成了一个良性循环。如果交易后出现了产品或服务问题，则组织可以在服务和解决阶段借助重新定义的

客户连接过程及加强的技术，以高效、有效的方式解决问题，促进客户的再次参与并使其获得充实的体验。

借助数据、计算能力、先进而廉价的传感器和物联网设备，数字化供应网络管理流程可以实现产品和服务的个性化。对于当今时代的客户来说，他们已经准备好通过分享个人信息来为生活增值。人们向组织提供他们的个人数据、健康检查数据、DNA 数据和生活方式信息以获得个性化的产品。例如，一家能量饮料供应商成功地获得了消费者的汗水数据及其目标（减肥、耐力、健身等），提供与他们的个人补水需求一致的饮料。DNA 信息与体重、身高和年龄等生理数据一起被食品供应商用来提供个性化的食物。一家护肤霜制造商与人们去做皮肤测试的医疗诊所合作，根据测试信息，通过机器学习算法识别客户最适合的护肤霜活性成分组合。诊所中的一个小型设备实时进行活性成分的混合，让客户回家时就能带着个性化的产品。这种个性化正在影响着每一个行业，包括食品、医药、健身、汽车、消费品、家具、服装、鞋类、娱乐等。目前没有任何行业不受个性化和数字化的影响。设计思维可以帮助增强产品的个性化，其鼓励组织关注他们的目标客户，从而带来更好的产品、服务和内部流程。数字化工具允许组织通过共鸣、定义、构想、原型和测试阶段培养对客户的同理心。这些阶段包括从用户的角度理解、定义问题和解决方案、构思并创造解决方案、对解决方案进行原型设计，以及与用户一起测试该解决方案。关于设计思维和以客户为中心的方法的更多信息将在第 13 章 "数字化供应网络转型手册" 中讨论。

通过从实体商店到在线商店或手机 App 等连接渠道，数字化供应网络中的客户连接过程提供了相同的客户愉快体验。库存管理可以与网络设计同步进行，以采取一种统一的渠道来服务零售商店和网上客户，从而获取库存放置的优势。传感器、指挥中心和控制塔支持了库存端到端的可视性，满足了不间断的敏捷企业的需要。

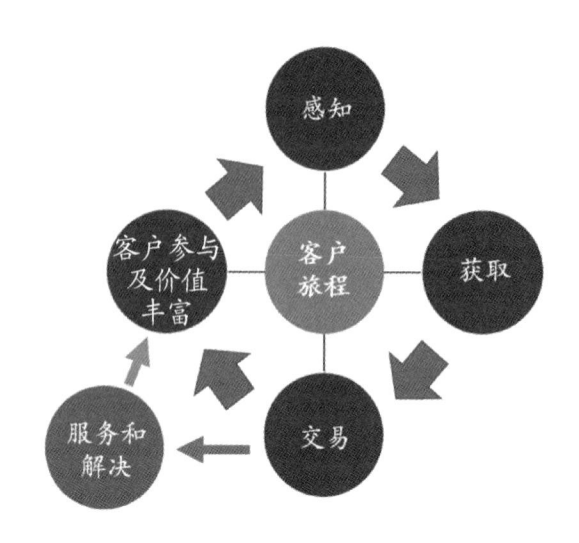

图 II.4　数字化供应网络管理模型中的客户旅程

在数字化供应网络框架中，产品和服务的开发以客户为中心，而不再以产品为中心。这点在第 7 章 "数字化产品开发"中得到了详细介绍。

借助自助服务、库存可视性和移交问题所有权的方法，数字化工具及重新定义的客户连接过程能够改变客户问题管理模式。支持团队以客户为中心。因此，无论在哪个部门或职能领域，支持人员都应拥有客户问题解决方案。这个过程依赖于自然语言处理和基于人工智能的自助服务。大多数问题可以通过自动化系统得到解决，而其余问题则分配给一个联络点来负责解决。客户通常对结果感到满意！

增强的计算能力、库存可视性和基于网络的透明度让产品的流通及库存管理变得更加容易，并有助于组织以最低的成本实现最佳的服务。这点已经在第 6 章 "同步规划"中详细介绍过了。第 9 章 "智能制造和智能资产管理"和第 10 章 "动态履约"介绍了关于数字化供应网络框架下制造和实现的进一步信息。

Chapter 11
互联客户

技术对互联客户的影响

先进的技术影响着客户管理，并赋能端到端的自动化及效率。第 3 章~第 5 章中讨论的每一项技术都与互联的客户流程相关。

以下是一些相关技术的例子，这些技术要么正在被组织使用，要么处于商业使用的试验阶段。

- 使用基于因果的预测算法和销售点传感器的数据来评估需求。
- 通过机器学习和实时供需数据，使用先进的网络算法进行动态安全库存管理。
- 基于激光光学视觉和传感器的零售商店货架库存补充。
- 产品跟踪技术。
- 基于物联网和机器学习算法，实现根据客户的个人喜好推荐合适的产品。
- 通过自动车辆和无人机，从物流中心自动送货到客户家中。
- 实现自动自助服务的机器人。
- 当客户在店内走动时，通过蓝牙信标将产品和促销的相关信息直接发送到客户的手机中，提升其体验。
- 当客户进入和离开商店时运用基于人工智能的人脸识别技术。
- 基于客户的购买历史和生活方式的购物清单推荐。
- 根据客户的购物清单，借助购物车上的智能屏幕引导客户在店内移动。
- 使用机器人来提供购物辅助服务。

- 基于增强现实技术的服务。
- 在商店搬运物料的机器人。
- 通过人工智能和基于虚拟现实技术的智能镜子为用户搭配服装。
- 用于补货、定价错误和产品放置的过道扫描机器人。
- 技术和人际关系进行集成,为用户提供支持。
- 擦洗机器人。
- 当客户离开商店时自动付款。

除了上面提到的技术,为了提高供应网络的效率、为客户提供便利及愉悦的体验,还有更多试验正在进行中。

互联客户的能力

子能力赋能了客户的互联。互联客户的每个子能力跨越了客户旅程的不同阶段,并促进相应客户群的增长。图11.5所示为互联客户的子能力,包括愉悦的客户体验、作为解决方案及服务的产品、追踪和监控,以及互联的服务网络。

愉悦的客户体验	- 定制化体验 - 客户问题管理
作为解决方案及服务的产品	- 作为解决方案和服务的产品扩展
追踪和监控	- 监控和洞察 - 智能产品追踪
互联的服务网络	- 自助服务 - 互联的现场服务

图11.5 互联客户的子能力

Chapter 11
互联客户

❖ 愉悦的客户体验

愉快的客户体验可以定义为通过所有渠道实现客户与企业的无缝交互，包括从参与到购买、服务和产品的生命周期结束等部分生命周期。该子功能包括定制化体验、客户问题管理，使企业能够满足所有的客户需求。

定制化体验

定制化的客户体验是指企业利用数字化供应网络中的多个客户渠道来沟通、吸引并保留客户。同时，企业可以通过有针对性的、数据驱动的方法来细分客户，从单一交易变为为客户提供服务解决方案，创造定制化的客户体验。现在的客户通过多种渠道购物，保持信息传递的一致性是提供无缝客户体验的关键。

数字化供应网络利用各类工具产生的数据，结合生产/制造和商业方面的情况为客户提供定制化体验，包括产品推荐、广告定制和服务建议推荐，从而使客户拥有愉悦的体验。互联的供应链能够帮助企业增长经验和提高收入。例如，动态变化的定价和内容允许企业根据历史行为和需求变化修改接触客户的方式。它需要在提高交易的便利性和速度的同时，考虑库存因素、产品设计和盈利能力、运输偏好及竞争对手定价。还有一些企业通过部署人工智能来高效、大规模地分析客户数字足迹，以了解客户行为（不仅包括购买历史、人口统计特征和客户细分建模），从而创建定制化的旅程。

客户问题管理

客户问题管理处于客户旅程、服务/解决方案的最后阶段。这个子功能包括支持问题解决的方法论、过程和工具。如果处理得当，通过客户问题管理，企业能够处理好客户对产品问题的反馈，同时尽量减少与产品或企业声誉有关的风险，并最大限度地提高和维护客户忠诚度。

在数字化供应网络出现之前，企业通过电子邮件、信件和呼叫中心收集到松散的、结构不一致的产品问题反馈。缺乏数据一致性要求企业根据不同客户的问题来逐一解决问题。很多时候，企业在这个过程中难以收集到大量有用的客户反馈并将其应用到数字化供应网络的其他部分。当需要进行数据聚合时，这项工作通常需要手动进行且十分烦琐，并且无法提取出许多有意义的见解。

企业已经转向利用互联的供应链，通过客户服务代表、数字化应用程序和可以收集规范化数据的虚拟助手来解决这些问题。客户可实时提出他们的问题，组织则通过积极主动的问题管理，根据反馈优先顺序和产品质量问题来处理、确定问题的优先级，并进行响应。除此之外，企业还可以通过人工智能赋能的模式识别来构建主动解决潜在问题的能力。

❖ 作为解决方案及服务的产品

传统的业务模型只关注单个客户交易，无法优化长期的客户价值。产品即服务（Product as a Service，PaaS）可实现从购买到服务/解决方案的业务模式转换，并通过新的客户参与方式和收入渠道来帮助扩展客户。PaaS 包括将产品和服务创新地捆绑到经常性订阅及灵活消费产品中。

在数字化供应网络中，PaaS 支持另一种业务模型，该模型提供由产品支持的服务，目的是建立长期的客户关系并最大化客户的生命周期价值。此业务模型有助于企业创造重复性营收并实施新的销售模式（如免费增值、分层服务产品），并将个人成本从资本支出（Capital Expenditure，CAPEX）转移到运营支出（Operating Expenditure，OPEX）。此外，企业可以超越单一的产品购买模式，提高客户的忠诚度和参与度，创造更好的售后市场体验。PaaS 通过对消费模式更深的理解减少了对供应链的约束。

Chapter 11
互联客户

从单一交易、短期思维到 PaaS 的转变标志着几个改变市场的关键驱动力正在发生改变。客户的偏好正在转向按需付费和消费驱动定价。此外，如本章前面所述，组织越来越重视通过开发创新的客户参与模型来改善客户体验。这些改变的驱动力，加上增强的、能够跟踪销售点以外的客户及监视订阅活动的能力，促使组织考虑创新的业务模型，以满足客户的期望。

❖ 追踪和监控

追踪和监控涵盖了在整个产品生命周期中跟踪、追溯和监控客户体验的能力。

监控和洞察

在当今的数字化时代，数据为王，组织不仅要能有效地收集数据，还要从中获得重要的、可行的见解，从而提高客户满意度并提高收入。这意味着组织需要能够追踪并理解完整客户旅程中的客户行为。

监控和洞察是通过收集实时的产品使用数据，将产品与客户体验无缝结合的能力。使用这种能力是为了识别消费模式、定义故障模式及其影响，并识别整个客户旅程（感知、获取、交易、服务和解决）中的主动维护机会。

传统上，客户数据是从销售点生成的交易数据中获得的，实时产品使用数据通常是不存在的。数字化供应网络将实时产品使用情况与客户数据相关联，提供了一个更完整的、融入情境的视角来看待产品和客户的交互。借助物联网、传感能力和机器学习，这种丰富的交互数据使企业能够提供更有效的客户体验、识别产品使用模式并监控产品运行状况、自动补货订单、提供预测性的维护通知和服务建议、优化售后零部件的库存，以及影响新产品的开发。

从历史交易数据到实时产品使用数据的这种转变受到了一些关键的、改变市场的驱动力的影响。由于多源的非结构化客户及产品数据的增加，组织遭受着数据过载的困扰。此外，客户的期望不断提高，要求组织提供一种超越当前的、定制化的体验。最后，物联网产品的进步使低成本、实时的产品监控成为可能。组织可以通过产品使用数据了解客户在整个客户旅程中的行为及购买决策。客户希望与之互动的组织可以有效利用这些数据来改善客户体验。为了有效地配置数字化供应网络来满足客户不断变化的需求，组织必须持续改善其监控流程并提高其洞察能力。

例如，组织可以使用来自互联设备（如洗衣机、汽车或电视）的实时数据或机器学习模型提醒客户设备发生故障的风险。此外，实时数据还可以被用来提供定制的补救措施，如为具有故障风险的零件自动创建补货单、帮助客户预定维护服务。帮助客户避免故障可能会带来更好的客户体验，同时降低客户及服务/产品提供商的成本。

智能产品追踪

以前的产品追踪是通过在生产过程的每个环节手动记录库存实现的。当前的技术使产品追踪进入了更好的状态。智能产品追踪可以定义为在从开发到交付的整个产品生命周期中，实时跟踪、追溯和监视实体产品及其相关数据的能力。企业可以利用 RFID（无源或有源）、手动条形码扫描、蓝牙和 GPS 技术来跟踪产品的位置及使用情况。

智能产品追踪技术的使用已经变得比较普遍，其原因包括必要的传感器设备及技术成本的降低、更强的技术和案例出现，以及对于预防损失、盗窃和资产损坏的关注度的增加。产品的追踪过程极大地受益于上述物联网示例。同时，产品的追踪过程可帮助进行相关资产的管理。

随着技术的发展，传感器技术变得更加先进和可靠，促进了嵌入式智能传感器的使用。这些传感器具备更强的长时间、近距离跟踪能力，这对客户和企业都有好处。基于云的物联网跟踪系统能够与智能传感器相结合来实现以下三个目标：（1）收集、存储和分析产品及资产数据；（2）实时生成事件来触发特定操作，以避免停机或延误；（3）创建预测性或自动化的决策以驱动长期价值的产生。

❖ 互联的服务网络

互联的客户网络是维持持续的客户关系的一个重要因素。客户网络被用于组织战略构建、产品开发和客户关系维护。

自助服务

自助服务是一种战略能力，其支持客户进行以下操作：（1）获取与产品或服务相关的信息，并进行交互；（2）管理他们的用户账户；（3）无须任何人工交互便可解决产品或服务的问题。在人工智能的帮助下，自助服务实现了从信息获取到服务/解决方案的转变，帮助客户获得无缝的、高度个性化和数据驱动的体验。这促进了自助服务解决方案的更高使用率，帮助组织以低成本、高效益的方式获得更高的满意度。

传统的自助服务仅限于产品常见问题解答（FAQ）页面或引导手册。在数字化供应网络环境中，下一代的自助服务涉及两个关键衍变。首先，企业将利用实时供应链数据，结合全渠道中的所有物理及虚拟渠道，提供准确的产品目录信息、库存水平、替代建议和基于需求的可行性/发货日期。其次，企业将新的重点将被放在人工智能技术的策略性使用上，实现无须人工交互即可快速解决常见的客户问题。这些关键的衍变提供了一系列的好处，如让客户满意、留下有意义的反馈信息。这些好处能帮助企业提高客户的忠诚度和需求稳定性，让企业以更低的总成本缩短解决客户问题的时间，甚至在客户生命周期中的传统"黑洞"期间也能维持或提高客户的参与度。此外，企业满足终端客户再供应、追加销售及交叉销售需求的能力得到增强，企业也受益于此。

从传统的 FAQ 页面到目前的自助服务的转变可能来自一些关键的市场驱动力。首先，人工智能技术的进步（虚拟助手、移动短信和实时聊天等）允许客户以更快的速度，在更大的范围内自助解决问题。此外，更有效的技术基础设施使得可用的实时数据和全渠道的数据同步成为可能。最后，通过物联网、第三方客户数据，以及不断增加的虚拟渠道和平台进行访问的客户，将继续提高数据驱动的个性化自助服务的参与度。考虑到这一点，企业必须思考如何让其客户更高效、更有效地使用自助服务。

互联的现场服务

传统的现场服务是一种昂贵但必要的售后服务，对其进行业务创新很难。现场服务通常处于企业业务内容的较低优先级范围，对其进行的技术投资数额有限。企业投资主要集中在为了满足客户需求所需要的支出上。然而，如今的现场服务管理已经成为维护客户关系的一个关键差异化因素。互联的现场服务管理是一种全面的、管理现场端到端的客户服务活动的方法，旨在通过主动监控资产情况、分析数据、预测未来问题、自动创建工作指令及第一时间正确解决问题，实现问题和风险的管理，并缩短停机时间。

当前的企业拥有一系列工具，包括移动平台、基于物联网传感器的技术和云计算能力。这些工具使得企业能够实时管理客户预约/票务/指令、员工调度和路线优化、工人活动管理、服务组件库存、会计，以及其他后台集成服务。这些能力进一步为该领域内的代理商提供了关键的客户洞察，以确保他们有能力提供最佳服务和推广一些客户最初没有考虑的辅助产品或服务。互联的现场服务管理对于增加客户生命周期价值十分重要，例如，通过向客户提供预测或管理服务来增强代理商销售高级支持服务的能力；基于数据驱动的预防性维护策略来减少非计划性停机时间；基于预测性分析来减少计划停机的频率。此外,企业还将获得改善的产品设计并提高首次固定率,前者通过将资产及工作指令数据纳入研发过程来实现,后者则借助自动化人员、零件的管理优化来实现。

在客户关系中,对现场服务活动的认识从高成本到关键差异化因素的转变有几个原因。首先,企业内部重新聚焦于向用户提供最佳的产品相关售后服务,这些服务有助于提高客户满意度和留存率。其次,由于劳动力老龄化,企业增加了提高生产率的需求。最后,物联网及云计算成本的降低能够帮助企业更好地跟踪设备的运行模式及其健康状况。

总而言之,互联客户得到了跨越整个客户旅程的四个子功能的支持。每个子功能都对数字化供应网络的效率,以及在客户旅程中客户群的增长有着独特和必要的影响。一系列的市场驱动力转变了企业对于这些能力的观点,包括不断变化的消费者需求、技术的进步、数据的更高可访问性,以及对客户体验和满意度的更多关注。有很多方式帮助组织加速实现互联客户的愿景,如改善企业的监控流程并提高其洞察力、考虑新的业务模式(如 PaaS)、提供改善和创新的自助服务、定制客户体验、向智能产品追踪方向发展、改善客户问题管理方式、进行互联的现场服务管理等。通过这些方式,企业将最终走向更高效的、更具变革性的数字化供应网络。

小结

商业的首要目的在于服务客户。在当前的个性化时代,客户参与正在发生变化。互联客户是数字化供应网络模型的一部分,其将客户置于决策的中心,并动态地将其与数字化供应网络的所有流程连接起来。在传统的供应链管理中，客户处于供应链的末端，对产品设计、制造和服务组织结构的参与有限。在传统的供应链管理模型中，沟通是一种让客户了解产品并喜爱产品的方法。在数字化供应网络的客户互联过程中，客户参与了产品的设计及所有后续过程。这一方式的实现得益于数字化能力和社交媒体两个渠道的支持。新方式的目标在于让客户持续参与客户旅程的整个生命周期，而不是仅在交易时和组织产生联系。新的客户互联过程和功能得到了先进技术的支持。这些技术正在改变产品设计、制造、计划、追踪和服务的方式，甚至包括实体商店和在线网关在内的销售渠道。

Chapter 12
劳动力、技能变化和社会影响

人工智能的变革力量给本书讨论的其他颠覆性技术带来了巨大的希望。它们正在将传统的供应链转变为一个相互关联、动态且更智能的供应链运作系统——数字化供应网络。这种发展是非常积极的，它具有改善我们生活水平的潜力，同时为未来企业竞争奠定基础。然而，它也提出了重大的挑战，需要组织、政府、教育机构，以及首先是个人的主动变革。例如，一个微妙而危险的问题是，由某种程度上统一的高技能专业人员团队设计的算法可能会忽视某些群体的实际需求，并无意中扩大了对他们的偏见。

计算机科学家发现，女性比男性更少接收到高薪工作的在线广告。在医疗保健领域，即使我们成功地实现了算法，人工智能系统也可能产生不可靠的见解，因为社会不平等会影响医疗数据的可用性。许多贫困社区无法获得数字医疗，这就造成了人工智能算法输入的医疗数据存在缺口，从而使预测模型产生不可靠的见解。颠覆性技术的社会影响和意想不到的后果是多种多样的，目前还没有完全展现出来。

特别是这些颠覆性技术可能会产生破坏性影响，尤其是在劳动力市场。随着供应链的数字化，所有级别的工作都将经历转型。一些职位将消失，新职位将出现，执行现有任务所需的技能也将发生根本变化。例如，从端到端透明的连接生态系统要求工作人员在其直接团队之外执行任务，并与整个数字化供应网络的利益相关者合作，从供应商到不同地理位置的合作伙伴，再到客户。尽管数字化的社会影响是复杂而广泛的，但本章我们将重点关注那些与数字化供应网络及劳动力市场更密切相关的社会影响。首先，我们讨论在当前技术进步浪潮中我们所看到的潜在的好、坏和丑陋的影响。然后，我们对行业面临的技能差距进行讨论，并转向我们认为在数字化供应网络环境中取得成功所需的核心战略技能。最后，我们简要讨论数字化转型的"前进之路"。

好的、坏的和丑陋的

尽管处于发展阶段，但支持制造业数字化和供应链运营数字化的经济仍具有相当大的吸引力。例如，在2015年的制造业中，据估计，包括福利在内的焊工时薪将达到 25 美元/小时，而操作机器人焊接系统的员工时薪约为 8.6 美元/小时。在美国汽车工业，使用机器人焊接系统的总采购成本已从2005年的平均18.2万美元下降为2014年的13.3万美元（未经通胀调整）。预计到2025年，使用机器人焊接系统的总采购成本将降至10万多美元。目前，机器人焊接系统工程（安装、编程和将机器人系统集成到制造厂）的价格已经从平均约8.1万美元下降到平均约4.6万美元。据估计，一家制造工厂应该能够在 5 年内摊销机器人焊接系统的成本。随着数字化转型背后的技术持续快速发展，我们可以预期，投资回收期（ROI）将继续下降，这将显著加速其在整个行业和整个供应链中的扩散。

Chapter 12
劳动力、技能变化和社会影响

新兴技术将日益影响制造业和供应链活动的竞争力，也可能影响各国经济的竞争力，而且这一点越来越明显。这些技术可以提高生产率，但它们最重要的潜力在于使企业能够重新改造整个生产过程和供应链。然而，多个行业的领导者需要批判性地反思颠覆性技术和正在进行的数字化转型的影响。从 19 世纪第一次重大的技术进步，到 1812 年的英国的路德派工人起义，再到 1964 年美国各类媒体传播的"三重革命"，再到最近的人工智能威胁论，自动化会影响就业的担忧和大规模失业的恐惧广受全社会的关注。技术取代和不平等加剧的阴影再次成为人们关注的焦点，其受关注程度比以往任何时候都要高。

可以肯定的是，数字化技术将继续推动社会和经济变革、重塑工作的本质，随之而来的是好的、坏的和丑陋的影响。我们在图 12.1 中总结了这一点，涉及数字化对劳动产生影响的重要方面。

好的	坏的	丑陋的
• 新工作类别 • 重的工作 • 更人性化的工作内容	• 一些工作类别的消失 • 就业水平下降了一些	• 更广泛的劳动力市场影响 • 潜在净就业损失 • 劳动力市场划分

图 12.1 数字经济好的、坏的和丑陋的影响

从好的方面来说，数字化和人工智能可以通过消除工作中的常规因素来提高人类的独特贡献和价值并丰富工作。从这个意义上说，机器可以增加劳动力，并为扩大工作实践和重新设计工作的组织带来更大的收益。随着自动化消除了劳动活动中危险、繁重、事务性和重复性的方面，需要更高水平的技术技能（如技术操作、数据分析和解释）与沟通、协作等软技能结合在一起，从而出现了更灵活的工作岗位。随着这些新工作岗位的不断发展，技术可能不仅会改变所需技能的性质，还会改变工作的性质和工作本身，将传统岗位的组成部分合并为扩大的角色，以促进价值创造。一些积极、主动的组织已经对工作进行了重新设想，并从根本上重新设计了工作定义。要在这个

新环境中脱颖而出，员工所需的技能已经从手工技能转变为认知技能。这些新岗位需要受过良好教育的专业人员，并要求提高薪资。亚马逊配送中心的楼层在某种程度上展示了实体和数字相结合的一线员工队伍。亚马逊在美国的仓库雇用了超过 12.5 万名员工，2017 年，该公司将第 10 万个机器人上线。机器人码垛机将一线员工的体力劳动转变为更刺激、更有挑战性的工作。

从不利方面来看，有些工作类别会自然消失，就像以前的技术飞跃带来的影响一样。随着农村经济向工业经济的转变，农业劳动力虽有所减少，但工业经济却快速增长，就业岗位不断增加。新型农业技术提高了生产力，降低了价格，增加了对农产品的需求，增加了农民的财富。农民们将一部分额外的财富用来购买新的工业品，从而推动了对快速技术进步和生产率的追求。随着科技的不断进步与发展，自动织布机可替代织布机；电话可替代报务员；雷达可替代飞机监听器；交通服务定位系统可替代电话总机；拥有文字处理程序的计算机可替代打字员；飞行计算机和新的航空电子设备可替代飞行工程师等。类似地，数字化技术的应用减少了重复的事务工作，各行各业都在投资数字化以提高生产力。制造供应链数字化与就业率之间的关系是值得关注和讨论的重要问题。对此，有一项有趣的观察表明，历史上那些对自动化投入较多的国家，其制造业就业率并未出现明显的下降。以德国为例，其每小时使用的机器人数量是美国的 3 倍，主要原因在于其活跃的汽车业，每个工人雇佣的机器人数量是平均水平的 10 倍。但是，尽管德国安装的工业机器人数量在 1993—2007 年有了显著增长，德国制造业的就业率在 1996—2012 年却仅下降了 19%，而美国下降了 33%。根据布鲁金斯学会（Brookings Institution）2015 的调查结果，如果制造业就业机会减少与机器人系统就业机会增加成正比，美国将失去比当前多 1/3 的制造业就业机会，而德国则会失去比当前多 50%的制造业就业机会。在这一背景下，一个有趣的警告是，像英国这样的国家对工业机器人的投资较少，其制造业的衰退速度会更快，他们失去的工作岗位是预计的 5 倍。更具体地说，在供应链方面，我们可以再

Chapter 12
劳动力、技能变化和社会影响

次以亚马逊为例来说明我们的讨论。诚然，企业和整个行业的发展可能提供了更多的工作岗位，但至少在目前，自动化水平的提高并没有导致亚马逊裁员。这一观察结果表明，颠覆性技术的使用可能会减少工作岗位，但也会创造新的、更有趣的、薪水更高的工作岗位。在第 1 章所讨论的前几次技术进步中，我们可以找到证据来证明这一预测，即颠覆性技术的使用平衡了岗位的消除和创造。然而，除了岗位的消失、技术转变带来的影响，以及工作岗位的消除和创造之间的历史平衡，人工智能和机器人的崛起还会带来更深远甚至可能是丑恶的后果。

丑陋的一面是双重的。首先，当前这波数字化进程（将供应链转变为数字化供应网络）及更广泛的工业 4.0 所创造的新工作岗位数量是否会超过被摧毁的工作岗位数量这一问题存在争议，而且讨论势头日益壮大。人工智能和机器人在当前技术变革中的崛起，可能会取代大量劳动力，不仅会影响常规任务，还会影响以前被认为无法自动化的非常规和非重复性任务。正如本书中讨论的一些例子所表明的那样，新的数字化技术不仅会取代人类劳动，而且会变得越来越独立。这样的技术发展可能会产生枝节问题，因此有人呼吁重新评估我们的经济运行的基本规律，以免出现大量失业的卡车司机、包裹递送者、仓库和制造工人等，以及相关的收入不平等和社会动荡问题。

其次，当前的技术进步浪潮可能在另一个方面不同于以往的浪潮。在过去 40 年多里，似乎每一个采用技术提高生产率的行业都减少了工作岗位。虽然生产率增长较低的行业似乎没有流失太多的工作岗位，但这些行业提供的薪资普遍较低且发展前景不好。有影响力的作家布林约尔松（Brynjolfsson）和迈克菲（McAfee）预测，当前的技术进步浪潮将迎来一个生产力、技能与新技术互补的员工薪资增长，而工作或任务被这些技术取代的员工薪资下降或失业的时代。这一观点在最近的研究和分析中得到了支持。这些研究和分析表明，整个经济社会中的工作岗位并没有减少，因为生产率较低的行业弥补了生产率较高的行业的损失。结果是，数字化技术和自动化可能会把就业市场分成两大阵营：新兴的高级工作岗位需要更高的技能和在企业中扮演更大的角色，要求薪资不断上涨；商品化的工作岗位的薪资更低且发展前景不好。

具体来说，在数字化供应网络环境下，人才方面更广泛的变化和智能、自动化正在改变人们对技能、培训和能力的期望，这些可能是与供应网络角色最相关的。图 12.2 列出了其中一些变化。在本章的后面部分，我们将深入探讨企业在继续前进过程中所需要的战略技能。

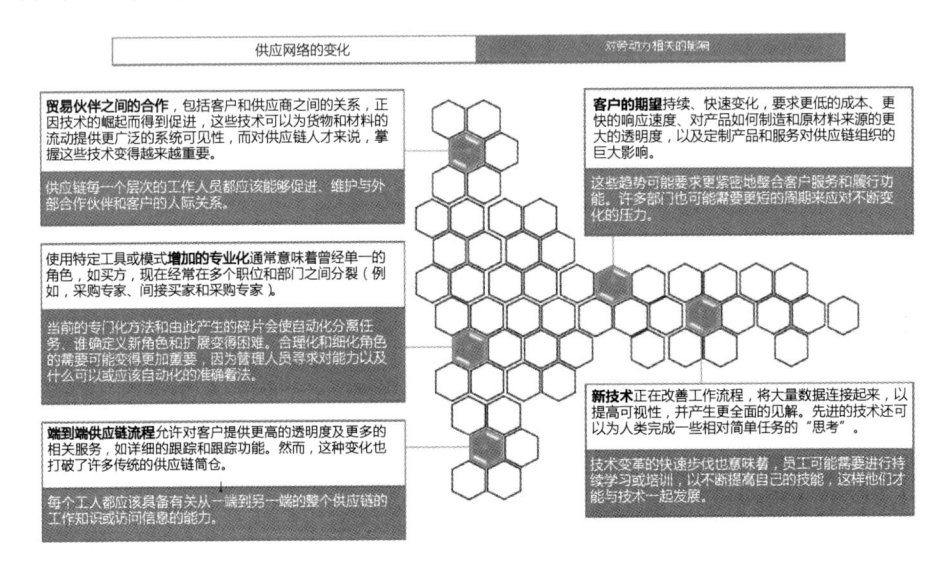

供应网络的变化	对劳动力相关的影响
贸易伙伴之间的合作，包括客户和供应商之间的关系，正因技术的崛起而得到促进，这些技术可以为货物和材料的流动提供更广泛的系统可见性，而对供应链人才来说，掌握这些技术变得越来越重要。 供应链每一个层次的工作人员都应该能够促进、维护与外部合作伙伴和客户的人际关系。	**客户的期望**持续、快速变化，要求更低的成本、更快的响应速度、对产品如何制造和原材料来源的更大的透明度，以及定制产品和服务对供应链组织的巨大影响。 这些趋势可能要求更紧密地整合客户服务和履行功能。许多部门也可能需要更短的周期来应对不断变化的压力。
使用特定工具或模式**增加的专业化**通常意味着曾经单一的角色，如买方，现在经常在多个职位和部门之间分裂（例如，采购专家、间接买家和采购专家） 当前的专业化方法和由此产生的碎片会使自动化分离任务、谁确定义新角色和扩展变得困难。合理化和细化角色的需要可能变得更加重要，因为管理人员寻求对能力以及什么可以或应该自动化的准确看法。	**新技术**正在改善工作流程，将大量数据连接起来，以提高可视性，并产生更全面的见解。先进的技术还可以为人类完成一些相对简单任务的"思考"。 技术变革的快速步伐也意味着，员工可能需要进行持续学习或培训，以不断提高自己的技能，这样他们才能与技术一起发展。
端到端供应链流程允许对客户提供更高的透明度及更多的相关服务，如详细的跟踪和跟踪功能。然而，这种变化也打破了许多传统的供应链简仓。 每个工人都应该具备有关从一端到另一端的整个供应链的工作知识或访问信息的能力。	

图 12.2　供应网络的变化如何影响劳动力

技能缺口

关于制造业和供应链的数字化转型将创造的就业机会，需要注意的是，劳动力可能还没有准备好填补这些岗位。在欧盟，近 40%的员工缺乏一些关键的数字化技能，14%的员工没有数字化技能。在美国，估计有 6000 万人由

Chapter 12
劳动力、技能变化和社会影响

于缺乏数字化技能而无法就业。单从传统价值链活动产生的更广泛的社会影响来看，对制造技能需求强劲、员工数量多的城市，如西雅图和洛杉矶，正从全国各地吸引人才。与此同时，传统的制造业基地，如匹兹堡，吸引的员工大多来自附近的城市。这种情况非常令人担忧。随着我们进入价值链的数字化转型阶段，正在流失部分劳动力的区域将面临吸引新企业和留住顶尖人才的困难。

可以肯定的是，新技术将补充员工的技能，提高生产率，使企业能够以具有全球竞争力的价格生产和交付产品，并创造更具挑战性和令人满意的工作岗位。这一转变的关键之一是更好的教育和培训。因此，迫切需要让劳动力为制造业和供应链的数字化转型做好准备，并协助传统企业进行转型。企业必须有一个有效的策略，包括培训和提高员工技能的计划。虽然以前的技术转型需要相当长的时间，但当前的数字化转型浪潮正在以更快的速度席卷各行各业；因此，企业需要快速行动。政府和组织也必须做好应对和防止不平等加剧及薪资紧缩状况的准备。

对于那些与传统产业联系更紧密的地区来说，具备战略性的、长远的眼光的领导者才能化解危机。这些领导者的工作应包括研究新技术如何提高现有部门的竞争力和支持地方经济多样化；呼吁企业采取行动，对员工进行再培训和技能提高，以使他们在当前市场中保持相关性；促使企业与工业、政府和学术界建立伙伴关系，使劳动力为转型做好准备，并创建新的技术驱动型企业，培养企业家精神。在这方面，一些新兴经济体（如中国）的关注点可能具有启发意义。

根据国际机器人联合会（International Federation of Robotics）的数据，2014年中国每个制造业工人平均配备36台机器人，而韩国和世界平均水平分别是66台和478台。然而，中国政府和中国企业一直致力于消除这一差距。例如，中国"制造强国战略"旨在将中国转变为世界上最强大的现代技术驱动型经济体之一。中国那些类似于美国"铁锈地带"或依赖美国传统产业的经济萧条的地区，正试图利用新技术来刺激增长、发展和竞争力。然而，任何地方的数字化投资都将改变现有工作的内容，并创造新的工作，而这两者都需要独特的技能组合。

战略技能组合的新技术和相关创新的迅速发展不仅改变了现代生活和组织的各个方面，而且改变了工作的性质。数字化进程的基础是人们熟悉的"变化"概念——然而，"变化"是以前所未有的炽热速度进行的。在这种情况下，学习必须成为组织和个人持续改进的、永不停息的循环。不构建支持不断学习的过程和结构的组织很可能会失败。对于个人和劳动力来说，一次性的大学学习将不足以培养在数字化时代取得成功所需的技能。不同的人在其一生中可能从事不同的职业，所以需要经常重新装备他们的知识和技能。因此，学习型组织和终身学习技能将变得越来越重要。

除了终身学习，数字化素养也是数字化进程中的一项要求。员工的意识和能力、自信且有效地使用数字工作场所工具来解决问题、合作，并彻底提高生产力是至关重要的。然而，领导者和决策者需要注意的是，数字化素养不应该局限于使用软件或操作数字设备。它涉及一系列复杂的认知、运动、社会学和情感技能，使员工能够在数字环境中有效地发挥作用。在这方面，正如世界经济论坛所建议的，非常需要对员工进行培训和技能提升。领导者应该注意到，数字化技术正在深刻地影响着教育和培训方式。当代的学习者和工作者越来越多地在忙碌中消耗短时间的内容，他们越来越多地寻找快速、有吸引力和立即有用的学习经验。所以，领导者需要补充或取代传统的课堂或独立的在线培训，增加游戏化元素、增强现实体验等。传统的数字技能的特别方法，如围绕某一特定技术推出的传统培训是不够的。组织和领导者需要制定一个整体的方法来提高员工的集体数字化能力。

创造力是另一项将变得越来越重要的技能，因为数字化技术的进步为组合、重组和设计新的流程及组织结构带来了新的可能性。这种技能还能使领导者和员工都能应对即将出现的新问题，而对于这些问题，没有历史数据或经验可以解决。与此同时,数字化技术和数字化进程为创造价值的创新思维提供了很多机会。为了充分利用这些可能性,员工必须能够成功地管理创新企业;因此,创业的心态将日益成为一项关键技能。随着数字化转型的继续加速,将会出现所谓的"寒武纪机器人大爆发"——机器人在多样化和适用性方面的迅速扩张。在这样的环境中,机器、数字化技术和供应网络系统将经历更快、更短的开发周期和产品寿命。这样的背景要求各级员工不断更新他们的知识和技能,这再次把终身学习技能放在了首位。但他们也需要有能力创造性地结合和重组这些技能,以产生创新的解决方案并增加价值。

随着仓库、配送中心、物料搬运、制造设备和车队通过本书中讨论的技术变得越来越紧密,数据和信息的交换量将呈指数级增长。虽然数字化技术可以使各方在这种环境中实现实时通信,但各级员工和领导者需要与他人和人工智能高效地传达信息和接收信息。员工需要解构复杂的问题和信息,并向学科和职能范围内外的其他人做出解释。因此,与不同利益相关者和各种设备的高级沟通技巧将成为员工的必须掌握的技能。随着物理任务和认知任务的持续自动化,员工的工作将越来越多地转向创造性地解决更复杂的任务问题。虽然这种技能在传统供应链中是至关重要的,但数字技术的进步将需要更敏锐的、系统地解决复杂问题的能力。

那些必须在非结构化环境中执行且需要感知或操作的任务不太容易立即发生变化。在这些任务上,人类的表现仍然优于机器人。例如,在一个物流中心中的包装工作需要员工具备灵活处理多种不同的不规则物体的能力。因此,即使当今许多生产中心的自动化程度很高,最后接触物品的实体还是人类包装商。然而,人工智能和传感器等新技术正在变得更优秀、更有能力完成需要感知的任务。我们开始看到可以处理这些任务的技术的应用,如可以在街道上导航的轮式送货机器人。因此,机器人将在中间层面执行需要进行一定程度感知的任务。需要社交和创造性智力的功能不容易很快改变。人工智能已经在社会和工业生活中取得了巨大的进步;然而,它仍然不能开发新的和有意义的想法、方法和产品。机器人也仍然无法完全理解人类社会的互动内容,尤其是其微妙之处。因此,涉及谈判和说服的任务,如与供应商处理紧急情况,很可能不会随着技能的变化而很快改变,并将成为越来越重要的社会情报技能。

在技术技能方面,我们将越来越多地看到抽象数字技能的转变,对解释大量数据的更大需求,以及获得见解的能力。机器将继续在人工任务上取代人类;因此,员工需要更少的手工技能。相反,他们将需要掌握更抽象的数字技能。例如,通过传感器读数来了解物品在仓库中的流动状态,以识别潜在的问题或瓶颈,而不是直观地看到它们。然而,随着人类的进步,越来越强调软技能,尤其是社交能力,它将变得越来越重要。例如,在过去十多年中,工作列表回避了诸如日程安排之类的任务,而在最近几年,这些任务可以由人工智能来完成,而当前的工作列表包含了更多的软技能要求,如创造力。因此,社会情感技能将变得至关重要。图12.3总结了本节的讨论。

终身学习　数字读写能力　创业的心态

复杂问题的解决　创造力　沟通技能

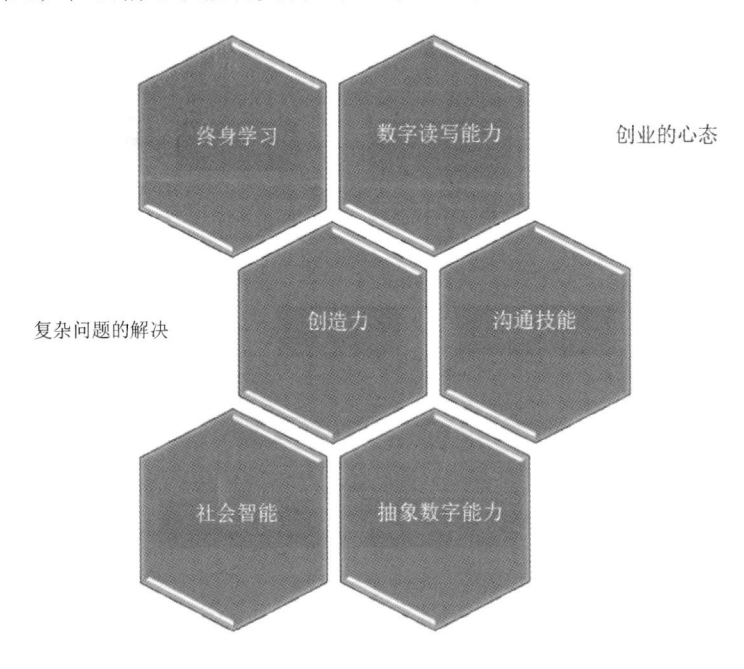

社会智能　抽象数字能力

图12.3　数字化供应网络世界中的战略技能

Chapter 12
劳动力、技能变化和社会影响

前进之路

数字化转型正在彻底改变组织和社会生活。过去的产业变革已经证明，抵制技术进步是徒劳的。如果组织、教育机构和政府严格审查数字化的广泛影响，并制定有效的政策和战略，将对促进数字化转型及应对任何潜在的副作用更加有益。将工业、教育机构、政府和卓越中心（属于欧洲国家）连接起来，创建一个支持新企业和小制造商的生态系统，这将产生巨大的成效。传统的小型组织如果不转变结构，从而进入新兴的数字化供应网络，将会被锁定，最终失败。

随着科技的进步和企业数字化转型进程的推进，社会的生产力将继续提高。在这个过程中，许多工作岗位将会消失，一些工作内容将会改变，新的工作岗位将会出现。不幸的是，这些发展可能会让某些劳动力中处于更糟糕的状况。受教育程度最高的人和受教育程度最低的人之间的收入差距可能会加剧，造成进一步的社会不平等。好消息是，并不是制造和供应链运作的每个方面都不需要人类劳动力。例如，2019年，一家大型运动服装公司结束了在两个发达国家的机器人鞋生产，并将技术转移给发展中国家的供应商。与此同时，全球最大的飞机制造商减少了使用自动化技术生产机身部件。这些高调的声明具有指导性——并不是说这些插曲意味着自动化趋势的减速或逆转。正如两家公司所宣称的那样，自动化的努力将会继续，数字化技术的进步一般不会停止。然而，它突出了这样一种观念：人、技术和高级过程的结合将会赢得胜利。此外，推动数字化进程无疑需要积极地重新培训员工和提高员工技能，这将对组织、教育机构和未来的员工本身产生影响。那么，这对领导者有什么启示呢？

本章所讨论的促进技能的发展只是一个起点。高等教育机构、组织和政府之间的伙伴关系，以及积极解决、开发协作和敏捷的解决方案，将被证明是卓有成效的。尤其对于企业而言，吸引受过高等教育的劳动力并为其发展投资，将有助于企业创造更高价值。此外，培养创新和创业的组织思维将为员工提供机会，使其可以接受更有意义的任务，并产生卓越的价值。正如以前的技术进步浪潮所提供的证据所表明的那样，只有在企业主动对流程进行重新设计之后，其才能从实施新技术中获得好处。因此，随着数字化供应网络的发展，企业领导者需要从根本上改变组织结构和工作方式，以利用新概念的力量。创造性地将数字资本、人力资本和组织资本结合起来，则需要企业和员工具备学习和创业的心态。因此，企业将比以往任何时候都更需要投资于人力资本和新的组织结构。需要注意的是，对于供应链运营中的许多职位来说，企业将开始争夺适应高科技行业和创业环境的技能人才。这个观察结果是非常重要的，需要企业在招聘实践、工作内容、培训和组织原则上做出改变。

过去的颠覆性技术进步浪潮也表明，总体而言，当组织通过人和机器的结合进行创新时，社会将变得更好。通过利用自动化的力量和人类的创造力来创新，组织将变得更具竞争力。机器、人类，以及创造性的新流程和系统的三重奏应该为人类取得卓越的成果奠定基础。自动化背后的一个重要推动力是追求更高的生产率。可以肯定的是，在运营和供应链流程的许多方面，设计人员通常会使生产率获得巨大的提高。然而，尝试"自动配对"的企业正在尝试用新的、创新的方法来处理工作内容，以突破常规的思维并实现真正卓越的成果。因此，在制造和供应链组织中建立一种创新文化将有助于领导者驾驭人才，并促进企业生产性和成功的转型，这一点我们再怎么强调也不为过。几年前，麻省理工学院斯隆管理评论（*MIT Sloan Management Review*）和德勤咨询公司联合发布了一份报告，题为"推动数字化转型的不是技术，而是战略和人才"（我们在原来的标题后面加上了人才）。

更好地协调教育，培养出具备能充分利用及促进变革的技术和知识的毕

Chapter 12
劳动力、技能变化和社会影响

业生，这同样会产生富有成效的结果。在教育领域，评估和反思即将被颠覆性技术深刻改变的知识领域将变得越来越重要。不仅是组织，前面提到的教育机构也需要改变其创造价值的方式，让下一代员工和领导者为数字化时代做好准备。传统的课堂教学应转变为以技术为中心的培训和体验式学习模式。学术项目和企业培训需要更加注重如何将未来员工培养成终身学习者。教育和培训计划将变得越来越重要，以培养员工的创造力、创业精神、协作、系统性思维、复杂沟通、社交和情商，以及在不同环境中表现良好的能力。这些能力是新技术不太可能取代的，人们应做好与新一代机器协同工作的准备。学校教育可能会更加注重无形技能。

为了支持业务转型，再培训计划将越来越需要支持更多的技术工作和知识转移。企业越早参与并积累在这一领域的经验，就越能在未来竞争激烈的市场中做好准备，也就越能吸引未来的人才。正如前面提到的，企业领导者应该对其价值链的各个部分面临的数字挑战和机遇有整体认知。这种办法将有助于领导者查明最需要注意的能力和确定投资重点。因此，数字化转型不仅会影响到制造业和供应链的一线员工，也会使管理及领导岗位的性质和范围发生变化。为管理复杂的网络环境，企业家精神、创新和变革管理技能，以及适当的整体管理框架、工具和心态将是必要的。如果领导者注意到本章的内容，员工将有机会完成需要他们的创造力、想象力、社交和情商的工作。与此同时，这些努力应该会产生巨大的创新和无与伦比的数字化供应网络——一个更好、更人性化的社会。

Chapter 13
数字化供应网络转型手册

供应链断裂是当前时代面临的现实问题,想要在这种中断发生时游刃有余、避开危险,并建立一个更有弹性、更加有效的数字化供应网络,组织需要制订计划并切实推进。如果不积极行动起来,则组织只能通过一些不系统、关联性较差的反应措施来应对动荡的市场,从而失去了数字化供应网络的大局优势。

本章介绍的数字化供应网络转型手册,为组织制定各自的数字化供应网络转型战略和工具提供了指导,充分发挥数字化机遇的最大价值,并为组织在未来的市场竞争中取得成功做好准备。

组织需要凭借一个周全的战略来规避中断,仅仅靠摸索新技术是不够的。在本章中,我们将围绕数字化供应网络战略,讨论它与商业战略的关系、技术考虑因素、手册推荐使用步骤,以及数字化供应网络转型过程中的作用因素。

> Chapter 13
> 数字化供应网络转型手册

商业战略和数字化供应网络战略

组织的数字化供应网络战略应当与组织的总体商业战略及战略目标一致（见图 13.1）。制定商业战略时需要考虑五个层级：（1）认识组织的愿景；（2）确定客户、产品、地理位置和渠道；（3）了解组织的价值主张和核心竞争力；（4）构建业务以发挥独特的制胜能力；（5）优先考虑并执行的举措。

除了商业战略的第一个层级（愿景、目标和抱负），还应该为后续所有层级别选择制定数字化供应网络战略，以确保商业战略获得成功。如图 13.1 所示，商业战略与数字化供应网络战略的协调可以通过对以下问题的研究来进行，用于数字化供应网络战略的制定和执行。图 13.1 中的反向箭头代表战略制定和执行过程的迭代。

- 在哪方面发挥优势？根据商业战略确定的结果，数字化供应网络团队需要相应地设计网络。他们应利用有关客户、产品、地理位置和渠道等信息来规划并细分市场。数字化供应网络的同步规划、客户关联和智能供应流程使各细分市场的规划及执行保持一致。

- 如何取得成功？通过提供与客户服务、速度、灵活性、成本、质量和创新等相关的能力，数字化供应网络可以增强组织的竞争力。速度代表了产品在供应链中的移动速度，而敏捷性代表了基于供应网络的响应能力和适应能力。在以前的传统供应链管理时代，企业需要选择一种更好的杠杆（成本、速度、服务等）来提升业绩，而这种杠杆会对其他杠杆产生负面影响。例如，提升客户服务会对成本产生负面影响。然而，随着先进技术的发展和数字化供应网络流程的重塑，我们现在可以同时优化多个因素。这是通过数字化供应网络的端到端透明度、先进算法和流程自动化实现的。

- 如何配置？与人员、流程和技术相关的商业策略，以及用以提供客户服务、制造和产品移动的特殊能力，在很大程度上取决于数字化供应网络的配置。重构后的数字化供应网络流程和网络结构可以使组织的特殊能力及竞争力倍增。

- 哪些是优先举措？对于优先考虑的举措，数字化供应网络会进行相应的部署和执行，以实现价值最大化。可能会有很多潜在举措可以为企业、客户和数字化供应网络增加价值。对这些举措的选择和采用应该以提高数字化供应网络的总价值为前提，并且这些举措应该可以并行或协作。

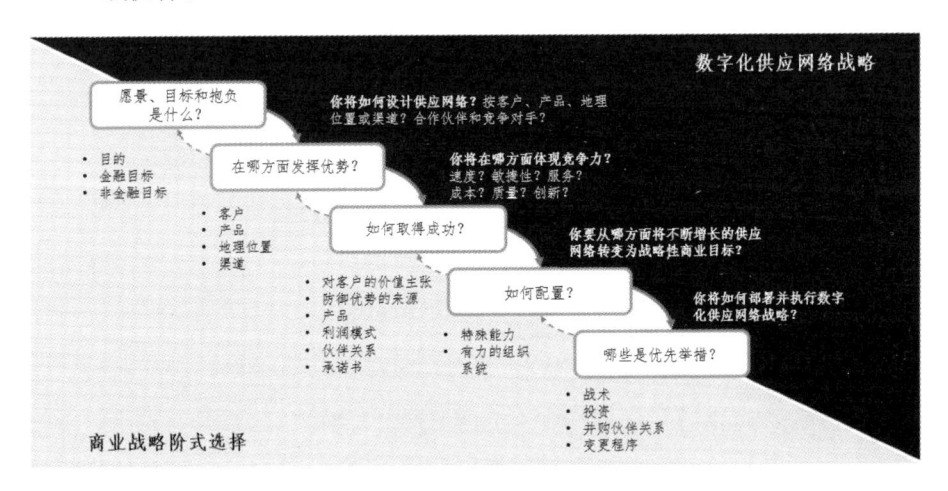

图 13.1 商业战略与数字化供应网络战略

综上所述，一个组织的数字化供应网络战略应与其商业战略相互交织、认真协调，这样才能长盛不衰。

构建数字化供应网络的方法和技术考量

组织领导者可以选择将重点放在供应网络的各方各面和各种领域，以开始实施数字化供应网络项目。这通常是一个非常针对组织及市场的决定，而且差异很大。在本手册中，我们将提供工具，以结构化的方式支持单个组织的这一关键决策。为了识别潜在价值机会的范围，领导者可以考虑图 13.2 中展示的四个驱动因素。

问题聚焦。在确定数字化供应网络的工作机遇时，会考虑到传统的供应链问题和价值前景。跨技术、跨职能的团队分析市场中产品的上升速度、客户体验、服务成本、制造效率等方面，通过考虑潜在价值来找出要解决的正确问题。

数据驱动。在问题识别和自动化技术的驱动下，大数据的获取为企业及其供应网络提供了巨大的增值机会。例如，访问客户数据（偏好、体验、问题等）、制造数据（工艺偏差、实时效率、进度遵守等）、合作伙伴数据（供应商能力、问题等），以及供应网络的其他结构化和非结构化数据，为识别数字化供应网络增值工作对象提供了智能分析方法。

平台支持。ERP、客户服务、数据处理、高级分析和可视化领域一流的解决方案可以为组织灌输新思维并激发灵感，使其从数字化技术和流程创新中受益。

科学指导。通过分析数字化技术和认知能力的基础科学内涵，可以找到实现计划、采购、生产、存储、运输和交付等流程智能自动化的创新方式。商业用户和技术专家团队可以集思广益，确定如何利用科学来发展技术的解决方案，为商业利益相关者增加价值。

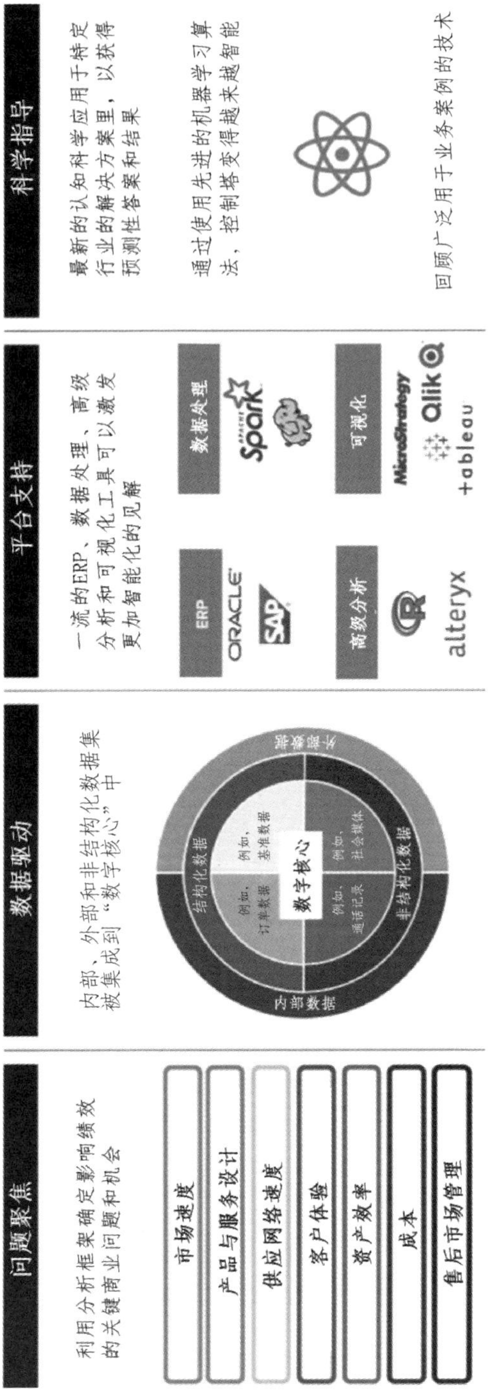

构建数字化供应网络的方法

问题聚焦
利用分析框架确定影响绩效的关键商业问题和机会
- 市场速度
- 产品与服务设计
- 供应网络速度
- 客户体验
- 资产效率
- 成本
- 售后市场管理

数据驱动
内部、外部和非结构化数据集被集成到"数字核心"中

- 内部数据
- 外部数据
- 结构化数据（例如：订单数据、基准数据）
- 非结构化数据（例如：通话记录、社交媒体）
- 数字核心

平台支持
一流的ERP、数据处理、高级分析和可视化工具可以激发更加智能化的见解

- ERP：ORACLE、SAP
- 数据处理：Spark
- 商务分析：R、alteryx
- 可视化：MicroStrategy、Qlik、tableau

科学指导
最新的认知科学应用于特定行业的解决方案里，以获得预测性的答案和结果

通过使用先进的机器学习算法、控制塔变得越来越智能

回顾广泛用于业务案例的技术

图13.2　构建数字化供应网络的方法

在制定和实施数字化供应网络战略时，必须了解各类技术的作用。诚然，在机器学习、人工智能、区块链、机器人和增材制造等技术有可能实现的基础上，不同技术的融合（如本书前面所述）成为将传统供应链转变为数字化供应网络的主要原因。然而，在过去，许多针对不同组织的技术实验并没有取得成功，最终被放弃了。

对于这个问题，很少有作者提出观点说数字化转型与技术无关，企业应该针对自身的业务需求，选取适当的技术（技术拉动而不是技术推动）。然而，我们认为这可能不是一种行之有效的方法。了解技术能力及其应用案例可以帮助一个企业更好地规划其独特的数字化转型之旅。

由于过去时代的局限性，许多一直存在的业务需求并不是业务执行和进行客户响应时的首要考虑因素。了解技术能力和相关的业务案例有助于创新过程，并促使企业管理者重构当前的做法和模式，协助他们制定出一套独特的数字化供应网络解决方案。例如，有效地管理备件库存一直是制造企业的重要业务需求；然而，在不了解先进的预测算法，以及利用传感器和增材制造技术能达到什么目的的情况下，企业管理者很难考虑由这些技术驱动的创新解决方案的可能性。

我们的建议是，在探索技术能力和数字化供应网络战略之间取得平衡，如图 13.3 所示。对技术的理解为企业提供了可能的应用范围，而对业务和数字化供应网络战略的清晰了解有助于企业选择相关战略（针对单个组织的）。例如，区块链技术可以提供端到端透明的产品运转流程和自动执行合同。对于食品供应商或制药企业而言，似乎更需要区块链的透明度保证，而对于国际贸易企业而言，自动执行合同可能对其更有益。

理解数字化供应网络相关技术背后的核心科学理论，同时了解客户需求、内部流程及合作伙伴协作，将有助于企业在制定有效的数字化供应网络战略时选择合适的实施方案。我们建议考虑跨行业的应用案例（如第 14 章"典型案例"中的应用案例），以及对供应网络创新和价值创造的技术理解。

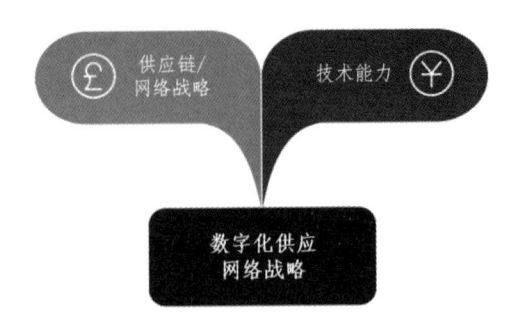

图 13.3　数字化供应网络战略规划的技术能力考量

现在，我们已经了解了商业战略和数字化供应网络战略之间的一致性，以及构建数字化供应网络的方法，让我们一起回顾一下数字化供应网络转型手册的使用步骤。

手册推荐使用步骤

关于数字化供应网络转型手册，我们给出了以下四个较为推荐的使用步骤，如图 13.4 所示。

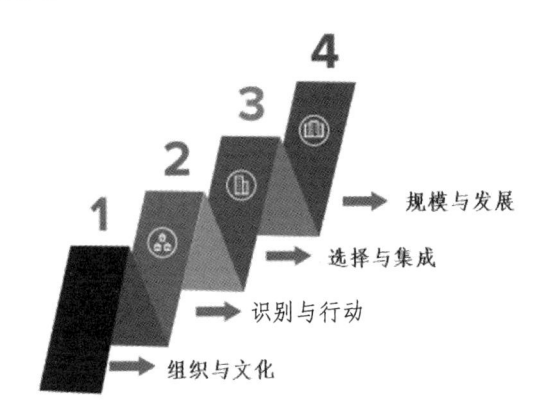

图 13.4　数字化供应网络转型手册的推荐使用步骤

❖ 组织与文化

对任何组织而言，都是由员工个人和团队的工作决定成败的。成功地将组织的供应链转变为数字化供应网络的第一步是让组织、员工和组织文化参与并激励即将到来的变革。重要的是，在开始任何具体项目以建立数字化供应网络能力之前，要让变革的思想深入人心。一旦激发了人们的热情，创造了火花，就开始了改变组织的漫长旅程。

对于一个组织来说，进行数字化转型准备需要从上至下、自下而上地对领导者和团队成员个人的技能进行强化。

对于领导者来说，除了数字化素养，还需要激励组织获得踏上数字化转型之旅的动力。我们不期望领导者成为数字化供应网络技术方面的专家，但强烈建议领导者对相关技术能力和应用案例有基本的了解。在这场数字化转型之旅中，每个团队成员都应学到新的知识；领导者为学习所做的准备将能激励团队成员。组织的变革准备和承担预期风险的能力是数字化供应网络领导者为取得成功应施加影响的另外两种文化因素。建议组织的工作结构以产品为中心，而不是以项目为中心，由跨职能团队共同完成。

跨职能和跨技能团队是为客户服务、合作伙伴管理和内部流程自动化寻找正确解决方案的创新所必需的成分。应该欢迎公开的讨论和相互冲突的观点。对于来自多个供应链（不同组织）的管理者和领导者来说，进行这些讨论是很重要的，特别是关于遵循规则的讨论（如冻结期、批量大小、客户解决方案等），而制定这些规则的原因已经无人问津了。以增加价值为目标的公开对话可能会使人产生创新的想法，从而取得成功。

为了成功规划、发展和实施独特的数字化供应网络战略，学习对于每个团队成员及整个组织来说都是一个至关重要的因素（组织学习）。组织和领导者必须为数字化供应网络团队的每个成员提供流程及技能方面的学习机会。

数字化方法可以用于有效且高效的大规模培训，并且可以选择"按需"学习。同时，我们建议教学方法是双向的，通过讨论、实践体验和探索来学习，而不是采用单向传授的形式。

学习可以为组织的数字化转型之旅做准备，但最终将使整个组织踏上数字化转型征途的是领导团队的动力、清晰的沟通和目标分享。

❖ 识别与行动

一旦组织为数字化转型做好准备，下一步就是让跨职能团队参与进来，以确定创造价值的机会。这要通过探索与客户连接、同步规划、数字化产品开发、智能供应、智能制造和资产维护，以及动态履约有关的所有数字化供应网络流程来实现。在确定可能性范围时，应考虑设计思维方法和技术能力。非正统的想法需要被欣赏和评估（跳出框框的思维），而诸如设计思维之类的创造性方法是一种释放团队创造力的有效方法。然后，应该将识别的机会与数字化供应网络流程调整领域进行分组，以识别任何重复或冲突，并使该流程具有协作性。

应该为每一个创造价值的机会制定一个业务案例。业务案例描述了团队希望在哪些方面创造或增加价值，以及某项举措需要哪些投资才能实现预期的价值。根据我们的研究，我们发现成本和价值都有显著偏差（从 15%到 90%不等）。然而，我们的建议仍然是将制定业务案例作为基线。除了跟踪进展情况，制定业务案例还有助于将各个活动进行分组和整合，以实现端到端转型。

在过去的几年里，许多机构都发起了以实验为基础的倡议，以检验一项确定的技术，如机器人、区块链、人工智能技术是否可行。我们建议在检验某项有强大概念验证案例记录的特定技术时，要跳出这种思维模式。因为对许多数字化供应网络技术而言，其有效性都有充分的支持。而企业的关注点应该是识别应用机遇,并努力验证其交付的数字化供应网络解决方案与业务案例一致。

敏捷方法是设计、构建和交付数字化供应网络解决方案的首选方法。我们建议将数字化供应网络解决方案作为最小可行产品(Minimum Viable Product,MVP),然后根据客户反馈和集成活动更新该方案。

一旦企业交付了数字化供应网络解决方案,就应该根据计划对其价值进行度量,以证明它是有价值的。此活动将作为进一步处理解决方案的输入。

❖ 选择与集成

一旦启动了最初的试点项目,并且多个数字化供应网络解决方案为组织增加了真实的、可衡量的价值,就到了整合的时候了。

组织和领导者应该根据与商业战略及解决方案目标相比的成功和失败,来评估所有的单个数字化供应网络解决方案。对成功的解决方案进行评估,以确定是否扩大规模、扩大解决方案范围,以及是否与其他解决方案集成。对失败的解决方案进行评估,以确定其根本原因,以及是否可以采取任何行动将其转败为胜,并确定业务案例是否仍然有效。不再有业务案例的解决方案将会被放弃,团队会被分配一个不同的问题、商业机会,或其他正在进行的解决方案。

组织可以根据数字化供应网络业务流程或他们所需解决的问题来确定成功的解决方案。例如,可以将与需求供应规划有关的所有解决方案归入同步规划中,以进行扩展,或者可以将与库存跟踪相关的所有解决方案(跨同步规划、智能供应和动态规划)归为一类。

这些举措与相关业务案例(现在是更大的价值机会)的整合、扩展,使组织为企业级数字化供应网络转型做好了准备。

❖ 规模与发展

这一步的重点是进行企业级别的扩展,将端到端的流程、团队和技术转换为重构的数字化供应网络。

数字化供应网络作为智能自动化企业的基本要素,是一项不断发展的功能。这种转型并不是要实现一个目标,而是为了达到优良的成熟度,然后进一步深化发展的历程。我们建议组织在此阶段通过对数字化技术、客户服务、员工参与度和流程自动化等方面采取更长期的方法来保持势头,以拥有可持续的数字化能力。

影响数字化供应网络转型的因素

影响数字化供应网络转型的因素有很多,如图 13.5 所示。

数字化核心。数字化核心代表了一个组织的基本运营数据基础设施。销售、金融、制造、仓库和运输的集成流程(参考 ERP 应用)提供了被大多数字化供应网络流程和先进技术所使用的主数据及交易数据。如果没有组织的数字化核心支持的基础架构骨干,进行高级数字化供应网络转换可能会很困难。然而,如果数字化核心还没有出现,并且存在业务案例给数字化核心和数字化供应网络提供了同时建立的机会,那么,数字化核心的建立和数字化供应网络转型可以同时进行。

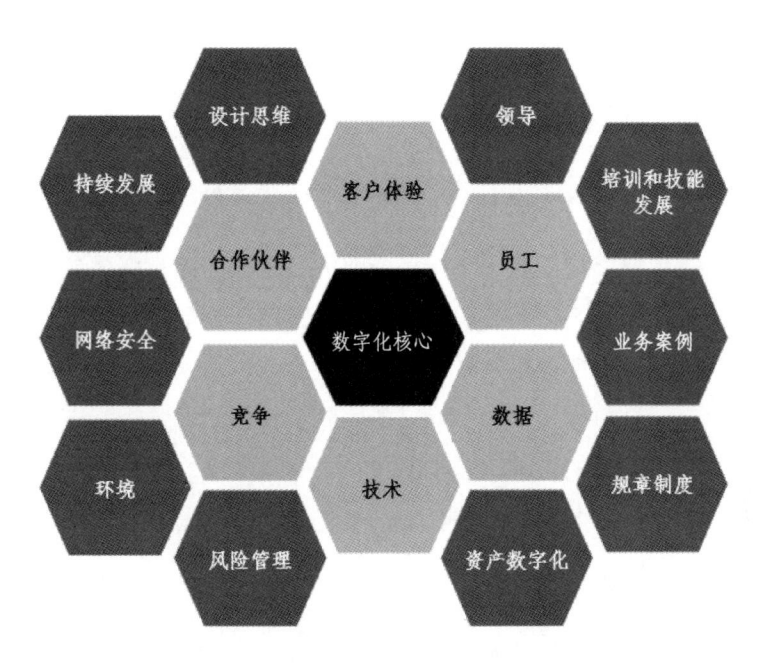

Chapter 13
数字化供应网络转型手册

图 13.5　影响数字化供应网络转型的因素

设计思维。建议企业采用设计思维来确定正确的问题，通过数字化供应网络能力来解决价值创造问题。设计思维通过从客户和用户的角度理解问题，由同理心驱动。通过分析、沟通、角色扮演、观察和研究工作来了解用户需求和优先级。在数字化供应网络转型中应用设计思维，既可以获得增量的收益，也可以获得根本性的收益。通过协作、探索、可视化和原型来强化学习，可以实现更快的交付。原型是指计划中的最终解决方案或产品的草图或粗略的工作模型。通过数字化技术更快地开发一个原型，有助于得到客户的反馈，并对产品和服务进行调整，以保障输出的成果有更高的成功率。

客户体验。在重新定义产品、服务、客户承诺和内部流程时，考虑客户经历和客户体验、了解组织通过产品或服务解决的问题是很重要的。例如，一家汽车公司可以研究运输需求及为其客户创造的体验，以考虑重新定义其产品、流程和服务。

领导。与任何转型一样，数字化供应网络转型需要由组织的领导者以明确的信息驱动，并为团队的成功提供必要的支持。组织需要培养学习、实验和合作的组织文化，领导最好能以身作则。旧的观念和教条需要被质疑，那些通过分析和价值生成测试的需要被保留，而其他的则需要被摒弃，为通过成熟的数字化供应网络流程为组织增加价值的新方式留出空间。

员工。决定数字化供应网络转型成败的最关键的因素就是员工。在领导的指导、塑造和支持下，一支积极投入的员工队伍将能够通过更好地为客户服务和更有效的内部流程重新开辟组织的供应链，从而使企业在数字化时代具有竞争力。通过协作文化、多元化的团队、相互学习、相互支持和相互理解在组织中创造适当的氛围，以实现数字化供应网络的成功转型。

培训和技能发展。培训和技能发展是目前供应链机构中每个人都必须经历的活动，并且这需要根据每个人不同的特点量身定制、突出重点。对于领导团队来说，要有数字素养、技术能力及数字化时代的管理能力，同时建议向思想领袖学习；对于个别流程的领导者来说，数字化领域深入而广泛的学习潜力也是需要具备的；对于个别团队成员来说，跨领域、数字化供应网络流程及技术能力也是需要学习的。

业务案例。数字化供应网络转型需要以业务案例驱动。在开始执行一个特定的转型方案前，了解成本与价值的关系很重要。尽管我们可以理解一个独特规划的成本可能大于它的价值，但它仍然是通过整体规划实现更广泛的数字化能力和价值成就的重要因素。除了开始阶段，我们还建议应该随着工作的进展，定期跟踪成本和价值部分的任何变动。

数据。"胡乱输入，胡乱输出"的概念仍然不过时！在数字化供应网络中，通过可视化、决策模拟和过程自动化创造价值完全依赖于输入数据的质量。数据在正确级别上的可用性对于数字化供应网络过程管理和自动化至关重要。在设计和执行数字化供应网络方案之前，应该仔细规划数据的获取、清洗、使用和保留方案。这样的操作既适用于早期数据，也适用于由转换后的流程生成的数据。

规章制度。在规划数字化供应网络项目的细节时，应考虑国家的法律法规。在供应网络的过程中采用智能化、自动化工具时，必须考虑客户数据隐私、数据使用、税法，以及行业及国家特定的法规和规则。

资产数字化。老一代实物资产的数字化有其自身面临的挑战。早前发生过一些事故，是因为人们在旧的机械设备上加装传感器和执行机构导致机器出现意外，造成了一系列操作问题。在这一点上的失败可能会对人（操作工、客户）的生命、财务和团队士气产生负面影响。因此，强烈建议包括机器的性能和内在设计，都应该考虑构成"物理—数字—物理"循环的端到端操作。很多时候，给落后的传统机械设备增添智能数字化功能并不是明智之举。

技术。技术能力是数字化供应网络转型的基本要素之一。进行技术评估时需要使商业目标与采用该技术所产生的可能性保持一致。组织应从客户需求、流程优化、商业愿景及技术能力等多维度出发，思考可以带来创新和增值的数字化供应网络解决方案。

风险管理。除了业务案例，为数字化供应网络转型制订风险管理计划也很重要，包括风险识别、影响计算和缓解计划。对于大多数组织来说，在进行数字化供应网络转型的同时，利用现有的供应链流程管理当前的供需关系是必不可少的。这些活动的并行执行会使商业风险倍增，必须识别、规划和减轻风险。

竞争。识别谁是你的竞争对手是很重要的，要接受一个新的破坏性竞争对手随时可能出现的事实。因此，组织有必要考虑通过端到端的数字化供应网络流程识别创造价值的机会及自身面临的困扰，而不是被动地应对市场干扰。也许你可以和竞争对手合作，增加自身的价值，扩大市场规模，同时提高整个系统的运作效率。另外，考虑一下平台的影响是否可以通过组织的供应网络产生，从而成倍地增加收入，使组织和整个系统均受益。

合作伙伴。数字化供应网络是关于整个网络的优化与自动化，而不局限于一个组织的内部流程。在数字化供应网络所支持的流程中，合作伙伴在保证转型后的供应网络流程进行了创新且成功执行两方面发挥着至关重要的作用。因此，与合作伙伴进行数据共享、整体流程设计，并通过良好协作的集成网络为转进程中的终端客户提供服务变得至关重要。

环境。数字化供应网络对环境和社会均会产生影响。在制定一个组织的收入和利润最大化规划时，应该考虑碳足迹、工作条件（特别是在发展中国家的数字化供应网络）及环境影响等因素，以所有利益相关者的利益为出发点。数字化供应网络流程所带来固有效率通过优化原材料和工艺废料对环境产生了积极的影响。此外，传感器和先进的跟踪技术在废料管理及环境支持方面有巨大的潜力。

网络安全。对数据、流程自动化、物联网设备、共享云和连接网络的依赖，很大程度影响了组织在受到网络黑客威胁时的脆弱性。无缝网络连接使组织的整个系统容易受到其任何一个设备、进程或合作伙伴的安全漏洞的攻击。这样的话，网络中最薄弱的一环可以成为整个数字化供应网络基础设施抵御恶意威胁的中坚力量。组织需要通过使用正确的工具和技术来抵御危险。

持续发展。如上所述，数字化供应网络转型不是终点，而是一个不断发展的组织在智能自动化企业及其供应网络道路上前进的必经之路。技术变革正以迅猛之势发展，而企业利用在这场变革中取得的成果可以创造进一步创新、自动化和改进的道路。在关照员工和利益相关者的同时，不断改善客户的生活，正是企业数字化供应网络转型成功的关键。

小结

对于成功的数字化供应网络转型，重要的是使企业在转型过程中与其业务战略步调保持一致,并依照"数字化供应网络转型手册"来规划进程,而不只是拥有几个以技术为重点的、不相关的项目。数字化供应网络战略几乎影响着商业战略的每一个关键要素。为了确定相关的数字化供应网络活动,可以考虑四个驱动因素,即问题聚焦、数据驱动、平台支持和科学指导。在通过数字化供应网络转型规划价值机会的同时,对技术能力的了解也很重要。关于转型,我们建议按照如下四个步骤进行:从改变组织文化和员工队伍开始,其次确定数字化供应网络活动并采取行动,然后选择和整合所有举措以提供正确的宏观层面的杠杆,最后在企业层面为不断发展的组织扩大活动规模。决定数字化供应网络转型成败的因素有很多:数字化核心、设计思维、客户体验、领导、员工、培训和技能发展、业务案例、数据、规章制度、资产数字化、技术、风险管理、竞争、合作伙伴、环境、网络安全和持续发展。

Chapter 14

典型案例

向数字化供应网络的转型之旅既令人兴奋又充满挑战和不可预知性。在数字化供应网络项目和规划方面,有很多具有引领性和开拓创新的企业案例。在最后一章中,我们将了解一些有代表性的企业如何通过发展数字化供应网络改变其供应链运作模式,从而消除传统的限制、推动商业创新、创造更高价值。在数字化供应网络的不同发展阶段,这些企业都表现出主动性。案例排名不分先后。

亚马逊:由客户价值创造驱动的创业思维

亚马逊成立于1994年,最初是一家图书零售商。从那以后,这家总部位于西雅图的跨国科技巨头取得了长足的进步。从电子商务、云计算、数字流媒体到人工智能和高度自动化仓库,亚马逊是技术领域的领先者,推动了我们今天看到的许多创新和颠覆。用"亚马逊效应"来描述它的成功,它颠覆了线上线下的零售和供应链实践,以及客户的期望。

❖ 引领数字化供应网络,不断追求创新

亚马逊的收入超过 2300 亿美元,每年都会将约 12% 的收入投资于技术创新。在尝试或采用最新数字化技术方面,该公司通常是先行者。亚马逊显示出了对创新的持续关注。该公司的愿景、商业模式、运营基础专注于重塑传统的组织和运营模式,不懈追求平台领导力。所以,并不是行业趋势决定了亚马逊的战略,而是亚马逊推动了行业趋势。为了实现这一壮举,亚马逊采取了一种永恒的创业心态,不断挑战现状,以"一切皆有可能"为信条。此外,该公司还将所有这些与"不惜任何代价交付"和"通过技术创新"的原则相结合。

这种突破性创新思维的一个例子是 Amazon Go。这是一家由人工智能驱动的便利店,提供"只要走出去"的服务,它有望引领一场线下购物的革命。在 Amazon Go 线下购物时,客户无须排队付款;相反,当客户走出 Amazon Go 时,系统会自动为客户购物车中的商品结账。客户可以使用智能手机作为扫描设备,在从货架上挑选商品时扫描商品,将想要的商品添加到 Amazon Go 移动应用程序的购物车中。Amazon Go 系统结合了人工智能、计算机视觉和来自多个传感器的数据,只对客户选择的商品收费,并对支付交易进行数字化处理。因此,客户可以"拿起"自己选择的商品,然后"走出"商店,而不用在任何售货亭或收银机前停下来。

在这种情况下,亚马逊通过一个灵活的数字化供应网络,横向集成实

时信息流和分析，对短期供需变化做出即时反应。亚马逊的系统可以平稳地处理外部中断，并将客户和供应商整合到其信息平台中。这些功能有助于揭示有关客户行为和供应模式的详细信息。亚马逊在其仓库和物流中心使用机器人、无人机、基于传感器的监控、增强现实技术和人工智能来对订单进行提货及运输，减少了低附加值活动对人力的需求。为了提供更好的客户体验，亚马逊试图通过分析网站、移动应用程序及人工智能设备接收到的数据流和见解来理解客户行为。所有这些特性都使亚马逊能够更好地预测未来的需求，并在问题发生之前预测它们。即使是在"黑天鹅事件"（如新冠疫情）下，需求出现了巨大而迅速的变化和飙升，也最终并未危及该体系。相反，亚马逊的数字化供应网络规划和商业模式不仅证明了其适应能力，也证明了其投资的盈利能力。

乔治亚-太平洋：以一个成功的数字化核心开始数字化供应网络之旅

乔治亚-太平洋公司是世界领先的纸巾、纸制品、纸浆、包装、建筑产品和相关化学品制造商之一。该公司在 150 多个地点拥有 3 万多名员工。乔治亚-太平洋公司的母公司科赫工业公司是美国第二大私营公司。乔治亚-太平洋公司生产和分销 Angel Soft 和 Quilted Northern 浴巾纸、Brawny 纸巾、Dixie 餐具、Vanity Fair 餐巾纸等家居品牌，以及 enMotion、Compact、Pacific Blue 等户外品牌，用以满足办公楼、医疗保健、住宿和教育设施的卫生间、餐饮服务和休息室需求。该公司开始了全组织范围的数字化转型，并确定通过数字化重构供应链流程是整体成功的关键。具体来说，管理者确定了端到端流程的数字化，包括需求规划、供应规划、生产调度、生产执行、仓库管理和运输，这些流程在价值方面是最有利的。

该公司的数字化转型开始于与咨询伙伴合作建立一流的销售和运营规划（S&OP）流程。S&OP 为整个组织的供需创建了一个真实版本。显然，实现这种方法需要适当的技术，以实现高级算法和无缝的协作连接。怀着对成功的热情，经过对数字化转型的成本效益分析后，乔治亚-太平洋公司与顾问、技术合作伙伴一起启动了一项名为"数字化核心"的大型项目。该项目的目标是未来为公司提供准确的数据、一流的流程、先进的技术应用、有效的协作和易于使用的分析。"数字化核心"项目于 2017 年推出，目前已经开始提供价值，并计划持续到 2021 年（译者注：具体情况参见 https://www.gp.com/）。

杰夫·弗列克是乔治亚-太平洋公司的首席供应链官，他的愿景是为他的团队成员提供有效推动供应网络流程所需的工具。他的目标是创建一个集成的非接触式系统来计算需求、供应、生产和部署，为组织制定优化的规划。通过这种方式，他的团队执行了更多的增值任务，如处理与需求、供应、收入相关的机会和潜在风险，而不是在重复的手工事务上花费大量的时间。

对于正在进行数字化供应网络项目的组织，杰夫·弗列克强调了以下几点：

- 数据质量至关重要，数字化转型需要清晰、准确和实时的数据。
- 人是一切数字化工作的第一要素，变革管理是重中之重。
- 这段旅程需要韧性，并可能需要一路调整方向。
- 良好的团队精神和态度是成功的必要条件。
- 基础牢固的数字化核心是未来成功的基石。

基于区块链的数字化供应网络：在加拿大沃尔玛和运输公司之间创造透明度

沃尔玛加拿大分公司经营着占地面积为 875 万平方英尺的配送中心，每年运送 8.53 亿箱商品。该公司拥有 2100 多辆拖车和卡车，并拥有 70 家运营商合作伙伴，将超过 50 万件的库存商品运输到加拿大各地的 400 多家零售商店。加拿大沃尔玛面临着大量的交易和交易数据，以及大量的可变动信息。例如，里程补偿既可以是一个固定的价格，也可以因合同而异。运输时间的补偿可能会因路途所花的时间和卡车抵达目的地后等待卸货的时间的不同而不同，费用也会有所差异。由于交易中的每一方都有自己的数据集，经常会发生不匹配的情况，这对沃尔玛的数据协调，以及对运营商的支付及时性和数据来源的清晰来说都是一个重大的痛点。

DLT Labs 的首席执行官劳登·欧文（Loudon Owen）表示，此类发票核对困难是整个行业普遍关注的问题。例如,据估计,每天约有 1400 亿美元因发票纠纷而困在美国供应链上。就信息和数据管理而言，流程、信息系统及操作系统的多样性、复杂程度的多样性、交互过程中涉及的交易数量和多样性，以及行业整合都加剧了挑战。劳登·欧文表示，每次送货都有近 200 种不同的可变成本，所有这些信息都通过不同的方式（电话、传真、电子邮件）一次性到达。对沃尔玛这样的大公司来说，在众多运营商之间协调如此多数量和种类的数据是一个巨大的挑战。此外，这个问题涉及不同的功能。

Chapter 14
典型案例

❖ 区块链、物联网和智能合约：实时可视性和准确性

沃尔玛加拿大分公司于 2019 年年底开始部署基于区块链的数字化供应网络，用于货运跟踪和支付管理。其数字化供应网络旨在改善货运和支付处理，使用户能够自动跟踪交货、验证交易、处理付款及对账。该网络实时整合和同步所有供应链及物流数据，将沃尔玛加拿大分公司及其第三方卡车车队之间的数据聚合到一个共享的账本上。该系统包括在半挂车上使用物联网传感器及 GPS 跟踪，以及一个门户网站和移动应用程序，可供运营商、供应商手动访问。

沃尔玛加拿大分公司部署了一个拥有 27 个分布式节点的授权区块链，它被认为是全球同类产品中最大的。沃尔玛加拿大分公司负责物流和供应链的高级副总裁约翰·贝利斯（John Bayliss）声称，基于区块链的数字化供应网络正在沃尔玛加拿大分公司和所有运营商合作伙伴之间建立完全透明的关系。此外，他还指出，区块链技术使该公司的智能交通网络取得了实质性进展，包括加速支付和大幅节省成本。这种区块链支持的数字化供应网络的创新元素之一是与现有企业数据系统的深度集成。通过一组应用程序编程接口，区块链分类账本连接到沃尔玛和运营商的遗留系统，如 ERP 系统、会计系统和运输管理系统，发票生成和支付的方法通过区块链内置的智能合约实现自动化。

新建立的系统允许沃尔玛自动实时跟踪数据。例如，当卡车处于运输时间段时，其上传到区块链的信息会自动与物联网和 GPS 数据进行核对，以确定分类账的准确性。通过共享信息、自动化工作流程和计算，数字化供应网络解决方案增加了信任和透明度。供应网络的合作伙伴可以有效地管理复杂的发货、发票、付款和结算过程，实时整合所有业务规则和事务以创建单个

发票，减少了等待时间并加快了支付速度。精确、实时的数据用于增强的分析和预测建模，从而实现更好的预算规划。

蓝多湖：重塑传统行业的价值创造和交付

蓝多湖（Land O'Lakes）是一家列入《财富》500强的农业集团，总部位于明尼苏达州的雅顿山。该企业是一个价值数十亿美元的农业集团，以其乳制品闻名，尤其是黄油和奶酪。其成员包括1851名乳制品生产商、749名农业生产商和1067名零售业主。它有三个主要业务：乳制品（Land O'lakes品牌）、动物营养（Purina品牌）和作物投入与洞察（WinField United品牌）。

❖ 朝着一个具有透明和多通道能力的动态履约系统

蓝多湖是一个很好的例子，它是一家在非常传统的行业中运营的企业，但它向数字化供应网络和潜在的数字运营模式转型投资，并以新的方式创造、获取和提供价值。蓝多湖正在进行数字化转型，允许种植者随时登录该公司系统并与之开展业务。其目的是迅速向种植者发送有价值的农业技术数据和见解，如土壤和组织样本测试结果、作物模型、作物的卫星图像。Land O'Lakes / WinField United开发了ATLAS Web门户网站，以实现客户连接和卓越的客户体验。通过为零售商提供完整的数字品牌体验，ATLAS Web门户网站为他们的种植者定制数据、见解、新闻和天气信息，为零售商增加价值。

温菲尔德联合数据平台提供了对ATLAS Web门户网站的洞察。Data Silo

是一个数据收集应用程序,用于在种植者、零售商和第三方供应商之间收集、存储及共享信息。它连接各方的异构系统,让用户快速分享关于作物和农场操作的信息。有了它,种植者可以轻松地将数据上传到平台、构建仪表板并搜索信息。作为回报,种植者获得了关于最佳农艺实践的指导,如种植哪种作物可以从他们的土地中获得最大的利润。Land O'Lakes/WinField United 开发的基于云的应用程序,利用各种数据和洞察工具协同工作,帮助种植者做出更好的基于数据驱动的决策。例如,该工具可以帮助种植者更好地做出当季水、氮和钾管理决策。

温菲尔德联合数字平台旨在通过一个单一的数据输入点,简化零售商在线订购种子或作物、保护产品的方式,提供从种植者到零售商和分销商的一体化数字化供应链体验。WinField/Land O'lakes 公司高级物流总监达斯汀·布劳恩(Dustin Braun)表示,亚马逊的物流系统正是该公司希望实现的目标:一个"极其简单"的在线订购界面和一个可靠的供应链。该平台通过提供实时关键信息来帮助种植者做出决策,同时允许他们随时根据自己的特定需求下订单,以不同的方式吸引客户。该平台为全渠道提供了一种全面的方法,并为零售商提供了电子商务工具,使他们的客户(种植者)与他们做生意更容易、更快。该平台提供了全面的经验,使零售商能够利用他们的本地知识对种植者给出的解决方案进行优化并节省成本。

德国电信公司:数字化供应网络

德国电信(T-Mobile)公司是一家全球领先的电信公司,以 T-Mobile 和 Metro PCS 品牌在美国提供无线通信服务。德国电信公司的数字化转型是以客户为中心和员工参与为基础的。德国电信公司除了是一家电信公司,还是一个零售组织，拥有 5000 多家商店和 11000 多家城域网销售点。供应网络可处理精致的高价值产品（手机）和配件的运输，物品有向前和向后两种流动状态。而供应链的独特性在于其销售他人的产品（苹果、三星等），虽然拥有客户的旅程和体验，但影响产品设计和功能的机会有限。德国电信公司特定设备产品和自有品牌产品的组合进一步提高了管理供应流的复杂性。

❖ 端到端的准确性、可视性和透明度

在供应链中确定的基本价值机会来自准确性、可视性和透明度三方面。商店（货架和后置商店）库存的准确动态图像、库存在网络中的位置，以及将给定库存项目交付到客户家中的精确提前期是具有挑战性的，但这些对客户满意度至关重要。现在，通过强大的数字化供应网络基础设施，完成这一任务成为可能。

计划、预测和补充的自动化是该公司确定的从数字化中获得价值的另一个领域。与传统的宏观预测不同，该公司现在对"单个产品—位置"组合进行预测。该解决方案是一种更健壮的方法，由具有正确数据特征的数字环境支持，供应链和财务在规划和执行过程中都有一个真实的来源。该公司通过与供应商数据库的集成实现了端到端的可视性。

该公司通过强化核心数据和连接流程基础设施开始了这一旅程。完成连接后，该公司开始根据其业务价值推出个人数字化解决方案。德国电信公司一直致力于实现自动化，以产生更好的数据和可视性，消除运营中的瓶颈（包括过程和人为造成的）。该公司已经为下一波浪潮确定了 RFID、传感器技术和基于人工智能的解决方案。

对于其他计划进行数字化转型的组织，数字化供应链和客户体验技术组合负责人埃里克·拉瓦勒（Erik Lavalle）分享了以下五个关键点：

- 识别并培养合适的团队成员是至关重要的。理解变革管理和员工培训

对支持数字化转型的重要性。

- 进行数字化转型可以为数字交付和展望未来带来关键经验。

- 这一旅程的开始离不开强大的数字基础。因此，不要忽视基础数据和数字基础，尤其是在供应链和制造领域。

- 在开始旅程的同时，在商业伙伴之间建立信任和信心。

- 你可能会遭遇"先行者损失"，但旅程很快就会给你回报。

京东：数字化供应网络使能的无边界零售战略

京东在中国拥有超过 500 个物流中心和 25 万辆物流车辆，服务超过 3.05 亿名客户。京东设想了一个无边界零售的未来，在那里，其可以让客户在任何时间、通过任何渠道购买他们想要的任何东西：在线、离线或虚拟。其目的是通过协作和创新，创建一个敏捷、灵活和完全连接的零售网络，消除人为的障碍。例如，近 70%的中国消费者似乎正在积极使用京东等公司的服务，京东利用大数据、分析和其他数字化供应网络技术，在不到一小时内将包括沃尔玛在内的当地线下合作商店中的商品送到客户手中。只有重构供应链流程、与合作伙伴同步规划，并部署适当的技术来开发包含动态实现能力和智能链的形成性属性，才能实现这一愿景。

京东在数字化供应网络方面的不断发展，使其能够通过全国物流网络以惊人的速度向中国各地的客户发货。京东利用其最新的零售技术，授权在线和线下的其他合作伙伴，开发一个动态的智能生态系统。该零售技术包括无人机配送网络,将农村的货物运送到人口密集的城市地区的无人配送车辆上。

京东已经建立了庞大的智能物流基础设施，为其 3 亿名电商客户服务，目前正在向品牌合作伙伴和其他零售商提供该系统服务。京东在长沙和呼和浩特部署了智能送货站，使用自动驾驶车辆进行"最后一英里"配送。据报道，这些站点均有一队送货机器人，每个车厢最多可以运送 30 个包裹，类似于亚马逊在公寓楼上使用的包裹寄存柜。然而，一个显著的不同之处在于，京东的储物柜是可移动的，而不是固定的，可以自动转向半径为 1~3 英里范围的地址，并具有智能投递功能，包括路线规划、避障和交通灯识别。快递到达后，储物柜会使用面部识别技术，以确保认领包裹的人是正确的消费者。在满负荷运转的情况下，这些站点每天可以递送多达 2000 个包裹。

❖ 促成新的合作伙伴关系、更紧密的客户联系以及更大的客户价值

京东正在利用其日益增长的数字化供应网络能力寻求合作伙伴关系，从而为客户创造更多的价值和额外的收入流。例如，京东与喜来登（Sheraton）等酒店品牌合作，客人可以在自己的房间里购物，产品可以直接送到酒店。又如，京东与沃尔玛进行创新合作，这使得京东获得了高德纳（Gartner）颁发的 2019 年零售供应链创新奖（Retail Supply Chainnovator Award 2019）。"该奖项旨在反思零售商与零售商的合作，以提供统一的购物体验。"合作伙伴关系包括共享优惠券、实时库存信号、服务成本数据和统一的"最后一英里"配送服务。利用京东的电子商务和数字化供应网络能力，以及沃尔玛中国的实体店网络，可以为合并后的客户群提供一体化的购物体验。数字化供应网络功能使客户能够向京东下订单，并从两家公司（沃尔玛中国门店或京东仓库）的最优库存位置，根据送货速度、成本服务和营运资本库存投资，动态满足产品需求。数字化供应网络能力包括全渠道能力和由人工智能驱动的订单管理系统支持的智能供应链，这不仅决定了可以更快交货的地点，也

决定了最有利可图的地点。然后，一个启用人工智能的送货路线算法开始工作，为客户提供一致、准时且经济、有效的送货体验。

联合利华：拥有数字孪生的工厂

消费品巨头联合利华是世界美容和个人护理、家庭护理、食品和点心产品的主要供应商之一。其总部设在英国伦敦和荷兰鹿特丹；拥有 400 多个品牌，销售遍及 190 多个国家，全球年度营业额超过 500 亿美元。联合利华在 Gartner 独家供应链大师类别中获得认可，在 Gartner 2019 年行业最佳供应链领导者排名中位居榜首。

由于联合利华供应链的复杂性，该公司在整个价值网络中生成了大量数据。联合利华决定利用这些数据产生见解，提高效率，降低成本。如今的客户期望定制化、希望产品"随需应变"，这就是为什么联合利华选择使用其所掌握的数据，并辅以数字化技术的能力来改变其供应链。

❖ 数字化重新连接供应链

联合利华与一家技术领先的企业合作，构建了其工厂的虚拟版本，利用来自配备传感器的机器的数据流创建数字模型，可以跟踪物理状态，并能够测试操作变化。它创建了一个数字孪生来复制物理需求，从机器传感器获得数据的数字格式。数字孪生是安装在物理资产上的温度和活动传感器接收的输入数据的数字副本。这些输入数据通过软件应用程序建模，并被设计用来监视资产性能。联合利华的目标是利用机器学习和人工智能来分析大量数据，使其生产更加高效、灵活。物联网传感器、云服务、大数据、机器学习和人工智能等先进技术的融合，让联合利华的这个想法有望实现。

2018年，联合利华与其技术伙伴合作在巴西瓦利尼奥斯的一家工厂进行试点，生产多芬（Dove）香皂和冰激凌等产品。作为试验的一部分，物联网设备将温度、电机转速和其他生产变量的实时数据发送到云端。联合利华利用基于云的算法接收数据，并使用高级分析工具制定出最佳的操作条件。现场工作人员使用手持设备跟踪产品质量，为问题建模解决方案，并与其他地点的同事分享数据。

联合利华通过减少能源消耗和推动1%~3%的生产率提高，使其在瓦利尼奥斯的工厂节省了大约280万美元。受到这一成功的启发，联合利华在北美、南美、欧洲和亚洲的工厂又推出了8个数字孪生试点用以进行算法调试，然后进行更进一步的推广。该公司目前正在与一家合作伙伴密切合作，在未来一年利用云服务为其全球约300家工厂中的数十家工厂创建虚拟版本。联合利华的工程师称之为"供应链的数字重组"。使用这项技术，联合利华这家英荷跨国公司的目标是实时改变以优化产量，更精确地使用材料，并减少不符合质量标准的产品的浪费。

卡特彼勒：活力工厂

卡特彼勒是世界500强企业，拥有超过10万名员工。尽管卡特彼勒的规模庞大，且有着成功的历史，但在21世纪的前十年，它经历了增长滞后，发现竞争对手的数量越来越多，客户忠诚度也开始动摇。为了应对这一问题，卡特彼勒实施了一种实时工厂解决方案，通过融合人、机和方法来优化相关性能，创建可靠的、标准化的流程。这种实时工厂解决方案通过传感器和分析工具跟踪工厂内资产的流动，实现缺陷质量数字化，提高劳动效率，并减少成品库存。图 14.1 直观地描述了这个方案。

```
主线 —— 机器装有传感器 —— 移动、位置、在每个站点所花费的时间和质量状态都被跟踪及记录，时间框是从离开出口主线到到达零件分发中心 —— 机器移除传感器 —— 零件分发中心/海运
为航运公司到达做出更好的准备
·提升设备状态
·位置追踪
·控制
```

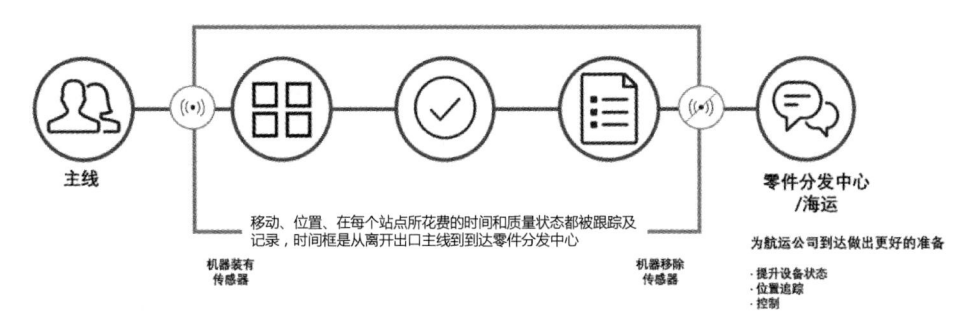

图 14.1　卡特彼勒实时工厂解决方案

为了成功创建这个新的"活力工厂"，卡特彼勒必须弄清楚如何实现多个技术组件之间的同步协调，包括工件位置跟踪、工作中心警报跟踪和优先级排序，以及实时工作中心分析。该公司通过优化过的技术工具解决了同步协调问题。辅助工具包括支持长期规划的数字会议室、支持战术管理报告的数字制造洞察，以及帮助提高日常运营效率的数字交付和预测性维护等操作技术应用。

这些新技术创造了一个新的数字化供应网络，在这个网络中，各种实时数据来源汇聚在一起，告知整个系统的各个部分如何调整工艺流程。结果是优化输出和最小化浪费。当货物通过系统时，移动、位置、在每个站点花费的时间和产品质量都会被跟踪及记录。这些数据让员工了解到他们需要把时间花在哪里，以及让公司更清楚地了解需要在哪些地方投入预算来改善系统。

在卡特彼勒的供应链中，利用技术加强资产跟踪和移动，保证了完全的透明度和实时分析。卡特彼勒还能为"假设情况"进行实时模拟，以进一步规划选项。这个结果创造了一个 360°的商业视角。有了这种全新的 360°视图，新的"活力工厂"模型能够节省 1200 万～1800 万美元，因为它减少了延迟、

使活动自动化（以前是手动的）、消除了低效的切换，并提高了生产率和产能利用率。此外，卡特彼勒的库存持有成本减少了 120 万美元、人工成本减少了 50 万美元。最终，这种新方法使卡特彼勒节省了时间、资金和产能。失去"活力工厂"的力量后，卡特彼勒曾面临失去客户和市场份额的风险。

利用多年前获得的经验和知识，卡特彼勒将其实时工厂解决方案进行进一步的推进，将其机器与卡特彼勒云连接起来，使矿工和建筑商能够最大限度地利用其设备。例如，通过让用户更早、更精确地知道他们何时需要调整或更换轮胎，可以实现这一目的。

Maven Machines：重塑车队调度和管理

Maven Machines 是一家总部位于宾夕法尼亚州匹兹堡的物联网企业，专注于物流和卡车运输行业，尤其是在低载货量领域。Maven Machines 由其首席执行官阿维谢·盖勒于 2014 年创立，致力于重塑承运人安全和驾驶员合规，帮助合作伙伴将供应链的这方面转变为深层网络环境。它提供了创新和独特的平台解决方案，支持物联网和人工智能优化。该企业正在颠覆一个在数字化技术方面有点传统，但具有重大经济影响的领域。美国最近推出的电子测井仪（ELD）要求等新规定迫使运营商重新考虑其流程。货车运输业正面临越来越大的确保承运人安全和司机守规的压力，但是该行业大多数程序都已经过时，并且需要模拟系统的支持。例如，传统上，调度员通过民用无线电或电话来管理操作，并指导司机。Maven Machines 开发了一个复杂的平台来处理车队和调度管理中的复杂信息。该企业为卡车司机设计了世界上第一款智能无线耳机——副驾驶智能耳机，它可以根据司机的头部运动和后视镜检查率等线索发出警报，实时监测司机的疲劳和分心情况。该企业还开发了一个智能感知物联网平台,使其成为包括电子测井设备合规在内的完整车队管理系统供应商,收集驾驶员性能、GPS、车载信息和汽车引擎信息等数据。该平台还有一个由 20 多个传感器组成的网状网络,可以在一秒内精确测量超速、硬刹车、分心、镜子检查、天气等情况是否合规。

车队调度系统将传统调度与远程信息技术相结合,增加了信息层,有效地连接之前分离的数据源,并通过移动云网络直观地呈现信息。这使得合作伙伴能够简化他们的日常工作流程,并增加关键的实时可视性,无缝集成服务小时数与调度解决方案,提前预测司机的时间表。车队调度系统允许运营商从任何地方实时获取远程信息数据,并使车队负责人能够可视化他们的整个工作流程。该初创企业一直与合作伙伴密切合作,并在重构流程和开发过程中整合技术用户,以便建立对需求的充分理解,并获得行业知识,提供最佳的解决方案。这个案例和本章中的其他案例说明了重构流程的力量、必要时技术合作可以带来的价值,以及走向数字化供应网络运行环境的好处。

DTA:推动主动感知

戴姆勒亚洲卡车(DTA)公司是世界上最大的卡车制造商戴姆勒公司的子公司。虽然 DTA 公司多年来一直是物流行业的领导者,但其首席信息官卢茨·贝克(Lutz Beck)一直在寻找颠覆该行业的方法,巩固其作为商用车制造的黄金标准的地位。为了做到这一点,DTA 公司需要在降低成本的同时保持质量和品牌声誉。为了实现这一壮举,卢茨·贝克转向了数字化供应网络的原则,并开始实施主动感知技术。

但是,什么是主动感知呢?主动感知是基于物联网的先进技术的实现,它允许企业收集更多的数据点，并更好地筛选它们以获取相关信息。然后，其可以将这些片段提炼成符合逻辑且易于消化的信息流。这个过程如图 14.2 所示。

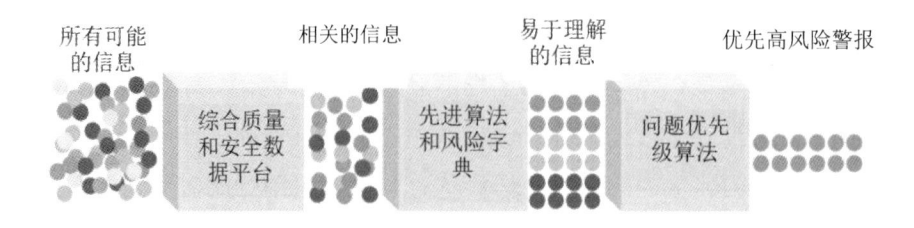

图 14.2　主动感知

通过应用高级分析，DTA 公司可以组织数据并对风险进行优先排序，从而提高解决方案的效率、限制服务活动的范围、降低保修/维修成本。与传统的问题检测相比，问题未被发现的风险更低，公司能更好地维护客户满意度和品牌声誉。图 14.3 突出显示了这些过程中的差异。

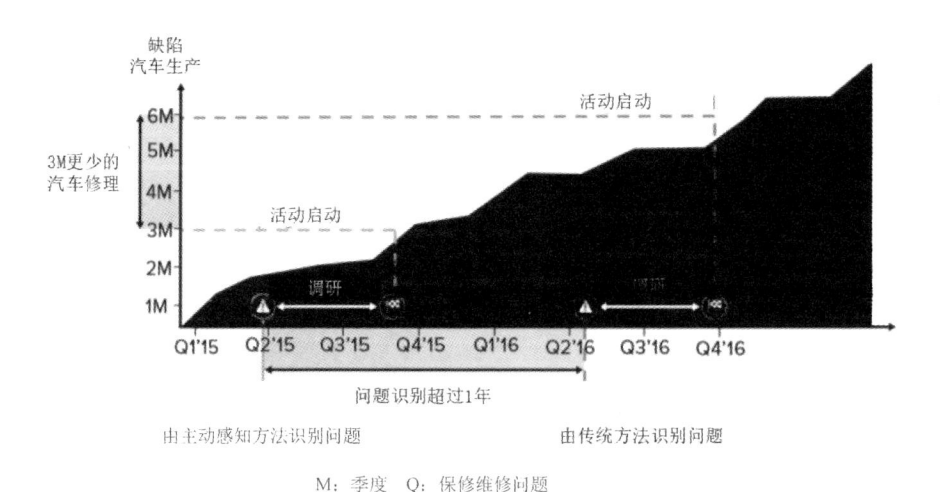

图 14.3　主动感知与传统问题检测

在思考如何利用主动感知来改造 DTA 公司的供应链时，卢茨·贝克首先关注的是质量管理。为了巩固未来基础，卢茨·贝克首先实现了一种新型物联网系统，实现地理数据和车辆系统数据的实时跟踪。该系统通过这种主动感知技术创建了一个可预测的智能数据流，使 DTA 公司能够预测以前看不到的问题。在对过去 45 起严重的 DTA 公司召回事件进行评估后，DTA 公司得出结论，如果采用主动感知技术，大约 80%的召回事件都可以预测到。通过采用主动感知技术，DTA 公司预计将在前 24 个月节省 800 万美元的保修成本，甚至在召回成本上节省更多。物联网实施带来的更敏锐的洞察力，将使汽车的寿命延长 6~12 个月。最后，得益于这种主动感知技术，DTA 公司避免了数千辆卡车出现部件故障，节省了资金，甚至可能挽救了生命。

小结

在当今的技术创新浪潮中，许多传统的管理思想模式和假设已不再适用。正如本章和整本书的许多案例所说明的，创造性地使用颠覆性技术重构组织和操作流程，使组织供应链的新方法得以出现。数字化供应网络利用了不同类型的操作逻辑，并允许企业以不同于传统操作方式的方式竞争、获取价值和提供价值。

在数字化供应网络原型方面，我们正在改变价值传递的方式，开发基于数据和数字化技术的新型运营模式。在技术发展的第二次浪潮中，电子自动控制技术向目前基于算法的数字自动控制技术的转变，使我们进入了基于供应链思想的数字化供应网络阶段。这一新型数字运作模式的核心是一个综合数据平台，其中很多都能实现自动数据驱动的运作，从而逐步消除交付过程中的人为干预。这个特性既有好的，也有坏的，还有潜在的丑陋，管理人员、领导人和政府必须认真对待并预测它们。对某些项目而言，"拒绝失败"可能不如"快速失败"、迭代及学习重要。希望这本书能激励你,让你有足够的基础来参与这场令人兴奋的旅行。这些技术正在变得越来越容易使用,而且有些技术是从云端提供的,有很多有能力的专家和技术伙伴可以帮助部署它们。我们面临的挑战是需要新的思想、转变和视野。

祝您生活在这激动人心的时代里取得成功!

译后记

当前，全世界各行各业都在经历数字化转型，供应链管理是受数字化转型影响最为深远的领域之一。在竞争日益激烈的当下，通过数字化技术构建出更加透明、敏捷、有弹性、强大的供应网络是每个企业必须思考和解决的问题。本书旨在为读者提供具有可操作性的企业供应网络数字化转型的实施路线图。该书于 2020 年在美国一经出版便受到业界众多学者和世界 500 强企业管理层的认可和推荐。为便于我国相关从业人员或对供应链数字化转型有兴趣的人士阅读参考，特将英文原著翻译成中文。

本书介绍了数字化转型及其对供应链管理的影响、数字化供应网络等内容，面向数字化供应网络讨论了大数据分析、机器学习、人工智能、机器人与区块链等新兴技术，以及同步规划、数字化产品开发、智能供应、智能制造与智能资产管理、动态履约、互联客户、劳动力与技能变化等内容。最后，本书提供了数字化供应网络的转型手册与典型案例。例如，亚马逊公司推出 Amazon Go，让客户可以使用智能手机扫描商品自主下单，以此将客户行为和供应商整合到同一信息平台；沃尔玛加拿大分公司基于物联网传感器与区块链技术，实现货运的自动跟踪与支付管理；京东畅想了一个无边界零售的未来，让客户通过在线、离线或虚拟的方式实现随时随地购物。我们期待读者朋友们能在书中翔实的论证、客观的分析、精彩的故事中得到启发，加深对数字化供应网络的认识，理解供应网络发展的内在逻辑，并探讨有效、可行的供应网络数字化转型的实施路径。

在本书翻译、编写过程中，译者得到了王昊、王浩楠、何琦琦、张香莹、叶虹铃、唐王楚君、迪马斯·克里西达、朱凯凌和王珏玮等提供的帮助和建议，在此一并致谢！另外，感谢本书编辑刘家彤老师的大力支持与校对。

感谢读者朋友们选择本书。虽然译者尽心尽力地完成了译著相关工作，但由于时间和译者水平有限，本书肯定还存在不完美之处。若本书内容对您有所启发和帮助，这将是对我们最大的肯定和鼓励。若您对本书有任何意见和建议，恳请批评指正。

译者

2023 年 6 月